中国劳动关系学院学术论丛

中国工会应急协同能力研究

任国友 杨鑫刚 王起全 余志红◎著

人民日报出版社

北京

图书在版编目（CIP）数据

中国工会应急协同能力研究 / 任国友等著.-- 北京:
人民日报出版社，2024.9.
ISBN 978-7-5115-7976-8

Ⅰ.①中… Ⅱ.①任… Ⅲ.①工会工作－研究－中国
Ⅳ.①D412.6

中国国家版本馆CIP数据核字（2023）第179258号

书　　名：中国工会应急协同能力研究
　　　　　ZHONGGUO GONGHUI YINGJI XIETONG NENGLI YANJIU
著　　者：任国友　杨鑫刚　王起全　余志红

出 版 人：刘华新
责任编辑：刘天一
封面设计：中尚图

出版发行：人民日报出版社
社　　址：北京金台西路2号
邮政编码：100733
发行热线：（010）65369509　65369527　65369846　65369512
邮购热线：（010）65369530　65363527
编辑热线：（010）65363105
网　　址：www.peopledailypress.com
经　　销：新华书店
印　　刷：三河市中晟雅豪印务有限公司
法律顾问：北京科宇律师事务所 010-83622312

开　　本：710mm×1000mm　1/16
字　　数：254千字
印　　张：16
版次印次：2024年9月第1版　2024年9月第1次印刷

书　　号：ISBN 978-7-5115-7976-8
定　　价：69.00元

序

2013年，党的十八届三中全会通过的《中共中央关于全面深化改革若干重大问题的决定》中专列一章部署"创新社会治理体制"。这是党的正式文件中第一次提出"社会治理"概念，标志着党执政理念的新变化。2015年，党的十八届五中全会提出，加强和创新社会治理，推进社会治理精细化。2017年，党的十九大报告指出，提高保障和改善民生水平，加强和创新社会治理。2019年，党的十九届四中全会提出，必须加强和创新社会治理。同时，全会通过的《中共中央关于坚持和完善中国特色社会主义制度、推进国家治理体系和治理能力现代化若干重大问题的决定》（以下简称《决定》）进一步指出，必须加强和创新社会治理，完善党委领导、政府负责、民主协商、社会协同、公众参与、法治保障、科技支撑的社会治理体系，建设人人有责、人人尽责、人人享有的社会治理共同体。2022年，党的二十大报告提出，完善社会治理体系，健全共建共治共享的社会治理制度，提升社会治理效能，畅通和规范群众诉求表达、利益协调、权益保障通道，建设人人有责、人人尽责、人人享有的社会治理共同体。2024年党的二十届三中全会进一步提出，健全社会治理体系。中国工会作为职工群众最为广泛的社会团体，作为劳动关系和职工利益的代表者和维护者，参与社会治理、国家治理是工会组织的一项"天然"社会职能，在参与国家治理体系和治理能力现代化进程中充分展现了工会组织的特殊地位作用和优势。

工会产生于产业革命后的劳动关系之中，是市场经济中劳资之间能够达到相对平衡必不可少的组织力量。2015年4月，《中共中央、国务院关于构建和谐劳动关系的意见》（以下简称《意见》）指出，我国正处于经济社会转型时期，劳动关系的主体及其利益诉求越来越多元化，劳动关系矛盾已进入凸显期和多发期。2019年12月，国务院第73次常务会议通过了《保障农民工工资支付条例》，标志着治理拖欠农民工工资进入法治轨道。当前，从我国劳动关系的现状来看，并不尽如人意，形成群体性事件[①]的主客观条件和劳动关系不和谐的因素仍然存在。在新时代背景下，我国劳动关系总体呈现"两极化"的发展态势：一极向微观网络延伸，呈现网络化发展趋势；一极向宏观区域延伸，呈现区域化趋势（任国友等，2019），其中平台企业网约工和走出国门的中资公司属地国员工劳动争议是劳动争议事件快速增长的重要特征。

在40多年改革开放实践和社会转型的制度变迁与重构中，广大职工在分享改革福利和机遇的同时，也面临着失业、工伤、职业病、劳动争议等一系列社会问题。党的十八届三中全会提出，要创新社会治理，激活社会组织活力，为工会组织参与社会治理实践提供了难得的机遇。中国工会作为一种新型的治理参与中介组织参与社会治理，在理论和实践上需厘清：一是工会在宏观、中观和微观上参与社会治理的制度条件是什么？二是工会转型和角色转换的社会背景和制约因素如何表征？三是工会参与社会协同治理的定性分析和定量评估的切入点如何确定？破解上述问题的关键是如何认识工会社会协同能力。所谓工会参与社会协同治理（以下简称工会治理），是在党的领导下，各级工会组织依法参与国家事务管理和维权服务活动，开展自主治理及其参与国家、政府、社会组织协同治理，在维护全国人民总体利益的同时，更好地表达和维护职工具体利益的过程及其结果状态。工会社会协同治理能力（以下简称工会治理能力）是指在党的领导下，中国工会各级组织开展自主治理和协同治理的能力，分为常态社会协同能力和应急社会协同能力。换言之，对工会角色转换和社会协同能力的科学认识还应放在当前中国工会全面深化改革和基层工会工作的实践中去判断与验证。

当然，中国工会参与社会治理的制度设计和治理实践仍在进行中，在工会改革中逐步落实社会治理的过程还需要许多具体条件。由于历史的、体制的、理念的、经验的种种原因，我国工会还不能完全适应国家治理体系和治理能力现代化的新要求。根据课题组广泛的基层调查和现实考察，认为主要表现为当前我国工会尤其是基层工会在参与地方治理、企业治理和社区治理

[①] 2021年以来，职工群体性事件明显下降趋势。本研究仅就已经发生的群体性事件进行情景模拟分析，以便针对这一可能发生情况进行有效预警，详见第9章。

等微观治理中理论与实践对策、手段、方式方法等方面还有待完善。

　　本研究以中国工会为对象，在交叉学科的视角下分析工会组织参与社会管理、社会治理和国家治理的制度变迁、理论与实践框架，客观调查了中国职工需要和工会干部应急素质状况。在此基础上，提出职工利益博弈数学模型、职工群体性事件演化机理、工会常态社会协同模型、工会应急社会协同模型，构建了劳动关系风险预警机制以及职工群体性事件情景分析框架，进而提出中国工会社会协同能力评估指标体系及其综合评估方法。在社会治理视角下考察制约工会社会协同能力的关键因素及其相互关系，建立中国工会社会协同治理体系及其运行机制，从理论和实践对策维度提出强化工会治理的本土化路径。

　　本研究是基于中国的特殊国情、党情、社情、会情展开的本土化研究，使用了调查中的第一手资料，引用了相关统计年鉴和学者的观点，提出了中国特色的工会治理本土化对策。

　　当前，工会治理能力研究是一个崭新的话题。本研究的研究视角、研究内容、研究方法都是站在自然科学与人文社会科学交叉学科的视域下展开的研究和探寻。

　　总之，此专著仅是作者对工会治理的探索尝试，希望起到"抛砖引玉"之效，引起更多的学者对工会治理的关注和研究。

任国友

2023年7月于北京中关村

目录

绪　论

新中国成立70多年来，党和国家始终高度重视社会治理，为形成和发展适应我国国情的社会治理制度进行了长期探索和实践（石亚军，张力，2019）。特别是改革开放40多年来，根据国内外形势发展变化，党和国家不断就加强和改进社会治理制定方针政策、作出工作部署，有力推进了从社会管理到社会治理的有序转型（廖冲绪，张曦，2020）。然而，当我国进入社会主义市场经济时期以后，社会结构出现了明显变化，形成了不同的利益群体，劳动关系也伴随着经济社会转型，在主体、性质、内容、协调方式等方面发生了深刻变化（曹荣等，2011）。总体而言，我国社会治理领域的问题正是我国经济社会发展水平和阶段性特征的集中反映。工会组织作为国家政权的重要社会支柱、党联系职工群众的桥梁和纽带，有着特定的工作领域和优势（张秋菊，2014），理应在加强和创新社会治理，提升社会协同治理能力，为推动经济社会发展及社会和谐稳定发挥更大的作用。

0.1　研究背景与问题的提出

0.1.1　工会社会协同能力的提出

（1）基本概念与核心问题的界定

协同治理理论是基于对经济社会发展领域中出现"政府失灵"和"市场失灵"（徐嫣，宋世明，2016）的现实困境的理论反思而提出来的。正是在这种情况下，国家层面的社会协同治理应运而生，在社会治理协同机制的视域下，工会参与社会协同治理成为必然。本研究认为工会参与社会协同治理（以下简称工会治理），是在党的领导下，各级工会组织依法参与国家事务管理和维权服务活动，开展自主治理（Elinor Ostrom，1992）及其参与国家、政府、社会组织协同治理（Donahue，2004），在维护全国人民总体利益的同时，更好地表达和维护职工具体利益（李学兵，李友钟，2020）的过程及其结果状态。工会社会协同能力是指在党的领导下，中国工会各级组织开展自主治理和协同治理的能力。同时，出于研究需要，将劳动者群体性事件、群体性劳资冲突事件、职工群体突发事件等不同概念，统一使用"职工群体性事件"名称，并将"工会社会协同能力"区分为常态社会协同能力和应急社会协同能力。

（2）研究背景分析

新中国成立70多年和改革开放40多年来的实践表明，身处经济社会转型期的中国，政府单一"刚性"的社会管理被多元"柔性"的社会治理取代成为必然趋势。在这一过程中，中国工会从国家治理参与者（吴建平，2012）到地方、企业治理的行动主体，工会参与社会治理不可替代的角色和作用正逐步凸显，即工会如何在劳（劳动者或工人简称劳）、资（企业简称资）、政（政府简称政）之间确立恰当的角色和位置，主动参与劳动关系协调和职工群体性事件治理，完善和提升日常管理和紧急状态下的协同能力，将直接关系中国劳动关系的和谐与社会稳定。本研究正是契合这一重大的社会背景，从应急管理学、社会学和安全学的交叉学科新视角，试图探索工会社会协同治理关键环节（现状分析、能力评价、模型构建和治理参与）的理论与实践问题。

0.1.2 从社会管理到社会治理的制度变迁与理论创新

（1）阶段Ⅰ：社会管理探索期（1998—2011年），传统社会管理理论仍占主流

1998年，"社会管理"一词第一次出现在《关于国务院机构改革方案的说明》中，认为政府的基本职能在于宏观调控、社会管理和公共服务。2002年，党的十六大报告明确了社会管理作为政府的主要职能之一。2004年，党的十六届四中全会通过的《中共中央关于加强党的执政能力建设的决定》第一次提出建立健全党委领导、政府负责、社会协同、公众参与的社会管理格局。2006年，党的十六届六中全会通过的《中共中央关于构建社会主义和谐社会若干重大问题的决定》指出，加强社会管理，维护社会稳定。2007年，党的

十七大报告强调，健全党委领导、政府负责、社会协同、公众参与的社会管理格局。2010年，党的十七届五中全会提出，要加强和创新社会管理。总之，在这一阶段，传统社会管理理论仍是主流，但社会管理的内涵和外延不断扩大，党和政府社会管理能力不断提升。

（2）阶段Ⅱ：社会治理转型期（2012—2016年），强调精细化治理理论创新

2012年，党的十八大报告将社会管理和民生并列为社会建设的重要内容。2013年，党的十八届三中全会将推进国家治理体系和治理能力现代化作为全面深化改革的总目标之一，并在《中共中央关于全面深化改革若干重大问题的决定》中专章提出，创新社会治理体制。这是党的正式文件中第一次提出"社会治理"，标志着党执政理念的新变化。2015年，党的十八届五中全会指出，加强和创新社会治理，推进社会治理精细化，构建全民共建共享的社会治理格局。2016年，《国民经济和社会发展第十三个五年规划纲要》指出，加强社会治理基础制度建设，构建全民共建共享的社会治理格局。2016年，全国社会治安综合治理创新工作会议指出，要继续加强和创新社会治理，完善中国特色社会主义社会治理体系。总之，在这一阶段，随着党执政理念的新变化，精细化社会治理方式实施，基层和群团组织社会治理作用得到有效强化。

（3）阶段Ⅲ：社会治理发展期（2017年至今），新时代社会治理理论提出

2017年，政府工作报告指出，健全基层群众自治制度，加强城乡社区治理。2017年，党的十九大报告提出，提高保障和改善民生水平，加强和创新社会治理。加强社会治理制度建设，完善党委领导、政府负责、社会协同、公众参与、法治保障的社会治理体制，提高社会治理社会化、法治化、智能化、专业化水平。2018年，党的十九届三中全会通过了《中共中央关于深化党和国家机构改革的决定》和《深化党和国家机构改革方案》，并指出深化党和国家机构改革是推进国家治理体系和治理能力现代化的一场深刻变革。2019年，党的十九届四中全会提出，必须加强和创新社会治理。同时，全会通过的《决定》，是党的十八届三中全会提出的"全面深化改革、推进国家治理体系和治理能力现代化"的具体化和升级版（徐奉臻，2020）。2022年，党的二十大报告提出，完善社会治理体系，健全共建共治共享的社会治理制度，

提升社会治理效能，畅通和规范群众诉求表达、利益协调、权益保障通道，建设人人有责、人人尽责、人人享有的社会治理共同体。2024年，党的二十届三中全会进一步提出，健全社会治理体系。

纵观社会治理的制度变迁，中国之治完成了从社会管理初期探索向全面社会治理的有序转型，实现了从单一的社会管理向全面的社会治理的跨越，其理论创新主要体现在：

一是新时代社会治理理念。习近平总书记指出，社会治理是一门科学。治理和管理一字之差，体现的是系统治理、依法治理、源头治理、综合施策。从创新社会治理体制到改进社会治理方式，完成从社会管理到社会治理的转型升级，新时代社会治理理论实现飞跃①。

二是新时代社会治理体系。"党委领导、政府负责、民主协商、社会协同、公众参与、法治保障、科技支撑"的社会治理体系的新表述，标志新时代社会治理体系的重大创新。

三是新时代治理能力现代化。2018年10月，习近平总书记视察广东时强调，提高社会治理智能化、科学化、精准化水平。这是新时代社会治理能力现代化从宏观落地微观的转型和升级。作为对社会运行规律、社会结构特点的认识深化，"智能化、专业化、精准化"三位一体的有机统一（段华明，2019），实现了精准满足职工群众美好生活需要的重要转变。

0.1.3 从社会治理到国家治理能力现代化的工会改革实践历程

在新中国成立初期、20世纪80年代后期以及进入21世纪后，中国工会曾进行过三次大的改革（游正林，2010），而2015年以来的第四次工会改革，深刻反映了中国工会从社会治理到国家治理能力现代化的不断升级。改革开放以来的中国工会改革与实践融入社会治理体系、国家治理体系和治理能力现代化建设的行程之中。

（1）阶段Ⅰ：（1978—1991年），实践工会四大社会职能

1978年，党的十一届三中全会召开，党的工作重心转向经济建设，开启

---

① 魏礼群.实现从社会管理到社会治理的新飞跃——习近平总书记关于社会治理重要论述的思想内涵[EB/OL].(2019-03-18).http://theory.people.com.cn/n1/2019/0318/c40531-30980546.html.

改革开放新时期（汤素娥，2019）。工人阶级队伍状况发生的变化以及企业改革使得劳动关系发生深刻变化，推动了中国工会的自身改革。1978年10月，中国工会九大提出新的工会指导思想，一切工作"紧紧围绕社会主义现代化建设这个中心进行"。1983年10月，中国工会十大将工会工作方针调整为，以四化建设为中心，为职工说话、办事，维护职工合法权益，加强对职工的思想政治和文化技术教育，建设一支有理想、有道德、有文化、守纪律的队伍，发挥工人阶级在社会主义物质文明和精神文明建设中的主力军作用。1989年12月，中共中央发出《关于加强和改善党对工会、共青团、妇联工作领导的通知》，进一步强化各级党委必须牢固树立全心全意依靠工人阶级的思想，高度重视工会工作。总之，这时期的工会工作，在改革中创新发展，以"一个中心，两个维护"为基本原则，逐步明确"维护、建设、参与、教育"四项社会职能，进一步强化工会与党政关系。

（2）阶段Ⅱ：（1992—2011年），主动协调和构建和谐劳动关系

1992年，党的十四大确定了建立社会主义市场经济体制的改革目标，我国的劳动关系开始朝市场化方向改革，亟须工会探索自己在社会主义市场化经济体制下的角色与性质。1993年10月，江泽民同志在接见工会十二大主席团常务主席时提出，要积极探索有中国特色社会主义工会工作的新路子。1994年12月，全总第十二届二次执委会提出，以贯彻实施《中华人民共和国劳动法》（以下简称《劳动法》）为契机和突破口，带动工会各项工作，推动自身改革和建设，把工会工作提高到一个新水平，在改革、发展、稳定中更好发挥作用。1998年10月，中国工会十三大召开，会议强调工会工作必须坚持服务全局，突出依法维护，抓住工作重点，加强工会组建和自身建设。2003年10月，中国工会十四大强调，工会要在党的领导下，围绕中心任务，精准定位，服务大局，把维护贯穿于推动改革、促进发展、积极参与、大力帮扶的全过程。2004年12月，全总第十四届二次执委会把"组织起来、切实维权"确定为工会工作方针。2005年7月，全总第十四届六次主席团（扩大）会议通过了《关于坚持走中国特色社会主义工会发展道路的决议》。2008年10月，中国工会十五大报告系统论述了坚持走中国特色社会主义工会发展道路，努力建设中国特色社会主义工会，揭示中国工会的发展方向、目标、路径。2012年1月，全总第十五届六次执委会通过《关于学习宣传实践中国特色社会

主义工会发展道路的决议》。总之，这时期的工会工作，确立了坚定不移地走中国特色社会主义工会发展道路，明确了参与协调劳动关系的重点任务。

（3）阶段Ⅲ：（2012年至今），全面推进工会改革

2012年11月，党的十八大提出，全面建成小康社会和全面深化改革开放的目标。2013年10月，中国工会十六大提出，中国工人运动的时代主题是为实现中华民族伟大复兴的中国梦而奋斗。2015年《中共中央关于加强和改进党的群团工作的意见》指出，支持群团组织参与创新社会治理和维护社会稳定。2015年4月，《中共中央、国务院关于构建和谐劳动关系的意见》指出，我国正处于经济社会转型时期，劳动关系的主体及其利益诉求越来越多元化，劳动关系矛盾已进入凸显期和多发期。2015年7月，中共中央首次召开党的群团工作会议，习近平总书记发表重要讲话强调，中国特色社会主义事业是亿万人民的事业，党的群团工作肩负着庄严使命。这次会议开启了党的群团工作发展的新阶段。2015年11月9日，习近平总书记主持召开十八届中央全面深化改革领导小组第十八次会议，审议通过了《新时期产业工人队伍建设改革方案》。2017年10月，党的十九大报告指出，完善政府、工会、企业共同参与的协商协调机制，构建和谐劳动关系。这些重要论述为新时代工人阶级和工会工作提供了根本遵循和行动指南（李玉赋，2017）。2018年10月，中国工会十七大指出，立足共建共治共享社会治理新格局，在推动构建中国特色和谐劳动关系中履职尽责。工会组织是共建共治共享社会治理格局中的重要主体（王云峰，2020）和主要组织者，在完善社会治理体制与提高社会治理水平中发挥工会的优势与作用。2018年10月29日，习近平总书记在同中华全国总工会新一届领导班子成员集体谈话时强调，我国工运事业是党的事业的重要组成部分，工会工作是党治国理政的一项经常性、基础性工作。深化工会、共青团、妇联等群团组织改革和建设，有效发挥桥梁纽带作用。2019年10月，党的十九届四中全会通过的《决定》提出，健全联系广泛、服务群众的群团工作体系。2022年10月，党的二十大报告提出，深化工会、共青团、妇联等群团组织改革和建设，有效发挥桥梁纽带作用。2024年7月，党的二十届三中全会指出，发挥工会、共青团、妇联等群团组织联系服务群众的桥梁纽带作用。工会工作体系是党的领导制度体系的一部分，承担着夯实党的执政基础、阶级基础和群众基础的重要政治使命（乔东，2019）。总之，在新时代背景下，

劳动关系是否和谐，事关经济发展与社会和谐，事关广大职工和企业的切身利益，是加强和创新社会治理的重要内容（王东明，2018）。工会作为职工群众组成的成员最为广泛的社会团体，作为职工利益的代表者维护者，参与社会治理是工会的一项"天然"职能，应在参与新时代社会治理体系建设中积极发挥工会组织的特殊优势和作用。

0.2 研究视阈与切入点

本研究确立了"调查分析—模型构建—能力评估—治理实践"的基本思路，在交叉学科的视角下开展定性理论分析与定量评价相结合的综合应用研究，从理论构建、调查分析和治理实践三个视角展开研究。

0.2.1 理论建构视角

在新时代背景下，人民美好生活需要重大命题的提出，折射出人民群众从"物质文化需要"到"美好生活需要"（郑功成，2018）的巨大转变。本研究以新时代人民美好生活需要为切入点，结合马斯洛需要层次理论和职工美好生活的现实需求，引入职工复合人的基本假设，科学界定了职工个体与群体需要的相关问题，进而给出职工普惠性需要表征的理论依据。同时，基于品质、结构和能力三维表征的干部素质系统理论，分析了工会干部队伍素质系统（Quality System of Cadre Team，QSCT）的内部驱动力和外部驱动力影响因素，提出并构建了新时代工会干部标准，为科学认识工会干部应急素质和应急协同能力提供了理论依据。此外，还基于博弈论，建立了"工会—政府—企业—劳动者"四方利益博弈模型。

0.2.2 调查分析视角

工会参与社会治理效果，一方面决定于广大工会干部自身素质和能力的问题，另一方面也是职工需要满足程度的科学判断。正是基于这样的考虑，课题组一方面开展以北京农民工为样本的职工需要状况调查，另一方面开展了以地方工会干部和企业工会干部为主的工会干部应急素质状况调查，找出影响工会应急协同的影响因素，为劳动关系风险预警机制构建、职工群体性演化机理分析、劳动关系风险趋势研判、工会应急协同能力评估奠定了坚实基础。

0.2.3　治理实践视角

创新社会治理，激活社会组织活力，为工会组织参与社会治理实践提供了难得的机遇。工会组织作为一种新型的治理参与中介组织参与社会治理和国家治理，对工会角色转换和社会协同能力的科学认识还应放在当前全面深化改革和工会工作的实践中去判断与验证。本研究正是立足工会改革的实践和社会治理参与，提出了工会社会协同治理体系及其运行机制，客观地诠释了工会治理的现实问题和理论探讨。

0.3　文献概述与研究思路

0.3.1　工会社会协同能力研究文献概述

（1）从社会管理到社会治理的重大转变与突破

国外学者一般从社会权利中轴原理（Daniel Bell，1973）展开研究和探索（Gordon White，1996；George Ritzer，Jeffrey Stepnisky，2010）社会管理，而国内学者多关注社会管理的内容（杨建华，2012）、体制（严国萍，任泽涛，2013）、机制（于景辉，2011）、模式（方舒，2014）和方式（孔伟艳，2012）等具体研究及社会治理的理论创新探索（邵静野，来丽梅，2014）。从社会管理到社会治理的重大转变与突破，社会组织的国家治理参与是方向和标志之一。吴建平（2012）提出了工会国家治理参与理论，探讨了当前中国工会的中介性组织新角色与定位转型（吴强玲，2007）及在国企改制（唐魁玉，孙鑫欣，2012）和非公企业劳动关系协调（李鸿，2011）实践中的实质性影响与作用，实现从运动式治理到常态治理转型（潘泽泉，任杰，2020）。在新时代背景下，数字化发展推动了社会形态的演化，突破社会治理现有的实践范式，提出了共建共治共享治理的原则（李智水，邓伯军，2020）。到此，要明确社会治理边界，推动政府"元治理"能力（李胜，何植民，2020）和社会活力，推进社会治理现代化成为主流研究趋势。

（2）劳动争议与群体性事件研究的兴起

改革开放40多年带来了中国经济高速增长的同时，也触发了社会利益分化和矛盾问题（常凯等，2013），最直接的表现是集体劳动争议与职工群体性事件的高发和常态化（沙勇忠，解志元，2010），其相关研究成为国内外关注的焦点。群体性事件，国外也称集群行为事件，其研究起源于18世纪的法国。进入20世纪，众多学者在西方语境下从组织行为学（Max Weber，1920）、制度学（John Rogers Commons，1970）等多学科视角展开研究，形成一批代表性的劳资冲突和集体行动理论的规范研究方法及分析框架，主要表现为社会冲突论（Lewis Coser，1976）、集体行动理论（Sidney Tarrow，1998）和均衡博弈论（Tom Siegfried，2006）的形成。对比国外的研究，国内学者对群体性事件的关注始于20世纪80年代，起步相对较晚。进入21世纪，在引进、消化、吸收和推广西方劳资冲突和集体行动理论方面做了大量工作，关注点多集中在群体性事件的演变模型（黄浩，2013）、特征与成因（吴清军，许晓军，2010）、源头阻断（黄顺康，2011）及其顶层设计（薛澜，刘冰，2013）上。赵刚（2018）认为新时代背景下，学者较为关注民族群体性事件（林钧昌，尹新瑞，2020）、环境群体性事件（高峰，2020）、邻避型群体性事件（巩竞，2019）和网络群体性事件（倪建均，2018），且非政治性群体性事件占绝大多数（王家乐，2020），主要集中于智能预警（温志强，郝雅立，2018）、演化机理（胡联合，2017）、治理机制创新（陈群祥，2016），群体性事件是观察维稳政治形成和变迁的重要窗口（冯仕政，2015），为破解当前职工群体性事件的治理困境奠定了理论与实践基础。

（3）工会社会协同能力研究渐受关注

1965年，安索夫（Ansoff，1965）提出协同概念。1973年，Haken创建了协同学（Haken，1973）。进入20世纪80年代，协同理论受到自然科学和社会科学领域学者的一致认同，其中协同能力的评估研究渐受关注（余志红等，2019）。E L Quarantelli（1988）、L K Comfort（1990）、J M Bryson（2004）等人探索了应急协同效率的影响因素测量指标；吴国斌等（2011）探索了多主体应急协同效率的问题；汪伟全（2013）探索了区域应急联动的协同能力。相比以上定量分析，国内学者在社会协同学方面的定性研究则较多，主要表现为社会协同学（曾健，张一方，2000）和人类社会协同学（杜慕文，2001）的形成。此外，有关工会社会协同能力的研究也受到关注。郎晓波（2008）考察了社会治理中工会转型的变化；杨玲（2011）关注了转型期工会参与社会治理的问题与对策。尽管我国学者对社会协同治理的研究是承继国外且晚于西方学者，发展却极具潜力，契合了当前创新社会治理的理论与实践新需求。在新时代背景下，学者主要关注在参与社会治理中工会组织的角色（汪杰，汪锦军，2019；牛敏静，2020）、职能定位（四川省总工会课题组，2015；邵华，2016；蒋丽琴，2020）、作用（郑荣胜，2019），各级工会组织参与治理遇到的困境（沙江，2017），采取不同功能与路径（廖世强，2014；许婧，2019；俞扬，虞少敏，2020），在基层治理实践（岳经纶，陈泳欣，2018；方婧睿，2019）中找到新常态下的治理途径（孙娜，2016；谌莉莉，2017）和改革与创新（彭红艳，胡昌平，2014；刘素华，2016），主要表现在工会枢纽型社会组织建设（陈姣姣，2014）和转型发展（彭军，2014）。总之，在工会组织参与社会治理中对社会协同有一定关注（应雄等，2012；丰义，2014；谭耀青，2017；毛莉佳，2019），但对工会应急协同能力关注较少（余志红等，2019），鲜有报道。

综上所述，当前对于社会治理领域的社会协同治理的研究有了一定的积累，为本研究奠定了基础。至此，基于中国国情和工会工作特点，尝试探索工会社会协同能力问题研究具有可行性。

0.3.2 主要研究内容与方法

课题组确立了"调查分析—模型构建—能力评估—治理实践"的基本研究思路。本课题以中国工会社会协同能力评估为主要研究内容，其难点和重点是工会应急协同能力评价指标体系构建。通过系统的文献调研和工会干部应急能力和农民工需要状况调查分析，开展工会参与社会治理的常态协同能力和应急协同能力现状评估，并结合职工群体性事件的演化规律、本质原因和特征分析，研判劳动关系风险趋势，归纳和总结影响工会社会协同治理效果的关键因素。在此基础上构建基层工会应急协同能力评价指标体系，构建工会社会协同治理体系及其运行机制，形成对工会社会协同能力的科学认识。重点开展以下研究内容：

（1）以基础调查为研究起点，系统开展职工需要和工会干部应急素质调查研究

以职工需要理论模型建构为基础，研发设计了"中国职工需要满意度调

查问卷（企业版）"，以北京市大兴区为例进行了问卷调查，调查分析了北京市农民工职工需要状况，建立了以生理需要为基准的建筑业农民工需要状况判别标准。在此基础上，从制度变迁的视角分析工会干部制度的形成机制，科学界定新时代工会干部标准，设计"常态下工会干部应急素质调查问卷"，系统开展了工会干部应急素质现状调查。

（2）以职工利益博弈模型为基础，开展劳动关系风险与工会应急协同能力评估研究

首先，职工利益博弈模型研究。从工会、政府、企业、劳动者之间的博弈量化角度，构建了四者之间的非合作博弈和合作博弈的多方博弈模型，进一步揭示了职工利益博弈在决策过程中的复杂关系。

其次，工会常态和应急社会协同模型研究。基于工会社会协同治理能力的科学界定，运用工会理论、协同治理和应急管理理论对应急管理多元化主体及其协作成效进行分析，构建工会主动参与的常态和应急管理协同模式，重点探讨工会应急协同能力的影响因素。

再次，劳动关系风险预警机制及其风险趋势研究。通过国家治理能力及其体系的构成理论分析与劳动争议现状研判，从常态预警和非常态预警两个维度构建劳动关系预警评估指标体系，建立劳动关系预警运行机制。同时，以"一带一路"沿线港口工程为例开展劳动关系风险趋势研究。

最后，工会应急协同能力评估方法研究。依据系统性、简便性、可操作性的原则，构建工会社会协同治理能力指标体系，借助相关专家打分，并结合数理统计方法计算出相关指标的权重，提出工会应急协同能力及表征参数。

（3）以职工群体性事件演化机理为基础，开展工会社会协同治理体系及其运行机制研究

通过2000—2014年案例统计，分析各类职工突发事件中的触发点，提炼出职工群体性事件致因。同时，运用情景分析方法分析职工群体性事件的动态演化过程与机理。在此基础上，开展工会社会协同治理体系及其运行机制研究，提出并建立工会治理的理论与实践对策。

上　篇　基础调查

　　基础调查是本研究的数据来源与调查分析基础部分，重点开展了中国职工需要和工会干部状况调查与分析。

第1章 职工需要的理论建构与基础调查

2022年10月，党的二十大报告指出，我国社会主要矛盾是人民日益增长的美好生活需要和不平衡不充分的发展之间的矛盾。正是在这样的背景下，中国职工一定程度上实现了"温饱"的基本需要，在推动不均衡、不充分发展的进程中如何满足不同层次职工群体在物质文化，甚至在民主、法治、公平、正义、安全、环境等方面更高级需求既是一个重大现实问题，又是一个影响中国工会改革的基础性理论课题，职工需要的内涵发生了根本性变化。农民工是中国职工队伍的重要组成部分，也是党和国家高度关注的特殊群体。本研究以建筑业农民工为重点进行职工需要状况调查，建立了以生理需要为基准的建筑业农民工需要判别标准，科学地表征了建筑业农民工需要状况。

1.1 职工美好生活需要的问题提出

1.1.1 职工需要的内涵界定

职工美好生活需要（Need Dimension Model，以下简称"NDM"或"职工需要"）的客观表征及实践探索是中国工会的重大理论与实践课题，成为当前学术界关注的重要领域和焦点问题。在新时代背景下，社会主要矛盾也由人民日益增长的物质文化需要同落后的社会生产之间的矛盾转化为人民日益增长的美好生活需要和不平衡不充分的发展之间的矛盾。这是以习近平同志为核心的党中央基于我国社会主义初级阶段国情和人民生活需要的新变化作出的重大判断。李玉赋（2017）认为，如何在新时代社会背景下从政治、经济、文化发展不同方面满足广大职工群众的不同层次的需要成为当前中国工会的新担当新使命。我国社会主要矛盾的转化在职工队伍方面体现在从重点关注发展社会生产以满足职工队伍日益增长的物质文化需要逐渐变为到关注新时代职工队伍在我国经济社会发展中的获得感、幸福感和安全感以及职工队伍内部不同群体之间获得感、幸福感和安全感不平衡不充分的问题。在新时代背景下，职工需要出现多样性、多元化需求（张敏，赵娟，2018），中国政府推动经济全球化"朝着均衡、普惠、共赢方向发展"[①]成为国家战略。推动经济全球化朝着均衡、普惠、共赢方向发展（丁氏秋，2010），其内在逻辑决定了必须努力构建和谐共赢的劳动关系（王舟波，2008）。当前，在我国社会主义初级阶段基本国情和最大发展中国家地位没有改变的大前提下（陈继雯，2020），国家改革发展的主要问题与中心任务仍不会改变（赵中源，2018），但新时代日益增长的职工需要则极大拓展了精神和物质文化需要的内涵，普惠服务成为新需求。如何科学认识在新时代背景下人民群众美好生活需要的多样性、多层性和差异性？如何在理论创新视角下评析职工需要转化为现实需求的满意度情况？中国工会在承接产业工人队伍改革的过程中，如何考虑满足职工美好生活的精准帮扶和普惠服务衔接问题？回答这些问题，必然要重新审视职工需要的认知逻辑，进而跨越学科樊篱，从地域、时间、环境和逻辑四个维度揭示职工需要的本质属性，为政府合理引导中国工会改革的政策走向，走出工会互联网+普惠服务的瓶颈期，都具有十分重要的理论和实践意义。

1.1.2　需要和需求转化的关系与条件

正确界定需要和需求这两个范畴，对于正确认识当前我国社会的基本矛盾（郭冬乐，1987）、职工需要与需要关系以及职工日益增长的美好生活需要与不均衡不充分工会发展的矛盾问题提供一个理论分析基础和认识路径。

（1）需要，英文为need，心理学术语。在《辞海》（第六版缩印本）中，需要是人对一定客观事物需求的表现，是人类在种族发展过程的必然需要（伊文斌，邓志娟，2005），形成了对社交、劳动、文化、科学、艺术等需要（王丽荣，2009）。心理学认为，需要是指有机体缺乏某种生理或心理因素所产生的一种主观状态（马光晓，李迎端，2001）。当人产生某种需要而又未得到满足时，心理上就会产生紧张，这种紧张导致一种驱动力，去寻求需要的满足；当需要满足时，紧张消除。这时，人又会产生新的需要，新的紧张与

[①] 胡锦涛2008年1月7日在"2008'经济全球化与工会国际论坛"时发表的重要讲话提出，中国政府要努力推动经济全球化"朝着均衡、普惠、共赢方向发展"。

驱动力，由此不断循环、往复，使人不断地前进。

（2）需求，即需要和要求，英文为demand，经济学术语。在《现代汉语词典（第7版）》中，需求是由需要而产生的要求。在经济学上，需求是指在一定的时期、一定的价格水平下，消费者愿意并且能够购买的商品数量（申雨等，2014）。可以说，个体或群体的需求是在具体时间、条件、环境和内容的约束下需要的特定体现。

（3）需要和需求转化的关系与条件限制。需要和需求两者的关系是一般与特殊的关系（黄顺春，2005）。没有需要则无从谈起需求，即需要是需求的基础，反之只谈需要则无法讨论日常生活之具体满足，即需求是需要的具体体现。需求一般分为两类：一类是由需要转化而来的需求（刘飞艳，2015）。需要能否转化成需求，除受需要本身的性质（是否为个体所认知）影响外，还与个体的收入、文化、职业、社会地位等多种因素有关（汤敏等，2007）。另一类是没有需要的需求。在医学领域，主要指由无健康需要转化成的需求及由医生诱导的需求（吴明，李睿，1995）。总之，需要向需求转化需满足必要的主观和客观条件。

1.1.3 职工需要和需求转化的关系模型

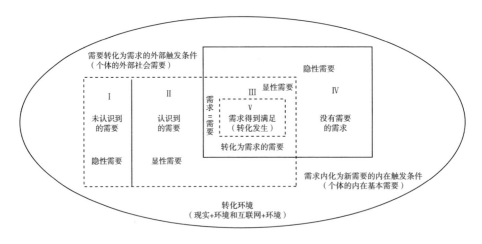

图1-1 职工需要与需求关系与转化条件

职工需求一般指广大职工群众因缺乏某种生理或心理因素所产生的一种主观状态，主要表现为基本需要和社会需要。如图1-1所示，依据需要与需求的辩证关系，提出并建立中国职工需要与需求关系模型，其中职工需要一般分为隐性需要（未认识到的需要）和显性需要（认识到的需要），而职工需求也一般分为隐性需求（没有需要的需求）和显性需求（有需要的需求）。需要与需求之间在一定触发条件下可以相互转化，即需求得到满足转化发生，一般表现为两种情形：

（1）职工显性需要转化为显性需求。如图1-1所示，职工的一部分显性需要转化为显性需求，即在一定的社会需要触发条件作用下从Ⅱ到Ⅳ转化，需求得到满足。在职工群体中，新员工经过岗前职业培训，适应了当前的工作岗位基本需要，但随着工作的要求，其基本需要就转化成为提升岗位技能的迫切需求。一般而言，个体外部的社会需要是由社会生产、社会生活条件所引起的（时蓉华，1988），主要包括高级的物质需要和精神需要。高级的物质需要常常表现为对于社会生产所创造的、为人服务的物质对象的需要，而精神需要是对于观念的对象的需要；高级的物质需要和精神需要之间虽有一定的差别，但只是相对的，两者有密切的联系。

（2）职工隐性需求内化为显性需要。如图1-1所示，职工的一部分显性需求转化为显性需要，即在一定的基本需要满足后形成触发条件作用下从Ⅳ到Ⅱ转化，新需要内化为个体的显性需要。在职工群体中，职工从普通工人发展成为劳模，进而发展成为大国工匠，练就一身过硬本领的劳模对上大学的新需求内化为考入劳模本科班继续深造的基本需要。个体内部的基本需要是职工隐性需求内化为显性需要的触发条件。一般而言，基本需要是指人生存和发展的基本要求（李泽厚，汝信，1990），不仅仅是生理的需要，而更主要的是心理的需要，是驱使人类始终不变的、遗传的、本能的需要，是人类真正的内在本质。这些需要不是丑恶的，而是中性的或良好的，它们极易受到无视和压抑。人的基本需要包含着一个相互联系、递次增长的阶梯，高一级的需要是以低一级需要的满足为基础的。

（3）需要与需求相互转化依赖特定的环境。如图1-1所示，在以上需要与需求相互转化过程中，依赖于特定的环境（现实+互联网+环境），即微观现实环境（如家庭环境、企业环境）、宏观现实环境（如制度出台、新规实施），现如今更是离不开网络虚拟环境（如互联网、微信、微博）的制约和影响。

1.2 职工普惠性需要的提出假设与理论依据

1.2.1 职工普惠性需要的复合人假设

探讨上文提出的诸多问题，要科学认识中国职工需要的本质特征，必须正确建立职工复合人的假设。美国管理心理学家雪恩认为，存在经济人、社会人、自我实现人、复杂人[①]的假设（俞文钊，2014）。为了便于研究，本研究引入职工复合人的基本假设（见图1-2）来界定职工个体与群体需要的相关问题，进而给出职工普惠性需要提出的理论依据。

（1）职工经济人假设。如图1-2（Ⅰ）所示，该假设认为在职工群体中存在职工经济人，其行为动机源于经济诱因，在于追求自身的最大利益。主要用于解释职工生理和安全需要等自利性需要问题的基本假设。

（2）职工社会人假设。如图1-2（Ⅱ）所示，该假设认为在职工群体中存在职工社会人，驱使职工工作的最大动力是社会、心理需要，而不是经济需要，职工追求的是保持良好的人际关系（宋培林，2006）。主要用于解释职工社交和受人尊重的需要等自利性需要问题的基本假设。

（3）职工自我实现人假设。如图1-2（Ⅲ）所示，该假设认为在职工群体中存在职工自我实现人，职工个人力求最大限度地将自己的潜能和才能发挥出来，才能感到最大的满足（唐辉等，2012），工作需求是重要诱因。主要用于解释职工受人尊重和自我实现的需要等自利性需要问题的基本假设。

（4）职工道德人假设。如图1-2（Ⅳ）所示，该假设认为在职工群体中存在职工道德人，职工在追求物质需要的同时，能够承担对组织的道德义务和道德责任（王晓晖，2008），并且能够以道德自律的方式进行自我管理。主要用于解释职工普惠发展需要问题的基本假设。

[①] 陆雄文.管理学大辞典[M].上海：上海辞书出版社,2013.

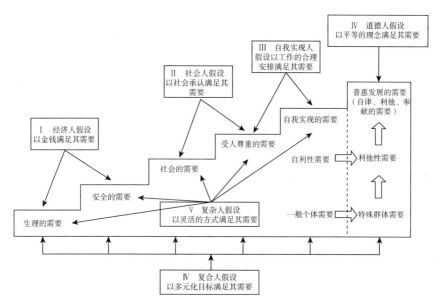

图1-2　职工复合人假设以及其自利性需要向利他性需要转化趋势

（5）职工复杂人假设。以上假设有其合理性，但并不适合所有人（于立东，王晓晖，2008）。如图1-2（V）所示，该假设认为在职工群体中存在职工复杂人，人的需要多种多样，采取多种方式才能满足人们在不同时期的不同需要。主要用于解释职工自利性需要问题的基本假设。

（6）职工复合人假设。如图1-2（VI）所示，该假设认为在职工群体中存在职工复合人，在一定条件下，职工倾向于同时追求多元化的目标，即职工需要是多元的或多元重叠的需要。主要用于解释职工自利性需要和利他性需要问题的基本假设。

1.2.2　职工普惠性需要的理论依据

运用动机理论和需要层次理论可以解释职工需要的产生受自身和外界条件的限制，其影响程度与客观结果，为进一步分析职工普惠性需要提供理论依据。

（1）需要动机理论。动机理论（Theory of Motivation，TM），是用以解释行为动机的本质及其产生机制的理论和学说（黄裕心，2012）。动机理论认为，人类行为一般分为自我决定行为和非自我决定行为。

图1-3 "需要—动机—行为—目标—满足"产生流程

如图1-3所示，动机是激发和维持有机体的行动，并使行动导向某一目标的心理倾向或内部驱力（于敏章，李雪莲，2020）。动机是连续不断的、无休止的、起伏的，也是复杂的。基于动机理论，职工外部动机是职工个体在外界的要求或压力的作用下所产生的动机，而内部动机则是指由职工个体的内在需要所引起的动机。"需要—动机—行为—目标—满足"是职工行为发生过程的基本链条，在这个链条中，需要是基础，是职工行为的决定因素。

（2）需要层次理论。需要层次理论，是美国心理学家马斯洛（Maslow）1943年提出的人本主义科学的理论之一。如图1-2所示，该理论把需要分成生理、安全、社交、受人尊重和自我实现需要五类，依次由较低层次到较高层次排列。其理论贡献在于：一是人都潜藏着不同层次的需要，但其需求的迫切程度是不同的。二是人类价值体系存在不同的需要，即低级需要、生理需要和高级需要（韩银娥，2007）。在高层次的需要充分出现之前，低层次的需要必须得到适当的满足（刘风景，周磊，2020）。低层次需要满足后，不再是一种激励力量，但高层次需要的满足，则会增强激励的力量（张毅君，2005）。该理论对于解释当前职工需要，特别是职工群体（或个体）的需要提供了理论依据。

依据以上提出的基本假设，马斯洛基本需求理论很好地解释职工自利性需要的内涵，但随着日益增长的职工需要极大拓展了精神和物质文化需要的内涵，普惠服务成为新需求，从自利性需要向利他性需要转化成为主流趋势。

1.3 职工需要维度模型的构建

为了更好地探索精准+普惠服务职工需要带动中国工会改革的现实效应，基于上文职工复合人假设，跨越学科樊篱，从地域、时间、环境和逻辑四个维度揭示职工美好生活需要的本质属性，建立职工需要"4+1"维度模型，从个体工作积极性和群体获得感、幸福感、安全感两个层次把握职工需要转化为现实需求的满意度评价指标。

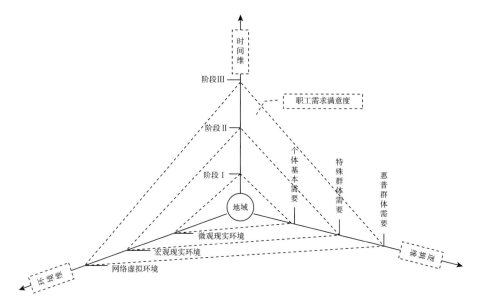

图1-4　职工需要"4+1"维度模型

如图1-4所示,本文所建立的NDM模型包括地域维度(需要的空间分布)、时间维度(需要的形成过程)、环境维度(需要的影响环境)、逻辑维度(需要的内容要素)及职工需求满意度(需要的满意程度)等4个维度和1个总体效度。

1.3.1　地域维度

职工需要受地域因素的制约和影响。地域是一个核心影响因素,党和国家区域化的经济发展模式(如京津冀、长三角、珠三角等)是消除经济发展东西部和南北差异的关键措施。因此,考虑职工需要,必须优先考虑地域特征和影响规律,城镇失业率的空间分布特征对政府部门制定相关政策、维护社会稳定有一定影响。由此可知,不同地区职工需要也因不同地域因素产生不同程度的影响。

(1)职工群体需要的地理特征。职工群体需要除了表现个体需要的基本特征外,特殊群体和普惠群体需要呈现明显的区域特征,职工需要呈现明显的地理特征分布规律。"胡焕庸线"是我国自黑龙江瑷珲至云南腾冲呈北东—南西走向延伸的人口密度分界线。胡焕庸(1935)分析了胡焕庸线东南半壁和西北半壁的人口规模、比重和密度变化,数据显示人口城镇化和人口迁移并没有改变胡焕庸线确定的人口分布格局（陈明星等，2016），即我国人口东密西疏格局在较长时期不会发生根本性变化，城市群主要位于胡焕庸线东南半壁的格局在较长时期也不会发生变化（陆大道等，2016）。胡焕庸线不可破的原因是由气候等综合自然地理条件决定的，职工群体需要受地理人口分布特征的影响，也呈现明显的地域特征，并且这种差异依然会长期存在。

（2）职工就业需要的地理特征。城镇失业率是表征职工职业需要的一个重要影响参数，而城镇失业率的空间分布特征对政府部门制定相关政策、维护社会稳定具有重要参考价值。谢荻帆和谢明（2018）指出，以胡焕庸线为轴的中国城镇失业状况呈倒"U"形分布，中国东部和西部地区的城镇失业率较低，中部地区的城镇失业率较高，这为科学认识职工需要提供了理论依据。

1.3.2 时间维度

在本研究中，时间维度为1949年至今。重点分析了自1949年新中国成立以来不同阶段职工需要的特点。以1949年为界：社会主义计划经济视角（含社会主义改造初期）。以1978年为界：改革开放的视角。以1992年为界：社会主义市场经济改革视角。1992年邓小平南方谈话和中共十四大后，中国经济改革进入市场经济的建立和完善阶段；以2001年为界：中国对外改革开放的视角。2001年中国加入世界贸易组织，中国进入全方位开放、与世界经济全面接轨的阶段（王羚，2011）。以2012年为界：中国特色社会主义新时代的视角。2012年党的十八大后，进入中国特色社会主义新时代[①]，成为新时代职工需要研究的逻辑起点。

（1）1949—1957年。从1949年新中国成立到1956年基本完成社会主义改造、确立社会主义基本制度，是中国社会发生翻天覆地变化的重要时期，也是中国工人运动再次发生伟大转折与新中国工人运动蓬勃发展的时期，重点是恢复经济和创建新政权的斗争。新中国成立后，工人阶级以主人翁责任感，积极投入国民经济恢复中，职工的劳动条件和物质生活也得到逐步改善。

（2）1957—1978年。自1959年5月党的八大召开后，在党的领导下，中国

---

① 2019年9月22日，中华人民共和国国务院新闻办公室发布的《为人民谋幸福：新中国人权事业发展70年》白皮书指出，2012年中共十八大召开，中国特色社会主义进入新时代。

工人阶级和全国人民一起开始了建设社会主义的伟大实践。在这一阶段，党和工人阶级对社会主义建设道路作了艰辛的探索。

（3）1978—1992年。从经济发展阶段的角度审视中国职工需要状况，其逻辑起点是从分析中国计划经济体制的形成及其演变中找出特征规律。计划经济存在不同的发展阶段，即计划商品经济和计划产品经济（王羚，2011）。这一时期主要针对"权力过于集中"弊端进行的改革，方向是明确的（张萍，1994），职工下岗是计划经济向市场经济过渡中出现的重要社会现象，至今下岗职工仍然是职工中特殊的利益群体，在历史上曾经做出重要贡献。总之，下岗职工及相关需要是本研究定义的一类典型特殊群体需要。

（4）1992—2011年。社会主义市场经济对职工需要持续改善发挥了一定的基础性作用，考察与分析市场经济对满足职工需要的重要作用和影响是分析职工需要改善的关键环节。发达国家大力提倡职工参与企业管理（李国平，2013），而中国作为发展中国家，满足职工的基本需要仍需很长时间才能解决，且不同职工群体，其需要呈现不同的表现形式。一项国企职工需要调查显示，在市场经济体制下，国有企业职工意识到的基本需要有28种，分为生存、安全、社交、自主、尊重和发展六类层次需要（况志华，张洪卫，1997）。这充分说明我国社会主义市场经济的有序健康发展需要在广大职工的广泛参与其中发挥作用。随着市场经济的飞速发展，企业要想在激烈的市场竞争中实现发展，必须重视"人"的因素。当前，强化非公企业建会、职工入会成为中国工会去"四化"（机关化、行政化、贵族化、娱乐化）增"三性"（政治性、先进性、群众性）改革的难点和重点。

（5）（2012年至今）。造就一支"有理想守信念、懂技术会创新、敢担当讲奉献"的宏大的产业工人队伍是新时代对中国工会提出的新要求新任务（刘云厚，2018）。职工作为企业的人才支柱会直接影响到企业的发展水平，新时代职工队伍应当具有"正能量"的品德素养（姜伟，2014）。2017年6月19日，中共中央、国务院印发了《新时期产业工人队伍建设改革方案》指出，把产业工人队伍建设作为实施科教兴国战略、人才强国战略、创新驱动发展战略的重要支撑和基础保障。加强产业工人职业技能和素质的有效提升是新时代广大职工的迫切需要。

1.3.3 环境维度

本研究将环境维度分为现实环境（微观现实环境、宏观现实环境）和虚拟网络环境，现实环境与虚拟环境对职工需要会产生不同的影响。

（1）微观现实环境。广大职工的现实需要常常受制于家庭、街道、企事业单位、社会组织等具体微观环境。广大职工需要来自单位、社会组织的技术和创新方法培训、专业的法律服务、公平竞争、教育机会和精神需要。广大企业必须处理好改革与满足职工需要的关系，满足职工增长的物质与精神需要是一项基本要求（刘厚福，2013）。企业应尊重职工的合理需要，职工的职业压力与心理健康以及对企业造成的影响越来越多地受到关注。

（2）宏观现实环境。广大职工的现实需要常常受经济因素、政治因素、文化因素、社会因素、自然生态因素等宏观因素影响。职工参与企业民主管理，不能仅仅将职工视为"领取薪金的人"，而应当使职工成为企业发展的积极参与者；孙岩和施思（2019）认为，珠三角产业工人的新特征及其变化趋势调研表明，在影响产业工人特征差异的因素中，文化程度变量和年龄变量最为显著，明显强于性别、户籍性质、来源地和岗位层级。

（3）虚拟网络环境。广大职工需要不仅受现实+环境影响，也被互联网+环境影响。在新时代背景下，如何将"互联网+"与工会服务深度融合发展（胡春鲜，2020），是各级工会组织面临的一项重要而又紧迫的课题。现如今，将职工入会、维权、帮扶、普惠式服务等多项功能搬到网上，职工轻点鼠标即可享受多项服务，各基层工会已陆续开通工会官方服务平台、官方微博、微信公众号、入会APP，为广大职工提供越来越多的工作生活场景（李静，2017）。在这个需要互联互通的时代，"互联网＋"改变了传统的用工方式和就业模式，也给各级工会工作带来了新的挑战与机遇，必须创新工会服务职工的方法（赵健杰，2016）。面对挑战，要求工会组织应顺势而为，在这个新坐标系上找到自己的位置，从全局乃至微观层面进行统筹设计，构建起符合时代特征的服务职工新体系，打通服务职工的"最后一公里"，实现"零距离"的"互联网＋"工会工作新模式（郭琳，2015）。当前，"互联网＋"时代特征有了颠覆性的变化，工会并不完善的服务职工体制将更加难以满足新时代的职工需求。

1.3.4　逻辑维度

逻辑维度上，我国总体社会流动率逐步提升，社会开放性呈波浪式变化，在职工需要方面表现为明显的层级性，呈现出从基本需要、特殊需要到普惠需要的变化趋势。

（1）基本需要。按照动机理论与马斯洛需要层次理论，职工的各种行为都是由需要引起的，并且按照需要的重要性和发生的先后次序，主要表现为生存安全需要（比较典型的是困难职工）、相互关系需要（比较典型的是清洁工、保洁员、环卫工人）、成长发展需要（比较典型的是高校教师）、超越自我需要（比较典型的是劳动模范、大国工匠）。因职业岗位不同，职工群体对物质需要、精神需要存在需求类型和层次的差异性（徐冰，2002）。需要是人的思想活动的基本动力。职工是基于自身的本能和社会的进步而产生需要的。工会干部能否抓住职工精神需要的内驱力是评估基层工会工作效果的重要检验标准之一。

（2）特殊群体需要。特殊群体一般包括两个层面：一是法律层面保障，主要指传统劳动保护群体即女职工、未成年工和工伤职工。《女职工劳动保护特别规定》《未成年工特殊保护规定》《劳动法》《工伤保险条例》等法律法规中，对女职工、未成年工、工伤职工的权益做出法律规定，在制度框架范围内有效地保护了这部分群体的基本权利，不同程度地满足了这类特殊群体的需求。相较而言，特殊群体（如女职工）社会地位的提高、权益的改善需要在历史性进程中考量，常常表现为需要的普遍性、迫切性与全面性，其需要也受各种因素制约。二是现实层面保障。党、政府和工会组织一直非常重视困难职工和困难劳模，困难职工和困难劳模常常在经济上遇到困难，工会应按照"五清"①要求，实现精准帮扶。

（3）普惠性群体需要。普惠制，即普遍优惠制，原是一种关税制度。根据习近平总书记"办好顺民意、解民忧、惠民生的实事"的重要指示精神，2015年全国总工会提出，大力推行会员普惠制。工会普惠性服务是指各级工会通过整合自身和社会资源，向全体会员提供普遍性、全覆盖的服务。工会普惠性服务一般包括精准化服务、项目化服务、整合化服务、信息化服务四方面的重点内容。推进会员普惠制服务是新时代工会探索和服务职工的新载体，能够进一步增强工会组织的吸引力和凝聚力。

---

① 本文中的"五清"主要指家庭情况清、困难原因清、思想状况清、就业要求清、技术特长清。

1.3.5 职工需求满意度

如图1-4所示，职工需要的满意程度是通过需求满意度参数来表征和度量的，即图中的Ⅰ、Ⅱ、Ⅲ平面，分别表征在社会主义计划经济时期、社会主义市场经济时期和中国特色社会主义新时代职工需求满意度的特征，代表从个体"温饱"需求到群体"普惠"需要的基本趋势。为了科学表征职工需求满意度，本研究将职工需求满意度区分为个体工作积极性和群体美好生活感受（获得感、幸福感、安全感）两方面进行讨论。

（1）职工个体工作积极性。职工需求的满足从根本上是调动职工积极性的问题。工作积极性既是一种内在的心理状态，同时也产生外在的行为表现（冯江平等，2013），其测量维度为动机强度、自我效能感、工作价值观、工作与组织认可、工作活力、主动性、计划性、坚定性、进取性9个维度（冯江平等，2013）。依据动机理论，需要具有针对性、反复性和竞争性，是产生行为的原始动力，是个体积极性的力量源泉。王极盛（1985）开展的一项调查发现，老一代员工的工作积极性总分稍高于新生代员工，老员工在目标坚定性和工作进取性维度上的分数显著高于新生代员工；新生代员工中的高收入者的工作积极性显著高于低收入者；新生代员工的工作积极性具有明显的时代特征。企业通过内部机制转换激发企业职工工作积极性。科学合理的绩效评估方案和劳资管理工具可提高职工工作积极性（陈畅，2016）。基层工会组织开展的劳动竞赛在企业中的开展对职工的工作积极性有着良性影响，不仅促进提升广大职工的荣誉感、归属感和安全感，同时调动广大职工的工作积极性，工会帮助广大职工增强主人翁意识，争做企业的主人，从而实现企业利益的最大化。

（2）职工群体美好生活感受。职工美好生活的获得感、幸福感、安全感，是建立在职工物质与精神生活得到相应满足基础之上的民生之感（王琳云，2018），职工群体社会态度整体呈现出一致性的变化走向。在"民生三感"中，获得感是建立在物质生活水平切实提高基础上的满足，而幸福感是社会发展状况及问题的风向标，安全感是在职工摆脱以自身为基准的内心环境和外部环境的困境中形成的，是一种在信任和认同基础上形成的对内外环境安全的主观体验（马振清，刘隆，2017）。能否提高职工群众的获得感、幸福感和安全感将成为衡量改革发展成败得失的基本指标，一方面是基于共同富裕的前提，不同主体所向往的不同层次的美好生活图景，主要反映了个体的个性化需要，另一方面也是职工群众实现体面劳动的持续改进的历史进程。劳动最光荣，劳动者最伟大，能否实现体面劳动，是物质所不能代替的，它往往成为一个人的精神支柱（文婷婷，2011）。总之，新时代职工群体的美好生活需要发生了结构性的变化，已经超越了单纯"温饱"和生理满足的低层次需要。在建设小康社会的伟大征程中，职工需要不再仅停留在物质层面的满足，而是面向更高层次的物质和精神需求。

1.3.6 工会互联网+普惠服务实践

2017年9月以来，课题组先后走访调研了宁波市海曙区总工会、北京地铁运营有限公司工会等基层工会，系统调研了基层工会互联网+普惠服务活动开展情况。基层工会通过不断实践与探索，广泛开展了互联网+工会普惠服务实践，提升了中国特色社会主义新时代职工需求满意的初步效果，进而形成了当前基层工会组织满足职工需要的工会方案和实践范式，即以会员入会手机APP为载体，通过微信公众号和门户网站，建立上级工会和下级工会网上和网下融合，实现工会互联网+普惠服务（见图1–5）。

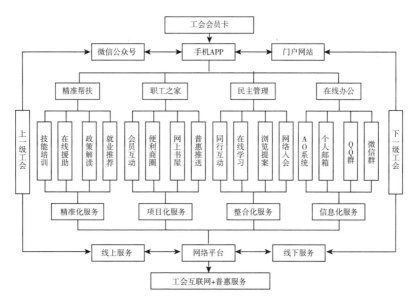

图1–5　工会互联网+普惠服务模式及实施路径

（1）工会精准+普惠服务实践形式与内容

地方工会互联网+工会普惠服务的实践路径包括：一是通过精准帮扶"两困职工"（即困难职工和困难劳模）技能培训、在线援助、政策解读和就业推荐，实现精准化服务。二是依托职工之家，实现项目化服务，即利用职工之家的项目推进有效开展会员互动、便利商圈、网上书屋和普惠推送。三是通过民主管理方式，有效整合同行互动、在线学习、浏览提案和网络入会等民主参与路径。四是方便基层工会在线办公（主要包括OA系统、个人邮箱、QQ群和微信群），提升信息化服务水平。

（2）推动工会精准+普惠服务的关键问题

一是工会精准帮扶"两困职工"仍是重点工作。《中华人民共和国工会法》（以下简称《工会法》）及中国工会的历次重要会议，对工会组织应该向会员、职工提供的服务更是作了丰富而具体的要求（毛浓曦，2016）。依法依规精准帮扶"两困职工"仍然是当前工会组织的重点工作之一，这不仅是从宏观上强调群众性、以职工为本理念的需要，也是工会组织向会员提供平等、普遍的服务，保持工会组织的群众性的客观要求。

二是工会会员入会实名制是关键。有效整合现有工会工作平台（如工会会员信息管理系统、会员普惠服务网站、普惠服务微信公众号），切实推动会员入会实名制，通过全渠道的数据开展大数据分析、网络营销、新媒体制作，不断提升平台使用量及活跃度，以满足工会普惠制工作的需要（谌佳明，2017）。

三是搭建工会线上线下服务载体是重要依托。建设以"精准化服务、项目化服务、整合化服务、信息化服务"为主体的综合性全方位服务平台，是实施普惠制服务的重中之重（张颖婕等，2018）。解决普惠制服务载体，是普惠制服务能否顺利运行的基础和保障，着力健全"权益协调、诉求表达、帮扶管理、资金保障、试点推广"的工作机制，重点在于推动工会组织依法，重点关注职工群体（如农民工）的劳动就业、工资报酬、社会保障、安全生产和困难帮扶。

四是基层工会需要借力推动平台持续建设。2017年，中华全国总工会印发的《全国工会网上工作纲要（2017—2020年）》是全国各级工会推动网络信息化建设的依据，基层工会要借助推行信息化建设实现工会网络平台建设，构建"互联网+"工会服务新体系，实现工会普惠工作线上、线下互动融合的转变，完成"互联网+"工会转型升级，打通工会维权服务与职工需求"最后一公里"（王君伟，2019），把逢年过节的一次性集中救助转变为经常性、全方位的帮扶，实现"单一制"困难职工帮扶向"普惠制"全体职工服务转变的突破，让广大职工在感受到精神与物质实惠的同时，又感受到体面和尊严，推动工会在均衡普惠共赢中谋求更有效发展，从而实现工会工作功能、价值的有效提升与回归，实现工会精准+普惠服务。

（3）工会"点、线、面"精准+普惠服务合力策略

结合世情、国情和工会实际，采取更加协调一致的"点、线、面"精准+普惠服务合力策略是基层工会有效引导职工主导需求，深化工会改革的内在向心力，也是破解基层工会组织去"四化"改革实践的主流渠道和工会方案。

一是坚持精准服务"双困"职工需求，找准职工需求的切入点。工会送温暖活动和帮扶工作是实行国家帮扶制度、促进保障和改善民生的重要举措（史莲喜，2012），也是工会联系职工群众最重要的"民生工程"。2009年8月18日，中华全国总工会下发的《关于困难职工帮扶中心专项资金使用管理办法（暂行）》明确了帮扶资金的来源、使用范围和帮扶对象；2012年3月9日，中华全国总工会印发的《全国劳模专项补助资金和困难职工帮扶资金发放管理办法》明确了劳模补助和帮扶资金的发放标准和对象；2012年7月23日，中华全国总工会办公厅印发《工会帮扶工作发展规划（2012—2015年）》；2012年12月31日，中华全国总工会印发《关于进一步加强企业工会帮扶工作的指导意见》推进建立工会服务职工的长效机制。当前，各级工会组织在关心"两头"（困难职工、困难劳模）方面构筑了有效机制，建立了《工会帮扶工作管理系统》，并实现了工会帮扶工作信息化。

二是推进产业工人队伍建设改革，坚守职工需求的重点线。2017年6月19日，中共中央、国务院印发了《新时期产业工人队伍建设改革方案》，明确了新时期产业工人队伍建设改革的指导思想、基本原则、目标任务以及改革举措，厘清了一系列重大问题，坚持职工需求的重点线。随着工会改革力度不断加大，各级工会组织把农民工作为重点人群（刘维涛，2018）。农民工已成为产业工人队伍的重要组成部分，为其解决工作中遇到的实际问题，提供更精准、更广泛的服务内容。

三是推动普惠服务职工素质提升，把握职工需求的基本面。当前，在各级工会组织的努力下实现了对困难职工和困难劳模的全覆盖，"中间"部分职工（会员和普通职工）却容易被忽视难以获得实惠，可这部分人又恰好占比较大，推行普惠制活动势在必行。任何在会员身份之外增设的条件，都是对普惠制的偏离和损害，工会组织的群众性必然受到限制（毛浓曦，2016）。2016年1月18日，全总第十六届三次执委会更是明确，为职工群众提供普惠制服务。这为各级工会加快、扩大实行普惠服务指明了方向。多年来，基层工会在关心"两头"的同时，加大了对广大职工群众的普惠服务力度，采取多种渠道满足不同会员群体的不同需求（丛笑笑，2017），为职工提供有针对性的多样化服务。职工普遍的职业素质提升需求成为工会组织把握职工普惠服务的基本方向，不失为一个好的解决策略。

四是服务职工社会主义核心价值观培育，形成引领职工需求的向心力。工人阶级是我国的领导阶级和党最坚实最可靠的阶级基础，是培育和弘扬社会主义核心价值观的中坚力量（陈豪，2014），是培育和践行社会主义核心价值观的前沿阵地和忠实践行者。当前，工会组织应充分发挥其教育职能，引导广大职工发扬中华民族和中国工人阶级优良传统，在践行社会主义核心价值观活动中具有亲切、自然的优势，达到水到渠成、春风化雨的效果（陈彬等，2015）。各级工会就是要围绕这项基础工程来开展，只有广大职工群众对当前工作和未来发展取得价值共识，政通人和，才能让各项工作顺利开展。新时代，各级工会要充分发挥教育和维护职能，大力宣传社会主义核心价值观，切实增强广大职工的向心力和凝聚力。

1.4　农民工需要状况调查及其表征指数

1.4.1　建筑业农民工从业人数发展趋势分析

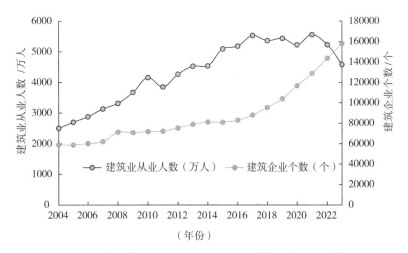

图1-6　我国建筑业2004—2023年企业及其从业人数发展趋势

建筑业指国民经济中从事建筑安装工程的勘察、设计、施工以及对原有建筑物进行维修活动的物质生产部门[①]。国家统计局数据表明，建筑业企业从业人数从2004年的2500万人增加2021年的最大值5557万人。20年间的建筑业农民工从业人员翻2.22倍，其发展变化趋势如图1-6所示，其建筑企业也从2004年的59018个增长到2023年的157929个，增长了2.68倍，其发展变化趋势如图1-6所示。

自2021年达到最大值，之后呈下降趋势，2023年同2022年相比减少644.7万人，同比下降12.3%。这表明，当前建设业从业人员需要变化值得研究。

1.4.2　建筑业农民工需要初级指标体系构建

职工需要指标，是研究职工需要满足程度的基础。从国内外的研究中可以发现，研究职工需要都是从马斯洛需要层次理论出发，但是新时代也有其新变化。基本需要是以马斯洛需要层次理论为基础，考虑生理、安全、社交、

———

① 山西省建筑业数据 [EB/OL].http://www.dsac.cn/DataProduct/Detail/20091621998300624.

受人尊重和自我实现需要的满足（廖小琴，2020），而新时代的指标，不可缺少的是普惠发展的需要，在宏观环境、微观环境、网络环境的背景下建立职工需要指标体系才是更加科学完善的，具体见表1-1。

表1-1　建筑业农民工需要初级指标体系

维度		指标内容
基本需要	生理需要	收入、工作环境、生活环境、工作环境安全等
	安全需要	安全教育、安全演练以及配套安全设备设施等
	社交需要	同事关系、与上级领导关系、领导是否能主动解决职工群众的实际问题、公司或企业组织团队建设活动、工作中受到领导和同事们信任和表扬等
	受人尊重需要	工作中受到他人的尊重、所做的贡献和所得的报酬是成正比并相称的等
	自我实现需要	竞争环境、晋升渠道、福利待遇等
普惠发展需要	宏观环境	社会团体（如工会）在生活、工作上提供帮助、所在的公司或企业对特殊群体的政策等
	微观环境	生活设施、社区提供的治安、卫生等方面的服务、家庭氛围等
	网络环境	企业独立完善的网络系统以及使用等

1.4.3　基于二维码调查的建筑业农民工需要指数因子分析

1.4.3.1　建筑业农民工需要问卷设计

衡量职工需要的指标应该是渗透职工日常生活、工作中的，且能够被绝大多数职工深切体会的需要。这些需要的满足直接影响职工生活幸福感与工作满意度，与职工密切相关。根据对职工需要的调查研究，以及对建筑业企业特点研究，最终确定6个职工需要一级指标，分别是生理、安全、社交、受人尊重、自我实现需要以及普惠发展需要（孙月娟，2018）。这6个一级指标基本涵盖了职工在生活、工作中需要的各个方面。从后期的数据处理以及调查结果分析来看，这6个指标能够较好涵盖建筑业职工需要。对每个一级指标的影响因素结合文献资料和一线调研进行分析和归纳，最终确定31个变量，如表1-2所示。

表1-2　建筑业农民工需要表征维度及其问题设计

分析维度	调查问题	编号
生理需要	个人收入占家庭总收入的大部分	1
	每天所处的工作环境感到满意	2
	工作环境对您身体的影响	3
	企业单位关心安全生产和职工身体健康	4
安全需要	企业有安全投入，安全设备设施完善并可正常使用	5
	入职前接受过职工安全培训	6
	企业会定期或不定期地举行安全培训	7
	企业会定期举行安全演练	8
社交需要	与同事关系融洽	9
	与上级领导关系融洽	10
	领导能主动解决职工群众的实际问题	11
	公司或企业经常组织团队建设活动	12
受人尊重需要	工作中受到领导和同事的信任和表扬	13
	单位中受到他人的尊重	14
	所做的贡献和所得的报酬是成正比并相称的	19
自我实现需要	提出的合理要求满足情况	15
	企业有良好的竞争环境	16
	企业提供良好的晋升渠道	17
	生活质量在不断提高	30
	工作可以让员工不断发展，最终实现人生理想	31
普惠发展需要	企业有自己独立的网络系统	20
	企业有自己比较完善的网络系统	21
	工作中会经常使用企业的网络系统	22
	企业网络平台会及时公布最新的国家政策	23
	企业网络平台有针对"困难职工"的线上或线下的帮扶行动	24
	所在的街道社区有超市、电影院等生活设施	25
	企业有良好的福利待遇	18
	满意的家庭氛围	27
	所在的街道社区提供的治安、卫生等方面的服务满意度	26

续表

分析维度	调查问题	编号
普惠发展需要	社会团体（如工会）会在生活、工作上提供帮助	28
	公司、企业有对特殊群体（如未成年工、女职工、工伤职工、劳务派遣工、网约工等）进行有效的保护	29

1.4.3.2 数据来源及分析方法

（1）基于二维码技术的问卷调查数据

本研究基于二维码技术研发和设计了"中国职工需要满意度调查问卷（企业版）"，一定程度上克服了传统问卷调查的不足，但仍存在一定的缺陷。2019年2月28日至2019年4月15日，以北京市大兴区为重点调查对象，在微信上推送问卷，共取得449组数据。通过SPSS软件分析筛除34份无效问卷，有效数据415组，有效回收率为92.43%，符合调查要求。本次调查的建筑业农民工中多为男性，占比95.10%，符合建筑业从业人员特征，且有70.6%农民工为高中及以下学历，专科及以上仅占29.4%，见图1-7。

（2）调查问卷信度检验

信度是指问卷调查所得到的结果的一致性和稳定性。在对调查问卷进行数据分析之前，必须通过信度检验来确定测量工具是否具有稳定性和可靠性。运用SPSS统计分析软件中的Cronbach's Alpha系数法进行分组测量，如表1-3所示。

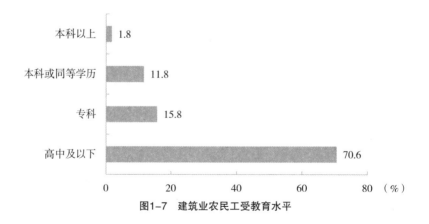

图1-7　建筑业农民工受教育水平

表1-3 Cronbach's Alpha可靠性统计量

标度	Cronbach's Alpha	项数
生理需要	0.510	4
安全需要	0.820	4
社交需要	0.887	4
受人尊重需要	0.825	3
自我实现需要	0.923	5
普惠发展需要	0.952	11
所有项目	0.970	31

由表1-3可知，在基本需要（生理需要、安全需要、社交需要、受人尊重需要和自我实现需要）、普惠发展需要以及所有项目统计中，除生理需要为0.510大于0.4可做因子分析外，其余项均大于0.8，表明具有较高的一致性。

（3）调查问卷效度检验

效度分析指测量结果的有效性或准确性，是问卷能够测得所预测的特质或功能的程度。内容效度方面，本研究在指标体系中借鉴原有的问卷调查以及职工需要维度模型，经过严格的理论分析和专家论证，最终确定职工需要指标体系。因此，该调查表具有良好的内容效度。结构效度方面，对问卷进行因子分析，KMO和Bartlett的检验结果显示，KMO检验系数为0.970，Bartlett检验判断因子分析中P<0.001，则样本资料适合进行因子分析。检验因子时提取公因子方差均大于0.800，因此，公因子可以解释每一项中的80%以上的方差。

（4）基于因子分析法的公因子筛选

问卷采用非常满意、满意、一般、不满意、非常不满意为量度，分别赋值10、7、5、3、1对数据进行整理分析。问卷有效性分析采用因子分析法。运用SPSS软件处理异常数据（如全选某一项）采用相关分析，共剔除34组数据。提取公因子解释一级指标，确定一级指标及各公因子权重。对问卷数据进行信度与效度分析，适合做因子分析。之后对问卷进行分析，提取14个公因子（见表1-4），对因子进行重新命名并对载荷较高因子进行讨论处理，最终确定各个指标权重并计算最终职工需要指数。

表1-4　公因子命名及权重

公因子序号	公因子命名	权重	公因子序号	公因子命名	权重
1	发展需要	0.2432	8	团队建设	0.0486
2	安全需要	0.1224	9	工作环境	0.0408
3	自我发展	0.0839	10	家庭氛围	0.0400
4	人际关系	0.0787	11	个人收入	0.0397
5	受人尊重	0.0766	12	生产安全	0.0393
6	自我实现	0.0685	13	身体健康	0.0376
7	公共服务	0.0549	14	特殊群体	0.0258

1.4.3.3　基于NDM的建筑业农民工需要调查结果分析

（1）环境维度

今天网络环境成为影响职工需要的重要因素。就问卷数据来看，建筑业农民工与网络有关的选项均值普遍高于其他选项。建筑业农民工的现实需要一般受制于经济、政治、文化、社会心理、自然生态因素等宏观因素的重大影响（甄海胜，滕淑珍，2012）[①]和个人家庭的实际情况。广大建筑业农民工的现实需要常常受制于家庭、街道、企事业单位、社会组织等具体微观环境。本次研究将现实环境与职工需要联系在一起。

（2）时间维度

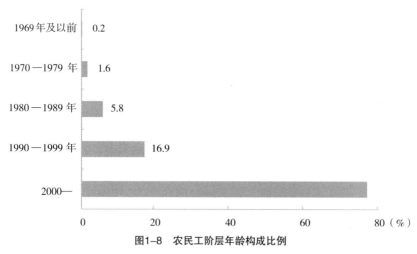

图1-8　农民工阶层年龄构成比例

---

① 甄海胜，滕淑珍.基于因子分析的山东高技术产业创新能力评价[J].山东工商学院学报，2012，26（4）:21-24.

社会发展的不同时期，职工需要是不同的。图1-8是农民工参与工作时间的统计，结果显示00后二代农民工最多（占75.5%），这是市场经济时代向新时代的过渡时期。

（3）地域维度

不同地区建筑业农民工需要也受不同地域因素产生不同程度的影响，因此研究建筑业农民工需要也应考虑地域的影响。如图1-9所示，本次研究调查人群大多来自北京，受研究调查样本数据限制，本次研究以北京市为例。

（4）逻辑维度

本研究以北京市建筑业为例，研究农民工群体需要满足程度，同时还考虑个体基本需要、特殊群体需要和普惠发展需要的差异性。

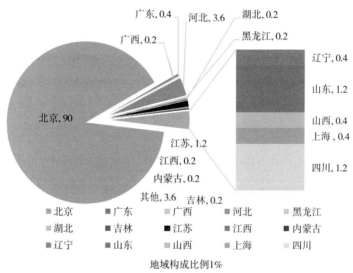

图1-9　农民工主要来源地分布特征

1.4.4　建筑业农民工需要指数计算

（1）建筑业农民工需要指标体系及权重

将提取的14个公因子进行命名，相应原有调查问题归属于公因子。对"您所在的企业能为您提供良好的晋升渠道，您所做的贡献和所得的报酬是成正比并相称的、社会团体（如工会）会在生活、工作上提供帮助，公司或企业有对特殊群体（如未成年工、女职工、工伤职工、劳务派遣工、网约工等）进行有效的保护"问题进行归类，决定予以保留并使用归类后的权重，建立建筑业需要指标体系，结果如表1-5所示。

表1-5　建筑业农民工需要指标体系

维度	权重	公因子	权重（Wn）	编号	问题
生理需要	0.1574	个人收入	0.0397	1	个人收入占家庭总收入的大部分
		工作环境	0.0408	2	每天所处的工作环境感到满意
		身体健康	0.0376	3	工作环境对您身体的影响
		生产安全	0.0393	4	企业单位关心安全生产和职工身体健康
安全需要	0.1224	安全需要	0.1224	5	企业有安全投入，安全设备设施完善并可正常使用
				6	入职前接受过职工安全培训
				7	企业会定期或不定期举行安全培训
				8	企业会定期举行安全演练
社交需要	0.1273	人际关系	0.0787	9	与同事关系融洽
				10	与上级领导关系融洽
		团队建设	0.0486	11	领导能主动解决职工群众的实际问题
				12	公司或企业经常组织团队建设活动
受人尊重需要	0.0766	受人尊重	0.0766	13	工作中受到领导和同事的信任和表扬
				14	单位中受到他人的尊重
				19	所做的贡献和所得的报酬是成正比并相称的
自我实现需要	0.1524	自我发展	0.0839	15	提出的合理要求满足情况
				16	企业有良好的竞争环境
				17	企业提供良好的晋升渠道
		自我实现	0.0685	30	生活质量在不断提高
				31	工作可以让员工不断发展，最终实现人生理想
普惠发展需要	0.3639	发展需要	0.2432	20	企业有自己独立的网络系统
				21	企业有自己比较完善的网络系统
				22	工作中会经常使用企业的网络系统
				23	企业网络平台会及时公布最新的国家政策
				24	企业网络平台有针对"困难职工"的线上或线下的帮扶行动
				18	企业有良好的福利待遇
				28	社会团体（如工会）会在生活、工作上提供帮助

续表

维度	权重	公因子	权重（*Wn*）	编号	问题
普惠发展需要	0.3639	特殊群体	0.0258	29	公司、企业要对特殊群体（如未成年工、女职工、工伤职工、劳务派遣工、网约工等）进行有效的保护
		家庭氛围	0.0400	27	满意的家庭氛围
		公共服务	0.0549	25	所在的街道社区有着超市、电影院等完善的生活设施
				26	所在的街道社区提供的治安、卫生等方面的服务满意度

（2）指标权数的确定

指标权数是用来衡量各项指标在总体中作用的大小。由于不同指标对总体作用大小的不同，因此只有为他们赋予恰当的权数，才能判断各项指标对职工需要的影响程度大小，进而对职工需要进行合理有效的总体评价。本次研究采用因子分析法。

（3）数据标准化初次处理

因调查中数据的性质和单位不尽相同，因此采用z-score标准化方法对所得数据进行处理，见公式1-1。

$$X'=(X-Mean)SD \tag{1-1}$$

X'表示标准化数据；X为原始数据；$Mean$表示均值；SD为标准差。标准化后的数据见表1-6，解释总方差见表1-7。

表1-6　z-score标准化数据得分

问题序号	A_1	A_2	A_3	A_4	…	A_{31}
1	−0.4022	1.4064	−0.2814	0.0434	…	−0.5075
2	0.2681	1.406	0.4970	−0.6240	…	1.1964
3	0.2681	−0.3569	−1.0599	0.0434	…	0.1741
⋮	⋮	⋮	⋮	⋮	⋮	⋮
415	−0.4022	−0.3569	−0.2814	1.0445	…	−0.5075

（4）农民工需要指数计算

运用SPSS对所得数据进行处理，确定权重。采用因子分析法，权重W_n的计算见公式1-2。

$$W_n = \frac{旋转后方差贡献率}{解释总方差} \tag{1-2}$$

表1-7　解释总方差

成分	初始特征值			提取平方和载入			旋转平方和载入		
	合计	方差贡献率	累积/%	合计	方差贡献率	累积/%	合计	方差贡献率	累积/%
1	17.172	55.395	55.395	17.172	55.395	55.395	6.720	21.676	21.676
2	2.505	8.079	63.474	2.505	8.079	63.474	3.381	10.907	32.583
3	1.174	3.786	67.260	1.174	3.786	67.260	2.317	7.474	40.058
4	1.039	3.353	70.613	1.039	3.353	70.613	2.173	7.011	47.069
5	0.929	2.997	73.610	0.929	2.997	73.610	2.116	6.826	53.894
6	0.877	2.830	76.439	0.877	2.830	76.439	1.893	6.106	60.000
7	0.726	2.342	78.782	0.726	2.342	78.782	1.517	4.893	64.893
8	0.585	1.886	80.668	0.585	1.886	80.668	1.343	4.333	69.225
9	0.556	1.792	82.460	0.556	1.792	82.460	1.128	3.637	72.862
10	0.472	1.522	83.982	0.472	1.522	83.982	1.105	3.565	76.427
11	0.437	1.409	85.391	0.437	1.409	85.391	1.098	3.541	79.968
12	0.404	1.303	86.693	0.404	1.303	86.693	1.086	3.504	83.472
13	0.402	1.298	87.992	0.402	1.298	87.992	1.040	3.354	86.826
14	0.351	1.134	89.125	0.351	1.134	89.125	0.713	2.299	89.125

对31个问题得分进行处理，公因子所代表的子问题得分的平均值为公因子得分，见公式1-3。

$$F_i = \sum_1^n S_j \tag{1-3}$$

F_i表示公因子得分；S_j表示公因子所代表的子问题得分；n表示公因子所对应的子问题个数。公因子得分值见表1-8。

表1-8　公因子得分值

i	F_1	F_2	F_3	⋯	F_{14}
1	−0.31361	−0.84371	−0.61263	⋯	−0.53274
2	0.351618	0.108504	0.60101	⋯	1.142162
3	0.304548	−0.27937	0.101236	⋯	0.137221
⋮	⋮	⋮	⋮	⋯	⋮
415	0.12482	0.01572	0.101236	⋯	−0.53274

标准化因子得分，对14个公因子的因子得分采用回归法进行估计，计算总分前，运用min-max标准化法将所有因子得分值映射到区间[0，1]内，得到指数化后的值X''，见公式1-4。其标准化数据见表1-9。

$$X'' = (X' - \min S)/(\max S - \min S) \tag{1-4}$$

表1-9 标准化公因子得分值

i	F_1	F_2	F_3	⋯	F_{14}
1	0.444444	0.501047	0.444444	⋯	0.444444
2	0.683588	0.7805	0.822243	⋯	1
3	0.666667	0.666667	0.666667	⋯	0.666667
⋮	⋮	⋮	⋮	⋮	⋮
415	0.644615	0.784571	0.661257	⋯	0.629707

测算每组数据职工需要指数，见公式1-5，其计算结果见表1-10。

$$H_i = \sum_{n=1}^{14} F_n \times W_n \tag{1-5}$$

H_i表示职工需要指数；F_n表示公因子标准化后得分；W_n表示各因子权重。

表1-10 各组数据职工需要指数

i	F_1*W_1	F_2*W_2	F_3*W_3	⋯	$F_{14}*W_{14}$	H_i
1	0.108092	0.061317	0.037271	⋯	0.011464	0.482779
2	0.166253	0.095515	0.068952	⋯	0.025795	0.771895
3	0.162137	0.081585	0.055906	⋯	0.017197	0.654206
⋮	⋮	⋮	⋮	⋮	⋮	⋮
415	0.156774	0.096014	0.055452	⋯	0.016243	0.676745

根据公式1-6，将数据得分加权平均数作为建筑业职工需要指数。

$$H = \sum_{i=1}^{N} H_i/N \tag{1-6}$$

N为调查的有效样本数；H_i为每组数据对应职工需要指数。本次调查为$N=415$。

最后计算$H=0.64$，即建筑业职工需要指数为0.64。

同理，计算各调查维度得分见表1-11。

表1-11 调查维度得分及总分

维度		权重	平均得分	指数	贡献度
利己性需要 （基本需要）	生理需要	0.1574	0.58	0.09	0.14
	安全需要	0.1224	0.75	0.09	0.14
	社交需要	0.1273	0.74	0.10	0.16
	受人尊重需要	0.0766	0.68	0.05	0.08
	自我实现需要	0.1524	0.63	0.10	0.16
利他性需要	普惠发展需要	0.3639	0.63	0.21	0.33

1.5 基于生理需要的建筑业农民工需要状况判别标准

1.5.1 需求度定义及其计算

（1）需求度定义及内涵

国内外研究表明，国外对安全需要做出过定量分析，但是集中在医学，且对安全需要的研究仅是对影响安全需要的因素进行定量分析，并没有考虑其他需要对安全需要的影响，或者是集所有影响因素服务于安全需要的研究，而国内的研究尚未有相关报道。本研究认为需求度是表示人的某种需要满足程度占职工需要满足程度的比重。

（2）不同维度下的需求度计算

公式1-7表示建筑业农民工不同需要维度下的需要指数与职工需要各指标得分关系。表1-12为不同需求维度下的权重值。

$$N' = \frac{H_j}{Q_j} \qquad (1-7)$$

Q_j 为各一级指标权重；N' 表示职工需要各指标得分；H_j 为一级指标需要指数。

表1-12 不同需要维度下的权重值

一级指标	权重（Q_j）
生理需要	0.1574
安全需要	0.1224
社交需要	0.1273
受人尊重需要	0.0766

续表

一级指标	权重（Q_j）
自我实现需要	0.1524
普惠发展需要	0.3639

公式1-8表示不同维度下的需求度计算。

$$C_j = \frac{H_j}{H} \qquad (1-8)$$

H_j为一级指标需要指数，H表示建筑业需要指数（本次计算北京市建筑业农民工需要指数为0.64），C_j表示各指标需求度。

1.5.2 基于生理需要的建筑业农民工需要判别标准

（1）基本假设

建筑业农民工需要的判别尚无相关原则，以至于无法准确判断其需要现状。本研究依据图1-1和图1-2的职工复合人假设和NDM分析框架，试图建立基于生理需要的建筑业农民工需要状况判别标准。

（2）安全需求度计算公式

综合考虑各种需要之间相互关系，得出公式1-9。

$$C_a = \frac{H_a}{H_s + H_a + H_{sj} + H_z + H_x + H_p} \qquad (1-9)$$

H_s表示生理需要指数；H_a表示安全需要指数；H_{sj}表示社交需要指数；H_z表示受人尊重需要指数；H_x表示自我实现需要指数；H_p表示普惠发展需要指数；C_a表示安全需求度。

（3）生理需要不能得到满足情形的判别

研究认为当生理需要得不到满足的情况下，不会产生对安全的需要，此时H_s接近于H，$H_a \approx 0$，$C_a \approx 0$，经计算安全需求度为$0 < C_a < 0.44$。

（4）生理需要得到不同程度满足情形的判别

生理需要得到不同程度的满足，安全需求度表现不同。问卷评分分为1、3、5、7、10五档，定义基本需要指数满意程度范围如表1-13所示。

表1-13 基本需要指数得分及满意等级划分

基本需要指数得分范围	满足程度（等级）
0.0～0.2	不满足
0.2～0.4	部分满足
0.4～0.6	基本满足
0.6～0.8	满足
0.8～1.0	完全满足

（5）生理需要不同满足程度，利他性需要满足情形的判别

利己性需要满足情况可分为职工生理需要基本满足和生理需要满足情况下，其他需要满足情况。此时生理需要得分$0.4 < N < 0.6$和$N > 0.6$，除普惠发展需要得分为0，其他需要为$0.2 < N' < 0.6$，此时随着安全需要指数变化，计算安全需求度，结果如表1-13所示。

（6）利他性需要满足情形的判别

利他性需要表示职工需要向普惠发展需要过渡，此时生理需要、安全需要、社交需要、受人尊重需要和自我发展需要得到满足，普惠发展需要由基本满足向完全满足过渡，此时考虑安全需求度已经没有意义。此时应考虑普惠发展需要满足程度以及总体职工需要满足程度。计算得$0.4 < H < 10.4$，具体计算结果见表1-13所示。

1.5.3 基于需要判别标准的建筑业农民工安全需要验证

（1）安全需求度定义及内涵

为了验证建筑业不良的生产环境和繁重工作状况对职工需要的影响，本研究在分析职工总体需要的基础上进行了职工安全需求度的测算，并给出基于生理需要的建筑业农民工需要状况判别标准。安全需求度是表示安全需要满足程度占职工需要满足程度的比重。安全需求度高，证明安全在职工生活、工作中的重视程度高，企业对安全生产重视，职工安全感能够得到满足。安全需求度低，证明安全需要在职工需要满足度中贡献率低，在权重确定的情况下，相应的职工需要满足度也低，工作中发生事故的可能性就高。

（2）数据来源与KMO和Bartlett检验

在415个样本中，安全需要表现为二级指标安全需要，权重为0.1225。进

行KMO检验和Bartlett's球形检验，KMO指数0.820>0.500适合做因子分析，且球形检验的Sig.取值0.000，因子模型适合，见表1-14。公因子方差提取值均大于0.7，表示变量70%以上的信息能够被公因子说明。

表1-14 安全需要的KMO和Bartlett's检验

检验		值
取样足够度的 Kaiser-Meyer-Olkin 度量		0.820
Bartlett 的球形度检验	近似卡方	1129.336
	df	6
	Sig.	0.000

（3）建筑业农民工安全需求度计算

按照公式1-7计算建筑工业农民工安全需求度为0.14，见表1-15。

（4）基于需要判别标准的建筑业农民工安全需求度评价结果

依据上文基于生理需要的建筑业农民工需要判别标准，计算得到建筑业农民工安全需求度评价等级如表1-15所示。

表1-15 基于需要判别标准的建筑业农民工安全需求度评价等级

基准	评价维度	生理需要得分	安全需求度	评价等级
生理需要不满足	—	0—0.4	$0<C<0.44$	完全不满意
生理需要基本满足	利己性需要满足情况	0.4—0.6	$0<C<0.12$	不满意
			$0.12≤C≤0.17$	基本满意
			$C>0.26$	满意
生理需要满足	利己性需要满足情况	0.6—1	$0<C<0.09$	不满意
			$0.09≤C≤0.12$	基本满意
			$C>0.12$	满意
利己性需要满足	利他性需要满足情况	普惠发展需要得分	普惠发展需要得分	职工需要指数
		—	$0<N_P<1$	$0.4<H<1$

计算结果表明，北京建筑业农民工安全需求指数为0.09，生理需要指数为0.09，社交需要指数为0.09，受人尊重需要指数为0.05，自我实现需要指数为0.09，普惠发展需要指数为0.23，代入公式得$C=0.14$，生理需要得分$N=0.58$。研究表明在职工需要满足程度条件下安全需求度为基本满意。

1.6 厘清差异化需求，推进建筑业农民工就业精准治理

当前，建筑业总体保持快速发展态势，中国正从建筑大国走向建筑强国，为广大农民工提供了源源不断的就业岗位，每年吸纳农民工就业5000万人以上，稳就业作用明显。然而，2019年以来中美经贸摩擦加深，叠加国内经济转型升级阵痛和既有的结构性体制性矛盾[①]，我国经济下行压力陡增，建筑业企业欠薪问题凸显出来，如何厘清农民工差异化需求，全力推进建筑业农民工系统性欠薪精准治理成为关键之策。

1.6.1 建筑业农民工就业预期表现为差异化需求

调查结果表明，建筑业农民工中受教育程度和职业层次较高的群体并未显著增加（叶鹏飞，2019），就业期望却表现为不同层次需要的差异性，如图1-10所示。总体而言，建筑业农民工就业预期表现为差异化需求。

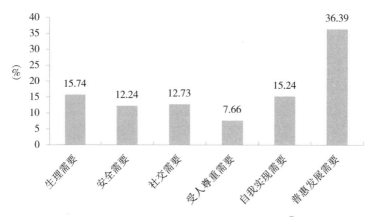

图1-10　建筑业农民工群体不同层次需要比例[②]

（1）传统温饱生理需要和安全需要略有下降。如图1-10所示，建筑业农民工群体中传统温饱生理（占15.74%）和安全基本需要（占12.24%）呈现下降趋势，主要得益于改革开放40多年来，建筑业总体保持快速发展态势（赵峰等，2018），企业装备水平和建筑设计水平显著提升，建筑业农民工建筑施工现场机械化程度和工作条件有一定的改善。

---

① 2019年上半年工业通信业发展情况发布会实录 [J]. 中国电信业，2019（8）:24-31.
② 资料来源：课题组北京大兴区农民工需求调查数据绘制。

（2）受人尊重需要和社交需要仍然偏低。主观社会地位是农民工与其他社会群体比较过程对自身地位的主观感受和定位，一定程度上对农民工的社会态度和社会行动产生直接影响（叶鹏飞，2019）。如图1-10所示，建筑业农民工群体中受人尊重需要（占7.66%）和社交需要（占12.73%）未有显著改善，仍处于较低水平。这与2019年清华大学中国经济社会数据研究中心的全国性调查数据相一致，即农民工群体对自身社会地位的主观评价平均为3.79分（最高分为10分），对10年前社会地位的自我评分平均为2.87分，相比10年前得到一定提高，但都属于较低的地位自我认知。[①]

（3）自我实现需要和普惠发展需要不断攀升。如图1-10所示，建筑业农民工群体中自我实现需要（占15.24%）略有上升，而普惠发展需要（占36.39%）表现异常强烈。这一变化反映当前国家开展城镇化、农民工市民化及农民工入会重大政策的效果逐步显现，农民工群体渴望实现定居城市的普遍愿望，但城市方供给远远未满足建筑业农民工的市民化需求。

1.6.2 造成建筑业农民工就业不稳定的原因分析

（1）差异化需求是建筑业农民工就业不稳定的内因

建筑业农民工和其他职业群体一样，伴随着劳动力市场的变化而不断流动。合理范围的就业流动属于正常可控现象，但本次调查发现，伴随着国家经济社会的发展，建筑业农民工群体主体意识不断提升，主要表现为基本需求的差异化。差异化需求对建筑业农民工就业影响逐步显现，即从传统温饱满足转向安全健康需求，从基本需求满足转向普惠性需求，从一般就业需求转向美好生活向往，这种不确定的动态流动性影响着建筑业农民工就业稳定性。

（2）系统性欠薪风险是建筑业农民工就业不稳定的外因

欠薪是导致建筑业农民工是否满足温饱和生存、生理需求最重要的原因，也是当前影响建筑业农民工稳定就业的关键外因。2019年《政府工作报告》指出，我国发展面临多年少有的国内外复杂严峻形势，经济出现新的下行压

---

① 叶鹏飞. 新时期农民工群体的阶层地位及其保障 [J]. 四川大学学报（哲学社会科学版）.2019,（5）：162-170.

力。事实上，建筑业本来就存在工作环境差、工资水平不高等不利因素，加之经济下行压力，可能会导致建筑业农民工面临被欠薪风险。从以往农民工欠薪案例来看，企业恶意欠薪是主要表现形式。2019年全国劳动争议案件总体呈现上升趋势，发生群体性事件的风险在增加。对于建筑业来说，这种系统性欠薪风险是建筑业农民工就业风险防控的重点。

1.6.3　建筑业农民工系统性欠薪风险精准治理对策

（1）开展建筑业承包商资质专项治理

建筑施工单位转包分包、资质挂靠往往是相关企业在建筑业生存的"业内规则"，也是该类企业出现生产事故或完不成承包任务拿不到工程款而拖欠农民工工资最根本的原因。2020年国务院公布的《保障农民工工资支付条例》中对承担清偿农民工工资的责任做出明确规定。在明确法律主体责任的同时，各级政府市场监督管理部门应开展建筑业承包商资质专项检查，从源头上整治非法承包的现象，及时排查各种承包合同隐患，预防此类源头风险。

（2）建筑业安责险推行要落在实处

建筑业安全生产责任险是保险机构对投保的建筑施工企业发生的生产安全事故造成的人员伤亡和有关经济损失等予以赔偿的商业保险（鲍莉，2018）。2018年起施行的《安全生产责任保险实施办法》第六条规定，煤矿、非煤矿山、危险化学品、烟花爆竹、交通运输、建筑施工、民用爆炸物品、金属冶炼、渔业生产等高危行业领域的生产经营单位应当投保安全生产责任保险。我国正在建筑业企业推行安责险，相关企业常常以各种理由不为生产一线的农民工上安责险，但建筑业农民工群体恰恰是最应受到保护的群体。政府应急管理部门应开展安责险专项检查，使建筑业安责险推行实实在在落在实处。

（3）恶意欠薪企业要依法重典打击

查阅近几年欠薪报道发现，岁末年终拖欠农民工工资是老大难问题。治理农民工欠薪常常是多部门联动，劳动监察部门帮助农民工讨薪，法院对欠薪者采取强制执行，住建部门帮忙寻找欠薪包工头，但农民工工资拖欠问题一直未能得到根治。究其原因，在于拖欠农民工工资的违法成本极低，而农民工讨薪的成本太高，即合法行为成本高于违法行为成本，造成相关企业拖欠农民工工资"常态化"。

（4）简化劳动争议快速处理程序，避免群体性事件发生

2019年12月发布的《国务院关于进一步做好稳就业工作的意见》中指出，坚持把稳就业摆在更加突出位置，强化底线思维，做实就业优先政策。2019年，群体性集体劳动争议案件大幅度上升，案件涉案人员量大，跨区域情形多，案情复杂。事实上，群体性集体争议稍有不慎极易引起群体性事件，严重影响社会的和谐稳定。为妥善解决群体性集体劳动争议案件，建议在涉及10人以上的群体性集体争议案件时，简化立案程序，开辟"绿色通道"，缩短案件处理期限，实现劳动争议简化程序快速处理，避免群体性事件发生。

（5）身陷欠薪事件的农民工，工会要精准帮扶

对于农民工工资拖欠问题，工会介入帮助讨薪，是工会维权的职责所在。各级工会应依据中华全国总工会办公厅《关于切实促进解决农民工工资拖欠问题的通知》精神，设立企业劳动关系信息员，充分发挥工会法律援助中心、"12351"职工维权热线和工会帮扶中心的作用，开展法律法规宣传咨询活动，通过送温暖期间走访调研，及时发现并解决欠薪隐患，对因被欠薪生活出现困难的农民工，及时给予必要救助，做到精准帮扶。

1.7 小结与认识

（1）站在新时代的历史方位上，满足职工群众的美好生活需要，既是以习近平同志为核心的党中央基于我国社会主义初级阶段国情和人民生活需要的新变化作出的重大判断，更是我国社会主要矛盾的转化在职工队伍方面的体现。因此，职工需要作为反映我国社会主要矛盾转化的参考变量，评价中国工会改革效果应该施以职工需要约束，要将个体职工需要和群体职工需要放到地域、时间、环境和逻辑视角下进行综合考量。

（2）马斯洛需要层次理论阐释人的基本需要，而职工普惠性需要的提出，从理论上拓展了马斯洛需要层次理论，突破了从自利性需要向利他性需要转化的认知缺陷。在既有约束条件下，跨越学科樊篱，从地域、时间、环境和逻辑四个维度揭示职工美好生活需要的本质属性。研究发现，评估不同时间不同地域不同层次的职工需求，须综合考虑职工所处的地域、时间、环境和内容（逻辑）4个维度变量影响。从地域维度来看，中国职工需要须以胡焕庸

线为基准，考虑东南半壁和西北半壁的区域整体人口因素影响（即东中西部的差异性）；从时间维度来看，中国职工需要状况一般由我国所处的历史阶段决定，主要表现为社会主义计划经济时期个体基本"温饱"需要、社会主义市场经济时期特殊群体（如下岗职工）的广受关注和中国特色社会主义新时代普惠制度的探索实践；从环境维度来看，中国职工需要与现实环境、网络虚拟环境相关，微观现实环境对个体需要影响较大，宏观政策环境对特殊群体（如农民工）影响呈显性相关，网络虚拟环境成为新兴职工群体（如网约工）需要的新因素；从逻辑维度而言，职工需要在内容上呈现出从个体基本需要到群体（如困难职工）普惠性需要的发展趋势。

（3）从个体工作积极性和群体美好生活感受两个层次把握职工美好生活需要转化为现实需求的满意度评价指标，进而构建更加协调一致的"点、线、面"精准+普惠服务的工会实践范式，即采取更加协调一致的"点、线、面"精准+普惠服务合力策略是基层工会有效引导职工主导需求，深化基层工会改革的内在向心力，提供了破解群团组织去"四化"改革实践的工会方案。

基于中国职工需要的现实特征和理论假设所建立的NMD模型还需进一步验证，尤其是基于某一群体需要给出系统的调查或定量分析的数据。这恰恰是今后研究改进完善的重要方向。所幸的是，模型的相关参数或观点得到同行文献的引证，仍然不失为有益的研究探索。

第2章 工会干部应急素质基础调查与分析

《第八次中国职工状况调查》显示，基层工会干部"兼职多、学历低"现状仍未改变，然而工会改革已进入攻坚克难阶段，工会干部队伍素质与能力提升成为制约要因。

2.1 问题提出与研究背景

《第八次中国职工状况调查》显示，基层工会主席76%为兼职，56.7%的工会主席具有大专及以下学历。新中国成立以来，特别是改革开放40多年以来，中国工人阶级不断推动着国家进步、社会发展、民族复兴。因此，科学认识新时代工会干部队伍建设状况与制度变迁，要站在历史的视角，基于中国的国情、党情和会情，立足中国工人运动和工会工作的实际来辩证地分析与判断，揭示工会干部政策调整的历史背景、形成条件和客观原因。

2.1.1 工会干部素质及其内涵分析

"干部"一词最早来自法语"cader"的音译，原意是框架、主干，后引申为指挥官、管理人员，一般分为党的工作干部、国家机关工作干部、军队干部、社会团体干部、专业技术干部、业务行政干部（杨野平，2003）。在本研究中，工会干部指在工会组织中担任一定领导、管理职务的人员，包括专职和兼职工会干部。

素质，原意是事故本来的性质，最早源于达尔文的进化论，是人的生理属性和社会属性的统一组成的复杂系统（杨野平，2006）。在本研究中，素质指由先天的遗传条件和后天的经验所决定和产生的身心倾向的总称（鲍丽，熊英，2011）。干部素质一般包含个体素质和群体素质两个层面（杨野平，2003）。个体素质是一个包括人的身心发展的质量、水平、结构和个性特征的复杂系统，包括身体、智力、道德、一般文化、专业知识和经验6项基本素质（亨利·法约尔，2013）。工会干部群体素质是广大职工个体素质按照一定结构方式相互作用的有机统一体，不是职工个体素质要素的简单机械相加，而是表现为一个职工群体综合的整体效应。在广大的职工队伍中，劳模群体就是一个综合素质高的先进群体，其中有一些劳模当选工会干部、工会主席。劳模工会干部群体代表广大工会干部的整体素质。在本研究中，工会干部素质由坚定的政治素养、突出的专业能力和强烈的专业精神3个基本要素构成，主要表现为个体素质和群体素质的鲜明特征。

2.1.2　工会干部素质模型的提出

干部队伍素质作为干部素质的有机综合的统一，由品质、结构和能力诸要素构成的复杂系统，而品质、结构和能力诸要素之间既相互联系又相互作用，并具有特定的功能、总的目的和时间性的过程（杨野平，2003）。随着社会、科学技术的不断进步，干部素质的内涵与外延已经超出心理学和生理学的范畴，但其基本属性没有改变，仍是生理属性和社会属性的统一，形成一个动态的工会干部队伍素质系统。

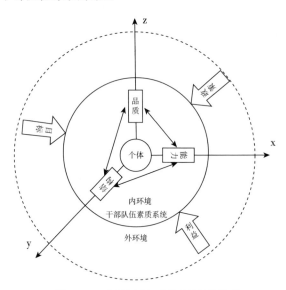

图2-1　工会干部队伍素质系统及其构成

工会干部队伍素质系统（Quality System of Trade Union Cadres，QSTUC）并不是系统自身要素的机械相加，而是全部构成要素按一定结构方式组成，并产生新质的具有综合特性的系统。正是这些要素的相互作用影响着工会干部队伍的运用方式、效率和效果，决定着工会干部队伍的整体素质（杨野平，2003）。工会干部队伍素质系统作为干部队伍内在性质和属性的反映，是工会干部队伍的本质概况，是表征工会干部群体整体素质的基本模型（见图2-1）。从结构上看，QSTUC系统是各要素在数量、质量上的比例和时空上的组合，包括各种不同层次的子系统，每一个子系统又包括更低层次的子系统（杨野平，2003）。在这些因果网络中，各种因素的相互耦合所产生的综合效应使其系统的运动变化形成复杂的多种因果过程。简言之，即在环境因素的作用下，QSTUC系统内"品质—结构—能力"要素所形成的核心因果链的运动变化。

（1）影响QSTUC系统整体功能的内部潜在因素

内部潜在因素（也称内部驱动力，简称内因），主要由品质、结构、能力三个要素构成，是决定干部个体素质的内因。干部队伍素质系统的层级结构是由其组织结构的阶梯等级和特定的秩序决定的。从系统整体结构来看，系统各个要素的结构状态决定其自身的整体功能。

一是品质要素。品质要素反映干部队伍系统的性质，由党的组织纲领所决定（杨野平，2003），为构建中国话语体系下的中国工会自觉接受党的领导提供了理论依据。本研究中品质要素具体指标包括政治觉悟、组织观念、群众观念和应急理念。

二是能力要素。能力要素反映干部队伍系统的性能，是党组织行为的综合体现（杨野平，2003），为构建中国话语体系下的群团工作改革和产业工人队伍建设提供了理论依据。本研究中能力要素具体指标包括工作方法、主体行为和履行职责。

三是结构要素。结构要素反映干部队伍系统的配置，由党的组织人员和机构所决定，是党组织纲领与行为的组织载体的体现（杨野平，2003），为构建中国话语体系下的工会干部是党的事业助手和后备军提供了理论依据。本研究中结构要素具体指标包括年龄结构、知识结构、专业结构。

（2）影响QSCT系统整体功能的外部环境因素

外部环境因素（也称外部驱动力，简称外因），主要由目标、政策、利益等基本要素构成，受内环境和外环境影响和作用，是决定干部队伍（群体）素质的外因。主要包括：

一是内环境。内环境是指一个特定的干部群体所赖以生存与发展的，属于整个干部队伍素质系统内部环境因素的总和（杨野平，2003）。主要包括组织因素、社会因素、文化因素，本研究中主要指组织因素和文化因素。

二是外环境。外环境是内环境以外的其他各种环境因素的总和（杨野平，2003）。主要包括其他主体、社会关系、社会秩序，本研究中主要指劳动关系和自然因素。

2.1.3 工会干部应急素质的提出

辛衍涛（2008）认为，应急素质是指应急反应所需要的、客观的、可测量的岗位知识、技能和能力。刘辉（2014）认为应急素质包含应急知识、技能等显性素质，也包含应急心理、态度、情绪等隐性素质。工会干部应急素质可以被分解为工会干部自身的基本素质、实现组织功能所需要的素质、完成不同应急反应任务所需要的素质、履行本岗位职责所需要的素质四个方面。在本研究中将工会干部素质分成素质品质、结构、能力以及环境四个维度。

2.2 步入中国特色社会主义新时代，工会干部政策深化改革与攻坚阶段

步入中国特色社会主义新时代，中国工会干部政策进入深化改革与攻坚阶段。2013年10月，中国工会第十六次全国代表大会在北京举行，是在我国进入全面深化改革、全面建设小康社会实现中华民族伟大复兴中国梦关键阶段召开的一次工人阶级和工会组织盛会[①]，明确提出为实现中华民族伟大复兴的中国梦而奋斗，是中国工人运动的时代主题，强调工人阶级是全面实现小康社会、坚持和发展中国特色社会主义、实现中国梦的主力军。2015年1月8日，中共中央印发《关于加强和改进党的群团工作的意见》，指出工会、共青团、妇联等群团组织联系的广大人民群众是全面建成小康社会、坚持和发展中国特色社会主义的基本力量，是全面深化改革、全面推进依法治国、巩固党的执政地位、维护国家长治久安的基本依靠。《中共中央、国务院关于构建和谐的意见》指出，劳动关系是否和谐，事关广大职工和企业的切身利益[②]，

---

① 中国工运研究所. 新编中国工人运动史（下卷）[M]. 北京：中国工人出版社，2016：731.
② 中共中央、国务院关于构建和谐劳动关系的意见 [N]. 人民日报，2015-04-09（001）.

事关经济发展与社会和谐。2015年5月10日，全国总工会下发《全国职工素质建设工程五年规划（2015—2019年）》。2015年11月9日，习近平总书记主持召开十八届中央全面深化改革领导小组第18次会议，审议通过《全国总工会改革试点方案》，确立了增"三性"、去"四化"①、强基层、促创新的改革总体思路。2016年1月20日，世界经济论坛第46届年会在瑞士达沃斯举行，大会主题是掌控第四次工业革命。人类历史上的四次工业革命，促进世界经济"转变转型升级"②，也给中国的发展和经济转型带来机遇与挑战。对劳动关系领域而言，科技革命和产业革命使劳动关系更加多元，劳动关系矛盾日趋复杂，职工队伍状况出现新变化新趋势，结构性失业正成为劳动力市场的主要特征（燕晓飞，2017）。2016年5月9日，全国总工会印发《关于充分发挥全国总工会劳模兼职副主席作用的暂行办法》。2016年8月9日，全国总工会出台的《关于做好从劳动模范中选拔工会专兼干部工作的指导意见》，改善了工会干部队伍结构，提升了工会干部能力素质，改进了工会干部工作作风。2016年10月26日，全国总工会印发《关于增强基层工会活力发挥基层工会作用的实施意见》，按照习近平总书记提出的"好干部"标准③，坚持德才兼备、以德为先，选优配强基层工会主席（李玉赋，2017）。2016年11月25日，全国总工会下发《关于深入推进产业工会工作创新发展的意见》，明确了将产业工会分为全国产业工会、省级产业工会、城市产业工会和县级产业（行业）工会四个类型以及和地方工会关系。2016年12月9日，全国总工会下发《关于推进工会联系引导劳动关系领域社会组织工作的意见》，明确联系和引导劳动关系领域社会组织，是党中央赋予工会组织的重要政治责任。2017年2月6日，习近平总书记主持召开十八届中央全面深化改革领导小组第三十二次会议，审议通过了

---

① 　增"三性"、去"四化"，其中增"三性"即增强"政治性、先进性、群众性"；去"四化"即防止"机关化、行政化、贵族化、娱乐化"。

② 　中国工运研究所.劳动关系与工会运动研究文选（2016）[M].北京：中国工人出版社，2017：P256.

③ 　2013年6月28日，习近平在全国组织工作会议上的讲话——着力培养选拔党和人民需要的好干部，概括来说，好干部要做到信念坚定、为民服务、勤政务实、敢于担当、清正廉洁。习近平谈治国理政 [M].北京：外文出版社，2014：P412.

《新时期产业工人队伍建设改革方案》。①2017年4月14日，中共中央、国务院印发《新时期产业工人队伍建设改革方案》，指出产业工人是工人阶级中发挥支撑作用的主体力量，是创造社会财富的中坚力量，是创新驱动发展的骨干力量，是实施制造强国战略的有生力量。工会干部是党的干部队伍的重要组成部分，是党的群众工作的一支重要的骨干队伍。2018年5月20日，中共中央办公厅印发《关于进一步激励广大干部新时代新担当新作为的意见》，明确了建设高素质专业化干部队伍的新要求（李玉赋，2018）。2018年10月22日至26日，中国工会第十七次全国代表大会在北京召开，强调让职工群众真正感受到工会是"职工之家"、工会干部是最可信赖的"娘家人"、贴心人。

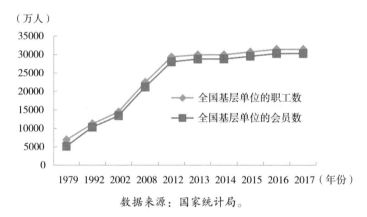

数据来源：国家统计局。

图2-2 全国基层单位的职工与会员趋势分析

党的十八大以来，习近平总书记围绕培养选拔党和人民需要的好干部这条主线（周俊楠，2017），强调坚决防止干部工作中出现的"四唯"问题，为端正用人导向提供了重要指导和根本遵循（王军，2017）。与此同时，在经济发展进入新常态、改革处于攻坚期、社会结构深刻变动的形势下，职工队伍发展态势良好，主力军作用进一步彰显，职工队伍总体规模不断壮大，全国职工总数在3.91亿左右，在职工队伍总量持续增加的同时，职工队伍内部结构、整体素质、权益保障、作用发挥方面也出现新变化（吕国泉等，2018），实现了加入工会会员的同步增长（见图2-2），第三产业职工增加趋势明显，

① 王慧.试论新时代提高产业工人地位的必要性——以安徽省为例 [J].天津市工会管理干部学院学报，2019，36（4）：12-18.

特别是战略性新兴产业职工人数快速增加，新兴产业职工和新社会阶层成为职工队伍的新生力量（李玉赋，2017）。2012年后，中国工会发展进入稳定期，工会干部发展也进入相对稳定期（见图2-3）。

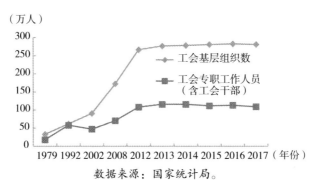

数据来源：国家统计局。

图2-3　中国工会基层组织和工会干部发展变化趋势

2.3　常态下工会干部应急素质调查结果与分析

2.3.1　问卷设计与样本选择

（1）调查问卷设计

为系统考察工会干部日常工作状态的应急素质情况，课题团队研发和设计"常态下工会干部应急素质调查问卷"。本问卷主要由53个基本问题构成，主要从常态视角考察工会干部在日常工作中的应急素质和能力现状。

（2）调查样本构成

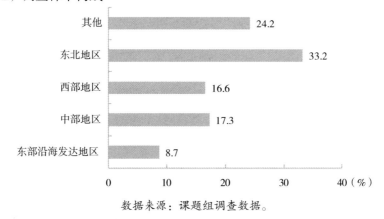

数据来源：课题组调查数据。

图2-4　调查样本的地区分布特征与比例

如图2-4所示，本次调查区域包括东部沿海地区（如广州）、中西部地区（如西安、北京）、东北地区（如大庆）以及海南省工会干部培训班学员。本次调查样本主要包括广州市总工会、北京市总工会、黑龙江省大庆市让图路区总工会、西安市铁路公安局工会、广州石油化工有限公司工会等工会组织和海南省工会干部培训班学员中的专职和兼职工会干部，共计投放300个样本，剔除无效问卷11份，有效样本289份，样本有效率为96.33%，其中男女比例为58∶42，符合调查要求。

2.3.2　工会干部应急素质公因子提取

（1）问卷信度与效度检验

如表2-1所示，采用SPSS软件进行问卷效度分析，进行KMO检验和Bartlett's球形检验，其中KMO指数0.965>0.500适合做因子分析，且球形检验的Sig.取值0.000<0.05，因子模型适合。

表2-1　调查样本的KMO和Bartlett's检验

检验		值
取样足够度的Kaiser-Meyer-Olkin度量		0.965
Bartlett 的球形度检验	近似卡方	9254.204
	df	435
	Sig.	0.000

如表2-2所示，采用SPSS软件进行问卷调查信度分析，其中Cronbach's Alpha为0.971>0.700，此次问卷调查结果符合要求。

表2-2　调查样本的信度检验

Cronbach's Alpha	基于标准化项的 Cronbachs'sAlpha	项数
0.971	0.973	39

（2）工会干部应急素质公因子提取

对问题进行编码后对问卷进行公因子分析（见表2-3），提取14个工会干部应急素质公因子（见表2-4），对因子进行重新命名并对载荷较高的因子进行处理，最终确定工会干部应急素质4维表征因子。

表2-3 工会干部应急素质调查问题编码

序号	调查问题	编号
1	您对我国突发事件的相关政策、法律、制度安排有一定认识	X1
2	您经常从报纸、网络等媒体上或其他途径了解相关信息	X2
3	您在参与处理职工类突发事件中，对下属安排任务时目标与要求明确	X3
4	您在日常工作中，坚决贯彻执行党的方针政策，并注重结合工会实际	X4
5	您对涉及工作范围内可能出现的职工类突发事件及时上报，并提醒下级重视	X5
6	您经常下基层了解所管辖地区职工群众的基本现实需求	X6
7	您了解并将"生命至上，安全第一"的最新应急理念应用于本职工作中	X7
8	您善于从职工类突发事件的相关信息中发现与职工群众密切相关的问题	X8
9	现在工会干部队伍年龄结构偏大，您认为所在单位状况符合程度	X9
10	您在应对和处理职工类突发事件中得心应手，并具备良好的应急知识	X10
11	您所在部门时常组织职工类突发事件应急管理方面的教育培训	X11
12	您获得过劳动关系协调员等劳动争议调解与处理、应急类及相关培训资质	X12
13	职工类突发事件发生后，您通常会立即启动应急预案与程序并第一时间向上级报告	X13
14	您在处理职工类突发事件时，主动做好有关对职工群众的事后安抚工作	X14
15	您经常开展社会服务、社会考察及工会相关业务调研	X15
16	您经常关注国家大政方针、地方经济情况，并注重收集与职工群众相关的信息	X16
17	您非常了解处置职工类突发事件所需的组织资源、物资储备及工会参与程序	X17
18	您对职工群众反映的问题及时答复或向有关部门反映和沟通	X18
19	您所在单位的地理环境让您感到安全环保、身心舒畅	X19
20	您所在单位在处理职工类突发事件时，工会与各部门能够协调合作、应对策略科学	X20
21	在工作时，您感受到同事的尊敬并实现人生价值	X21
22	您对当前工会干部的薪金结构和社会福利待遇很关注	X22
23	您认为组织职工进行应急培训和相关知识学习非常重要	X23
24	您经常参与制修订职工类突发事件应急预案并经常更新有关内容	X24
25	您对本单位职工文化需求较了解	X25
26	您积极参与本地区企业文化建设	X26
27	您认同当前职工或单位应急文化的实际情况	X27
28	您认同地方政府应急管理部门的现行体制，并主动与相关党政协同合作	X28

序号	调查问题	编号
29	您认同工会干部依法参与事故调查的制度安排	X29
30	您认同与当前应急管理部门协同处理突发事件的制度设计	X30
31	您认为工会源头参与相关立法还有上升空间	X31
32	您所在单位有良好的同事关系，劳动关系和谐有共同认知	X32
33	您在参与职工群众劳动争议事件处理时坚持原则、依法依规	X33
34	您经常组织工会干部参与职工类突发事件应急方案设计与演练	X34
35	您所在单位对职工有良好的劳动保护制度	X35
36	您能及时参与协调劳动合同争议，并以职工满意为标准开展	X36
37	您时常代表职工与资方谈判，并为职工争取最大利益	X37
38	您能及时研判劳动争议事件演化趋势，并采取相关应对措施	X38
39	您非常熟悉工会工作职责和业务流程	X39
40	您关注职工类突发事件的处理程序与工作目标，并切实在工作中履行	X40
41	您的学历	X41

表2-4 工会干部应急素质公因子命名

维度	公因子	对应问题归纳与重新命名	原问题编号
品质要素	政治觉悟	从报纸、网络等媒体途径了解相关信息	X2
		经常关注国家大政方针、地方经济情况	X16
		对突发事件的相关政策、法律、制度有一定认识	X1
	群众观念	组织职工类突发事件及时上报	X5
		下基层了解职工群众的基本现实需求	X6
	组织观念	工作中贯彻执行党的方针政策	X4
		参与处理职工类突发事件目标与要求明确	X3
	应急理念	"生命至上，安全第一"应急理念	X7
能力要素	工作方法	主动了解与职工群众密切相关的问题	X8
		职工类突发事件应急预案启动与报告	X13
		主动做好有关对职工群众的事后安抚工作	X14
		经常开展社会服务、社会考察及工会业务调研	X15

维度	公因子	对应问题归纳与重新命名	原问题编号
能力要素	主体行为	认同工会干部依法参与事故调查的制度安排	X29
		认同与当前应急管理部门协同处理突发事件的制度设计	X30
		认为工会源头参与相关立法还有上升空间	X31
		认同政府现行应急管理体制与协同合作	X28
	履行职责	非常熟悉工会工作职责和业务流程	X39
		履行职工类突发事件的处理程序与目标	X40
		对职工群众反映的问题及时答复、反映和沟通	X18
		对工会干部的薪金结构和社会福利待遇很关注	X20
		参与劳动争议事件处理时坚持原则、依法依规	X33
结构要素	知识结构	工会干部的学历与文化水平	X41
		了解处置职工类突发事件所需的资源储备程序	X17
		参与职工类突发事件应急方案设计与演练	X34
	年龄结构	工会干部队伍年龄结构符合程度	X9
	专业结构	劳动关系协调员资质	X12
		组织职工类突发事件应急管理教育培训	X11
		具备应对和处理职工类突发事件的知识	X10
		参与制修订职工类突发事件应急预案及更新	X24
环境要素	劳动关系	代表职工与资方谈判,为职工争取最大利益	X37
		及时研判劳动争议事件演化趋势和应对措施	X38
		及时参与协调劳动合同争议	X36
		所在单位对职工有良好的劳动保护制度	X35
		所在单位有良好的同事关系,劳动关系和谐	X32
	自然因素	单位的地理环境让您感到安全环保、身心舒畅	X19
	文化因素	职工文化需求	X25
		职工应急培训和相关知识学习	X23
		当前职工或单位应急文化的实际情况	X27
		企业文化建设	X26
	组织因素	工会与各部门能够协调合作、应对策略科学	X22
		在工作时,感受到同事的尊敬并实现人生价值	X21

2.3.3 常态下工会干部应急素质调查结果与分析

常态下工会干部应急素质是基于广大工会干部在日常工作状态下反映出的各项应急知识、能力和素质。工会干部应急素质受QSTUC系统整体影响，应重点从品质、结构、能力和环境四个方面分析。

2.3.3.1 工会干部素质品质要素调查结果分析

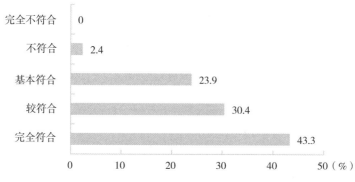

图2-5 工会干部关注国家大政方针、地方经济的情况

（1）政治觉悟。调查显示，97.6%的工会干部关注国家方针政策、地方经济情况（见图2-5），97.2%的工会干部对相关政策、法律、制度基本了解（见图2-6），97.6%工会干部每天坚持从报纸、网络媒体途径了解相关信息（见图2-7），这有效保证了工会干部在国家政策、经济形势和信息渠道方面始终保持与党中央的高度一致，表现出工会干部具有较强的政治觉悟。

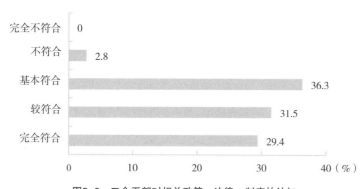

图2-6 工会干部对相关政策、法律、制度的认知

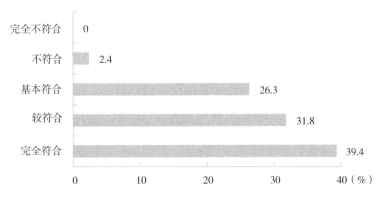

图2-7　工会干部从报纸、网络媒体途径了解相关信息情况

（2）群众观念。调查显示，99.7%的工会干部对职工类突发事件及时上报非常重视，在日常工作中重视突发事件上报监督（见图2-8），这源于工会干部对职工群众现实基本需求的了解和关注（见图2-9），工会干部的群众观念在逐步提升，促进了工会群众基础的改善。

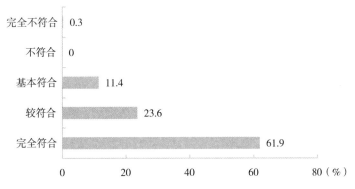

图2-8　工会干部对职工类突发事件及时上报的重视程度

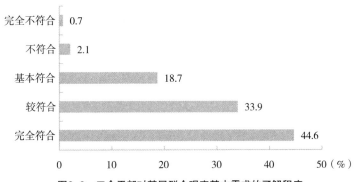

图2-9　工会干部对基层群众现实基本需求的了解程度

（3）组织观念。调查显示，工会干部在日常工作中贯彻执行党的方针政策较符合的占22.1%，完全符合的占67.1%，而基本符合仅占10.7%（见图2-10），同时工会干部在参与处理职工类突发事件时对任务目标和下属要求明确到位（见图2-11），反映了工会干部的组织观念较强。

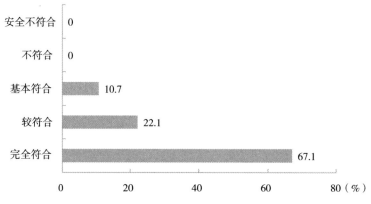

图2-10 工会干部在日常工作中贯彻执行党的方针政策情况

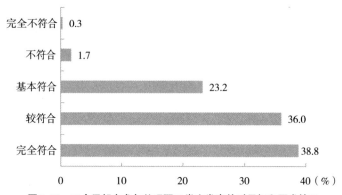

图2-11 工会干部在参与处理职工类突发事件时目标和要求情况

（4）应急理念。2020年5月22日，习近平总书记在参加他所在的十三届全国人大三次会议内蒙古代表团审议时强调，人民至上、生命至上，保护人民生命安全和身体健康，我们可以不惜一切代价。"生命至上、安全第一"是习近平新时代中国特色社会主义思想的重要内涵，是指导安全生产工作的行动指南和理论武装。工会干部对应急理念认知程度是反映工会干部应急素质的一个重要方面。调查显示，99.7%的工会干部基本认同"生命至上、安全第一"的应急理念（见图2-12），并应用到实际工作中，在一定程度上反映工会干部群体应急理念水平。

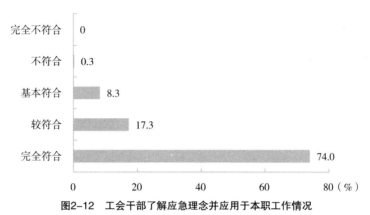

图2-12 工会干部了解应急理念并应用于本职工作情况

2.3.3.2 工会干部素质能力要素调查结果分析

（1）工作方法。调查显示，99.6%的工会干部善于从职工类突发事件的相关信息中发现与职工群众密切相关的问题（见图2-13），特别在职工类突发事件后，有98.3%的工会干部认为应该启动应急预案，并向上级报告（见图2-14），有87.2%的工会干部认为应该开展工会社会服务（见图2-15），有99.0%的工会干部认为应该开展安抚工作（见图2-16），反映工会干部在应对职工类突发事件时工作方法和内容明确、清晰。

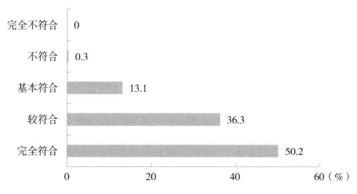

图2-13 工会干部发现与职工群众密切相关的问题情况

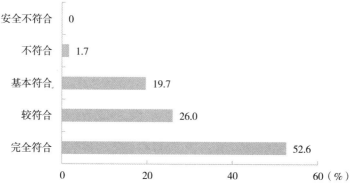

图2-14 职工类突发事件发生后，工会干部启动应急预案及上报情况

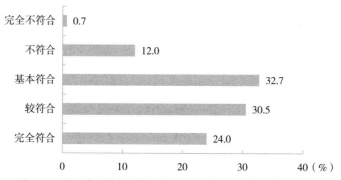

图2-15 职工类突发事件发生后，工会干部开展工会社会服务情况

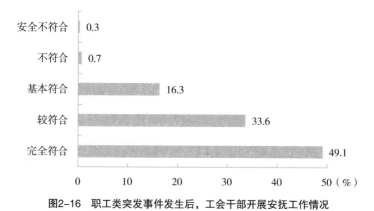

图2-16 职工类突发事件发生后，工会干部开展安抚工作情况

（2）主体行为。工会作为职工类突发事件的应急协同主体，其行为主要表现为工会干部的应急行为。调查显示，有96.2%的工会干部对现行地方政府应急管理体制表示认同（见图2-17），有96.9%的工会干部认同工会协同政府

处理突发事件制度安排（见图2-18），有98.3%工会干部认同工会依法参与事故调查（见图2-19）。此外，有98.6%的工会干部对工会源头参与立法表示认同（见图2-20）。这充分说明工会干部对职工类突发事件的国家应急协同制度安排的支持，并付诸实际行动。

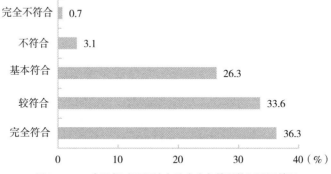

图2-17 工会干部对现行地方政府应急管理体制认同情况

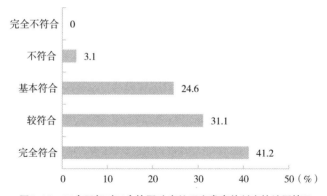

图2-18 工会干部对工会协同政府处理突发事件制度的认同情况

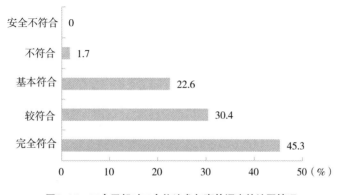

图2-19 工会干部对工会依法参与事故调查的认同情况

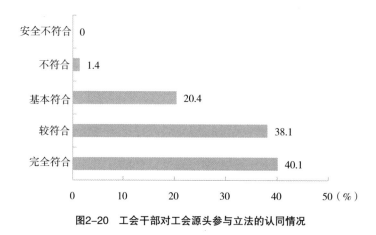

图2-20　工会干部对工会源头参与立法的认同情况

（3）履行职责。调查显示，有94.5%的工会干部对工会工作职责和业务流程熟悉（见图2-21），有96.2%的工会干部对职工类突发事件应对程序与工作目标清楚，能够履行（见图2-22），有99.3%工会干部认为可以采用多种方式对待职工群众反映问题（见图2-23），有98.0%工会干部认同处理职工类突发事件时工会与各部门协调合作（见图2-24）。此外，有99%的工会干部认同职工劳动争议事件处理时坚持原则、依法依规（见图2-25）。这充分说明工会干部在应对职工类突发事件时，履行职责和业务流程清晰，处理方法多样，并有原则性。

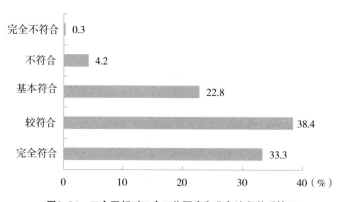

图2-21　工会干部对工会工作职责和业务流程熟悉情况

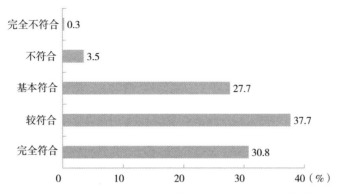

图2-22 工会干部对职工类突发事件应对程序与工作目标履行情况

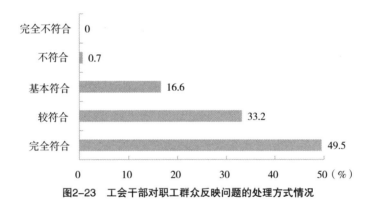

图2-23 工会干部对职工群众反映问题的处理方式情况

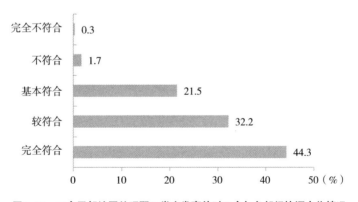

图2-24 工会干部认同处理职工类突发事件时工会与各部门协调合作情况

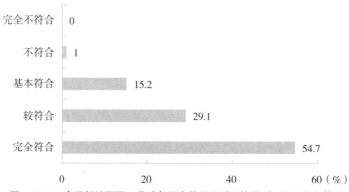

图2-25　工会干部认同职工劳动争议事件处理时坚持原则、依法依规情况

2.3.3.3　工会干部素质结构要素调查结果分析

（1）年龄结构。本次调查显示，87.2%的工会干部认为单位工会干部年龄结构合理（见图2-26）。广大工会干部处于促进企业发展、协调劳动关系和工会工作的第一线（徐明，2015），其思想觉悟、精神面貌和能力水平直接决定着工会工作的成效。

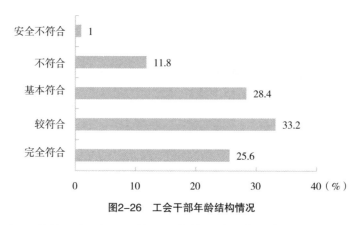

图2-26　工会干部年龄结构情况

（2）知识结构。如图2-27所示，当前工会干部队伍呈现"知识化、专业化"的新特征，其中本科及以上学历的占66.8%（见图2-28），将近七成工会干部具有本科以上学历。此外，工会干部在处置职工类群体性事件所需的资源及工会参与程序（图2-29显示，有11.4%的工会干部不了解处置职工类突发事件所需的资源和工会参与的基本程序），以及工会干部参与职工类突发事件应急预案的设计与演练（图2-30显示，有15.6%的工会干部不了解职工类突

发事件应急预案设计演练）需要增强提升，其必要基础知识更新和储备仍是
短板。

数据来源：课题组调查数据。

图2-27 专兼职工会干部的比例

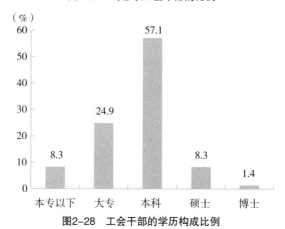

图2-28 工会干部的学历构成比例

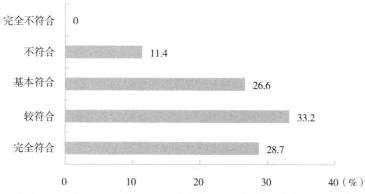

图2-29 工会干部对处置职工类群体性事件所需的资源及其程序了解程度

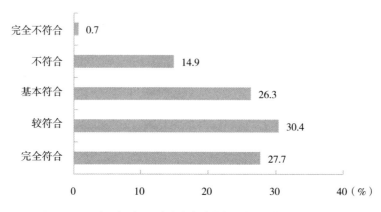

图2-30　工会干部对职工类突发事件应急预案设计与演练了解程度

（3）专业结构。工会干部在处置职工类突发事件时，应该具备较好的专业背景。调查显示，在应对和处理职工类突发事件时，有94.8%的工会干部对应急知识储备有一定重视（见图2-31），但从业背景和实际能力提升上有一定不足。有34.3%的工会干部尚未参加或取得劳动关系协调员的资质或培训（见图2-32），其所在部门组织职工类突发事件应急教育培训有8.7%没有覆盖（见图2-33），而没有参与制修订职工类突发事件应急预案的工会干部占20.1%（见图2-34）。这说明工会干部的专业应急素质存在明显的资质培训和业务能力短板，亟须加强。

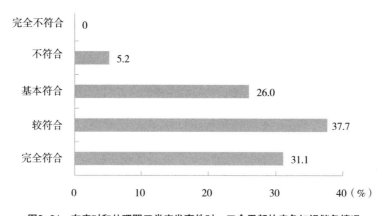

图2-31　在应对和处理职工类突发事件时，工会干部的应急知识储备情况

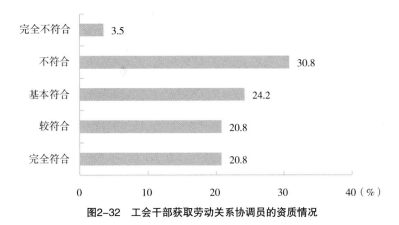

图2-32　工会干部获取劳动关系协调员的资质情况

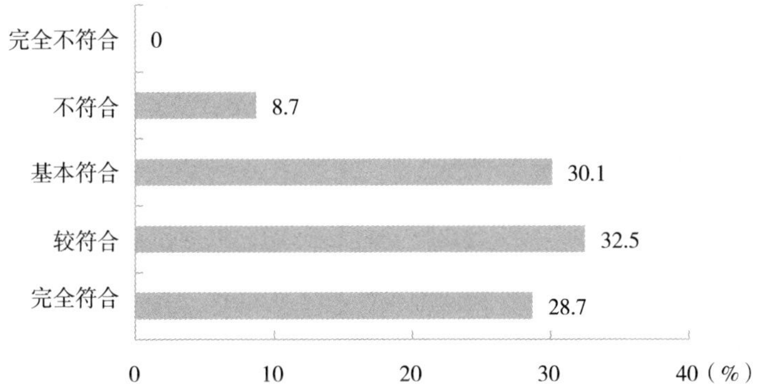

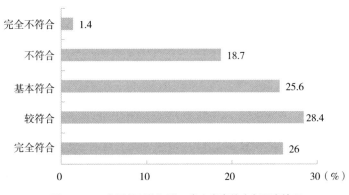

图2-33　所在部门组织职工类突发事件应急教育培训情况

图2-34　工会干部制修订职工类突发事件应急预案情况

2.3.3.4　工会干部素质环境要素调查结果分析

（1）自然因素。"一方水土，养一方人"，自然因素的作用具有两重性，即当干部群体进入特定的自然环境，不但会感受到自然环境的综合影响与作用，而且会对自然因素产生反作用和影响。图2-35调查结果显示，在本次调查中工会干部的工作地区主要包括东部沿海地区（占8.7%）、中部地区（占17.3%）、西部地区（占16.6%）、东北地区（占33.2%）以及其他地区（占24.2%）。调查显示，有96.5%的工会干部认为地理环境对工会工作会产生一定的影响（见图2-36）。

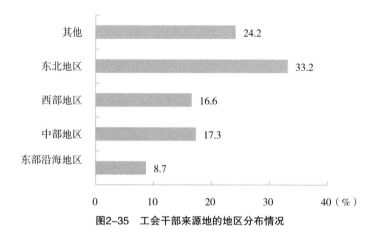

图2-35　工会干部来源地的地区分布情况

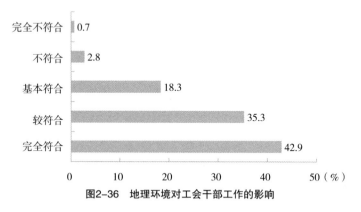

图2-36　地理环境对工会干部工作的影响

（2）劳动关系。调查显示，97.9%的工会干部对单位同事和劳动关系现状表示认同（见图2-37），有97.6%的工会干部的认同单位劳动保护制度有效实施（见图2-38），有94.1%的工会干部满意单位劳动争议处置效果（见图2-39），但有23.2%的工会干部认为代表职工与资方谈判主动维护职工权益仍有上升空间（见图2-40），有13.5%的工会干部认为应该提升劳动争议事件研判水平（见图2-41）。调查结果进一步验证，构建和谐劳动关系的工作仍是反映工会干部应急素质的关键要素之一。

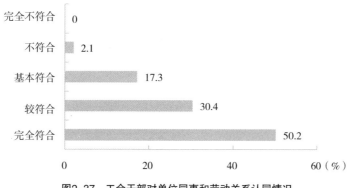

图2-37　工会干部对单位同事和劳动关系认同情况

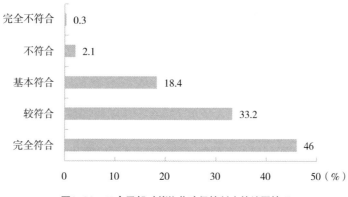

图2-38　工会干部对单位劳动保护制度的认同情况

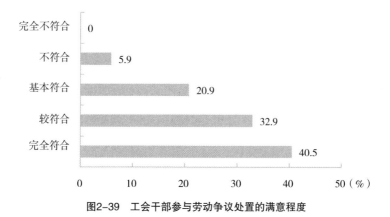

图2-39　工会干部参与劳动争议处置的满意程度

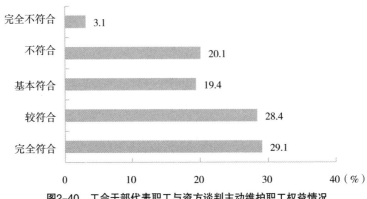

图2-40 工会干部代表职工与资方谈判主动维护职工权益情况

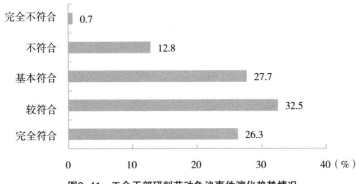

图2-41 工会干部研判劳动争议事件演化趋势情况

（3）文化因素。调查显示，有100%的工会干部对职工应急培训和知识学习重要性的高度认同（见图2-42），反映工会干部对工会开展职工文化和企业文化建设的认同，其中98%的工会干部对职工文化的需求比较了解（见图2-43），有91.7%的工会干部认同本地区企业文化建设水平（见图2-44），有95.5%工会干部对当前职工或单位应急文化状况比较了解（见图2-45）。这是工会干部结合工会工作的特点长期开展职工文化和企业文化建设实践中的深刻认知，也反映对企业或职工应急文化建设的广泛关注和充分认同。

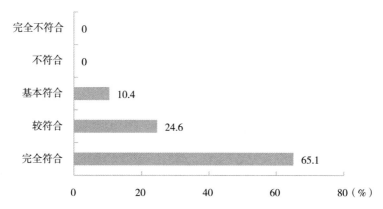

图2-42 工会干部对职工应急培训和知识学习重要性的认同程度

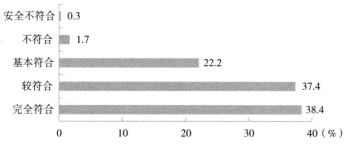

图2-43 工会干部对职工文化需求的了解程度

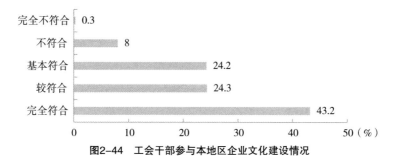

图2-44 工会干部参与本地区企业文化建设情况

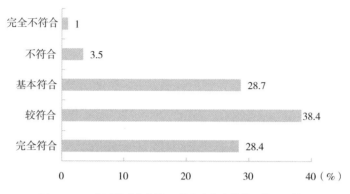

图2-45　工会干部对当前职工/单位应急文化状况的认同情况

（4）组织因素。党组织的纲领、性质、宗旨和管理体制以及用人机制等对工会干部素质系统的作用和影响（杨野平，2003）是复杂而巨大的，是政治因素聚焦后的缩影。调查显示，有97.6%的工会干部在工作时感受到同事尊敬和组织关怀（见图2-46），有94.1%的工会干部对当前工会干部的薪金结构和社会福利待遇比较关注（见图2-47）。这恰恰反映新时代背景下工会干部群体对美好生活有着不同的需求。

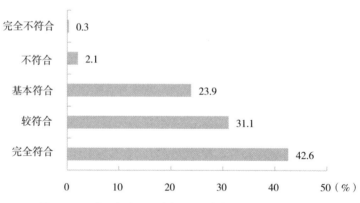

图2-46　工会干部在工作时感受到同事尊敬和组织关怀的情况

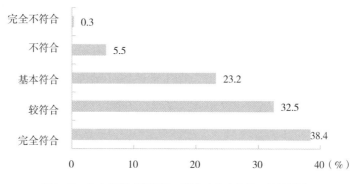

图2-47 工会干部对当前职工/单位应急文化状况的认同情况

2.4 新时代工会干部队伍素质标准的提出

2.4.1 新时代工会干部标准正式提出

干部素质问题的重要性和必要性不言而喻（杨野平，2006），无论其内涵还是外延既丰富又复杂，具有抽象性演变规律、复杂性构成模式和可变性发展趋势的三大特征，其表征具有交叉学科的基本属性。干部素质是指受党组织的纲领和章程规范，发挥职业功能的自身条件，包括生理、心理、品质、能力等基本要素的综合表现。[①]工会干部能力的高低直接关系到工会工作的成效（李玉赋，2018）。问题的关键在于与时俱进优化和提高工会干部队伍素质。按照习近平总书记"信念坚定、为民服务、勤政务实、敢于担当、清正廉洁"的好干部标准，新时代工会干部既要符合党中央对"高素质专业化干部"的总体要求，也要符合党中央和广大职工群众对工会干部的特殊要求（李玉赋，2018），标志着新时代工会干部标准正式提出。

2.4.2 新时代工会干部队伍素质的结构与特征

工会干部是党的干部队伍的重要组成部分，是党的群众工作的一支重要的骨干队伍（谭国政，蔡莲芳，1997）。建设高素质专业化干部队伍是习近平总书记

---

① 中共武汉市委党校"干部成长规律"课题组，王观松，钱炎荣，朱敬华. 提高干部队伍素质必须加强党校培训工作——干部成长规律研究的若干启示 [J]. 长江论坛，2009（6）：4-14.

选人用人思想的重要内容，是新时代好干部标准的具体实践，也是教育培养工会干部的主要标准。党的二十大报告指出，建设堪当民族复兴重任的高素质干部队伍。全面建设社会主义现代化国家，必须有一支政治过硬、适应新时代要求、具备领导现代化建设能力的干部队伍。坚持党管干部原则，坚持德才兼备、以德为先、五湖四海、任人唯贤，把新时代好干部标准落到实处。站在历史的新起点上，建设高素质专业化工会干部队伍是各级工会组织工作的基础性、先导性、战略性工程（王华生，2018），是新时代工会干部队伍建设的组织保障。其基本结构与特征具体表现如下。

（1）坚定的政治素养。一是做到政治过硬。工会干部坚持用习近平新时代中国特色社会主义思想武装头脑，坚决维护以习近平同志为核心的党中央权威和集中统一领导，在思想上政治上行动上同党中央保持高度一致，团结广大职工坚定不移地听党话、跟党走，同心同德共筑中国梦。二是保持清正廉洁。2015年1月12日，习近平总书记在同中央党校县委书记研修班学员座谈时指出，鱼和熊掌不可兼得，当官发财两条道，当官就不要发财，发财就不要当官。2024年2月，二十届中央纪委三次全会上，习近平总书记指出，要加强新时代廉洁文化建设。深入开展党性党风党纪教育，传承党的光荣传统和优良作风，激发共产党员崇高理想追求，把以权谋私、贪污腐败看成是极大的耻辱。工会干部要做讲正气的表率，做到忠诚、干净、担当。

（2）突出的专业能力。一是具备学习实践的本领。随着形势发展，工会干部不仅要具有较强的政治理论水平，还要具备与工会工作相适应的专业知识和专业能力。二是具备改革创新的本领。工会干部要作工会改革创新的表率，把深化系统改革作为重要责任，亲力亲为抓改革、扑下身子抓落实，既当改革促进派，又当改革实干家。三是具备开展群众工作的本领。党的群众路线是工会工作的生命线和根本工作路线，工会干部要坚持做到"知职工、懂职工、爱职工"，不断提高代表职工、联系职工、服务职工的能力和水平。

（3）强烈的专业精神。一是有强烈的责任担当精神。工会干部应从内心强化对工会工作的认同度、做工会工作的自豪感，把工作当成事业，做到一心一意谋发展、心无旁骛抓工作，把精力和心思用在分析解决基层和职工反映集中、反映强烈和事关全局、事关根本的重要问题和重点工作上。二是有扎实的工作作风。作风扎实，体现在狠抓落实上。工会干部要坚持说实话、谋实事、出实招、求实效，切实把好事办好、把实事办实，把雷厉风行和久久为功结合起来，撸起袖子加油干。

总之，对照《党政领导干部选拔任用工作条例》，各级工会组织要坚持新时代好干部标准，从严从实履行选人用人管理职责，努力建设高素质专业化的工会干部队伍。工会的基本职责是工会履行各项社会职能的基础工作和首要任务，是工会组织和工会工作必须长期坚持和遵循的根本准则（李玉赋，2018）。《中国工会章程（2023修正案）》中，工会的基本职责为"维护职工合法权益、竭诚服务职工群众"。对中国工会的基本职责进行修改，更加彰显维护职工基本权益、竭诚服务职工群众作为工会安身立命之基的重要地位和作用，也为准确认识和评价工会干部的工作素质提供根本准则和理论依据。

2.5　小结与认识

（1）基于二维码调查技术，对工会干部应急素质调查进行了问卷调查。调查发现，常态下工会干部应急素质受QSTUC系统整体影响较大，其关键参数表现品质、结构、能力和环境四个方面，反映出工会干部在日常工作环境下的各项应急知识、能力和素质的状况。

（2）新中国成立70多来，党在领导革命、建设、改革和新时代的不同历史时期，尽管因所处的历史方位和环境、任务不同，对选用干部的具体内涵和要求有所不同，但其核心要义是选贤任能、德才兼备。按照新时代好干部"信念坚定、为民服务、勤政务实、敢于担当、清正廉洁"标准，结合当前中国的特殊国情、党情、社情和会情实际，新时代工会干部队伍素质主要体现在坚定的政治素养、突出的专业能力和强烈的专业精神三个基本要素，主要表现为个体素质和群体素质的鲜明特征，这是科学认识当前中国工会干部队伍素质现状的理论基点。

（3）站在当前世界百年未有之大变局的世情和国情视角，党的干部队伍建设面临新挑战新问题，中国工人队伍建设也同样面临新困境。中国工会干部素质区别于国外工会的重要标志是中国工会干部队伍建设始终根植于中国的特殊国情、党情和会情，只有立足中国特色社会主义工会道路的实际辩证地分析与判断，才能揭示工会干部政策调整的历史背景、形成条件和客观原因。

第3章 职工利益博弈数学模型

在当前和谐劳动关系建构过程中，工会、政府、企业、劳动者之间的博弈关系是一个无法回避的话题，也是新时代工会理论研究的一个热点和焦点课题。本研究试图站在博弈论学科视角，分析建筑企业劳动关系中的工会、政府、企业、劳动者之间的利益关系，构建四者之间的非合作博弈和合作博弈的多方博弈模型，进一步揭示职工利益博弈在决策过程中的复杂关系，从而为更好地解决职工利益实际问题提供决策的理论依据。

3.1 问题提出与研究进展

工会、政府、企业、劳动者之间的博弈关系既对立又统一，各自在选择策略的过程中，不仅要考虑自身的当下利益，还必须考虑其他各方决策对自身长远利益的影响。因此，研究他们之间的博弈关系具有重要现实意义。近年来，关于工会、政府、企业、劳动者之间的博弈关系研究主要集中在劳资双方的领域或围绕劳资双方展开，而对他们四方的协同博弈关注较少。陈明慧（2020）认为劳资双方并非总是追求利益最大化，相反在共享规则的建构下将达至彼此的利益认同；姜凤珍和胡斌（2019）利用随机突变理论解释员工与组织之间的劳资对抗行为，给出对抗事件演化的稳定性分析；任广峻（2019）从优秀文化视角提出和谐劳动关系构建的理论依据；赵冬玲（2019）从劳资双方均以自身利益最大化的基本特点出发，提出工会积极参与企业劳动关系协调的建议；曹彬（2019）从民主协商机制的建立、管理模式的转变和企业文化建设等角度进行分析，提出企业和谐劳动关系构建策略。也有一些学者从劳资博弈的角度来进行分析，但是大多从系统分析的角度（张亚，2013），或者是从劳资双方的矛盾入手寻求"三方合作机制"（赵晶，2011），关于彼此之间博弈的具体量化研究得比较少（陈华，2017）。基于此，本研究从工会、政府、企业、劳动者之间的博弈量化视角，构建四者之间的非合作博弈和合作博弈的多方博弈模型，进而进一步揭示工利益博弈的复杂关系，从而为更好地解决企业劳动争议的实际问题提供理论依据。

3.2 职工利益非合作博弈数学模型构建

3.2.1 博弈论基础

3.2.1.1 博弈的基本要素

博弈论研究的是理性行为，即参与博弈的人是理性的，人人都会根据对手的策略，选择最优反应，以达到最大化自身的利益（武若楠，2015）。一般来说，每一局博弈都至少包括三个要素。

（1）局中人。或称参与人、参与者，不仅可以是个人也可以是国家、企业、组织或一群人。局中人是博弈的主体。

（2）策略集。一局博弈中，每个局中人都有可选择的、实际可行的、完整的行动方案。一个局中人的一个可行的自始至终全局策划的行动方案，称为这个局中人的一个策略（苗雪丰，2019），一个局中人的所有策略的集合称为该局中人的策略集。

（3）支付函数。一局博弈结束时的结果称为支付或收益。博弈过程中，在一个特定的策略组合下每一个局中人得到的确定效用水平，或者是局中人得到的期望效用。各个局中人的策略与行为决定着支付函数。

3.2.1.2 纳什均衡

在博弈$G=\{S_1, \cdots, S_n; u_1, \cdots, u_n\}$中，如果由各个博弈方的各一个策略组成的某个策略组合$(s_i^*, \cdots, s_n^*)$中，任一博弈方i的策略s_i^*，都是对其余博弈方策略的组合$(s_i^*, \cdots, s_{i-1}^*, s_{i+1}^*, \cdots, s_n^*)$的最佳对策（刘映春，2019），也即：

$$u_i\left(s_1^*, \cdots, s_{i-1}^*, s_i^*, s_{i+1}^*, \cdots, s_n^*\right) \geqslant u_i\left(s_1^*, \cdots, s_{i-1}^*, s_i, s_{i+1}^*, \cdots, s_n^*\right) \qquad (3-1)$$

对任意$s_i \in S_i$都成立，则称$(s_i^*, \cdots, s_n^*)$为G的一个纳什均衡。

3.2.1.3 合作博弈与夏普利值

合作博弈是处理参与方联盟合作问题的重要方法，指在参与方大于两个的情况下，部分参与者结成联盟以追求团体利益的行为，参与者在团体中得到的利益大于或等于在大联盟中得到的利益，即存在n个参与者的集合$I=\{1, 2, 3\cdots, n\}$，对任一子集$S=\{S_1, S_2, \cdots, S_n\} \subseteq I$，特征函数为$V(S)$，即把$[I, V]$称为$n$人的合作博弈。对任意$n$人合作博弈$[I, V]$，夏普利值唯一，其分摊结果计算公式为：

$$\psi_i(V) = \sum_{i \in S \subseteq I} W(|S|)\big[V(S) - V(S / \{i\})\big], (i=1, 2, \cdots, n) \quad (3\text{-}2)$$

$$W(|S|) = \frac{(n-|S|)!(|S|-1)!}{n!}, (i \in S \subseteq I) \quad (3\text{-}3)$$

3.2.2 工会—劳动者博弈模型

在工会和劳动者的博弈过程中，工会的策略选择有："积极履责"与"不认真履责"，劳动者的策略包括："加入工会"与"不加入工会"。假设工会积极履责的成本为C_G；劳动者加入工会需要缴纳的会费为C_L；在工会积极履责且劳动者加入工会的情况下，由于工会的积极争取而使劳动者获得的额外收益为Y_L；在工会积极履责而劳动者不加入工会的情况下，劳动者的机会损失为W_L；在劳动者加入工会但工会未认真履责从而给工会带来的名誉等方面的损失为W_G。可以得到工会与劳动者的博弈收益矩阵，见表3-1。

表3-1 工会与劳动者的博弈收益矩阵

工会	劳动者	
	加入工会	不加入工会
积极履责	$-C_G+C_L$, $-C_L+Y_L$	$-C_G$, $-W_L$
不认真履责	$-W_G$, $-C_L$	$-W_G$, 0

根据博弈理论，当$-C_G>-W_G$且$-C_L+Y_L>-W_L$，上述博弈有纳什均衡（积极履责，加入工会）。即当$C_G<W_G$且$C_L+W_L>Y_L$时，工会将会选择"积极履责"策略，劳动者将会选择"加入工会"策略。也就是说，适当降低工会积极履责的成本C_G，加大由于工会的积极争取而使劳动者获得的额外收益为Y_L，降低劳动者加入工会组织缴纳的会费C_L，都会有助于职工选择"积极履职"策略和劳动者选择"加入工会"策略。

3.2.3 工会—企业博弈模型

在工会和企业的博弈过程中，工会的策略有："认真履责"与"不认真履责"，企业的策略有"配合工会工作"与"不配合工会工作"。

基本假设：设工会认真履责的成本为C_G；企业拨付的工会经费为C_Q；在工会认真履责且企业配合工会工作的情况下，由于工会的认真积极作为带来生产效率提高等而使企业获得的额外收益为Y_Q，此时企业给予工会的奖励为J_Q；在工会认真履责而企业不配合工会工作的情况下，企业所造成的机会损失为W_Q；工会未认真履责而造成的荣誉等方面的损失为W_G；企业配合工会工作情况下，工会未认真履责而造成的额外利益损失为W_E。可以得到工会与企业的博弈收益矩阵，见表3-2。

表3-2 工会与企业的博弈收益矩阵

工会	企业	
	配合工会工作	不配合工会工作
认真履责	$-C_G+C_Q+J_Q$, $-C_Q+Y_Q-J_Q$	$-C_G+C_Q$, $-C_Q-W_Q$
不认真履责	$-W_G-W_E$, $-C_Q$	$-W_G$, $-C_Q$

根据博弈理论，当时$-C_G+C_Q>-W_G$且$-C_Q+Y_Q-J_Q>-C_Q-W_Q$，上述博弈有纳什均衡（认真履责，配合工会工作）。即当$W_G+C_Q>C_G$且$Y_Q+W_Q>J_Q$时，工会将会选择"认真履责"策略，企业将会选择"配合工会工作"策略。也就是说，适当增加工会经费C_Q，降低工会认真履责的成本C_G，增加工会未认真履责的损失W_G，增加企业不配合工会工作造成的机会损失W_Q，加大企业配合工会工作带来的额外收益Y_Q，都将会促进工会选择"认真履责策略"，企业选择"配合工会工作"策略。

3.2.4 工会—政府博弈模型

在工会和企业的博弈过程中，工会的策略有："认真履责"与"不认真履责"，政府的策略有"作为"与"不作为"。

基本假设：设工会认真履责的成本为C_G；政府拨付工会的经费或补贴为C_Z；在工会认真履责且政府作为的情况下，政府收获的额外收益为Y_Z，此时政府给予工会的奖励为J_Z；在工会认真履责但政府不作为的情况下，政府的机会损失为W_Z；工会未认真履责而造成的荣誉等方面的损失为W_G；政府作为情况下，工会未认真履责而造成的额外利益损失为W_E。可以得到工会与政府的博弈收益矩阵，见表3-3。

表3-3 工会与政府的博弈收益矩阵

工会	政府	
	作为	不作为
认真履责	$-C_G+C_Z+J_Z$, $-C_Z+Y_Z-J_Z$	$-C_G+C_Z$, $-C_Z-W_Z$
不认真履责	$-W_G-W_E$, $-C_Z$	$-W_G$, $-C_Z$

根据博弈理论，当时 $-C_G+C_Z>-W_G$ 且 $-C_G+Y_Z-J_Z>-C_Z-W_G$，上述博弈有纳什均衡（认真履责，作为）。即当 $W_G+C_Z>C_G$ 且 $Y_Z+W_Z>J_Z$ 时，工会将会选择"认真履责"策略，政府将会选择"作为"策略。也就是说，适当增加工会经费 C_Z，降低工会认真履责的成本 C_G，增加工会未认真履责的损失 W_G，增加政府不作为造成的机会损失 W_Z，加大政府作为带来的额外收益 Y_Z，都将会促进工会选择"认真履责策略"，政府选择"作为"策略。

3.2.5 工会—政府—企业三方博弈模型

工会、政府、企业三方博弈过程中，工会的策略为"认真履责"和"不认真履责"，政府的策略为"监管"与"不监管"，企业的策略为"执行相关政策"与"不执行相关政策"。

基本假设：设 P 为工会为了维护员工的权益所花费的策略成本；D 为工会维护员工权益，保障员工利益，所带来的额外收益；N 表示工会与政府部门及企业协调工作所花费的成本；J_d 表示政府对企业实行监督管理的成本；b 表示政府未对企业进行监督时，政府所获得上级机关的惩罚；K 为企业支持工会工作所花费的策略成本；H 表示企业支持工会工作所带来的收益；C_L 表示企业执行相关策略花费成本；C_b 表示企业不执行相关政策且发生事故所造成的损失；S 表示企业执行相关政策所带来的收益；B 表示政府对于执行相关政策的企业做出的补贴；f 表示政府发现企业不执行相关政策时对企业的惩罚；i 表示工会未履责而带来的利益损失；d 表示政府相关部门发现企业不支持工会工作，对企业的惩罚。可以得到工会、政府、企业的三方博弈模型，见表3-4。

表3-4 工会、政府及企业组织间博弈矩阵

工会	政府			
	政府监管		政府不监管	
	企业 执行	企业 不执行	企业 执行	企业 不执行
工会组织 认真履责	$-P+D-N$ $-J_d-B$ $-C_L+S+B$	$-P+D$ $-J_d+f$ $-C_b-f$	$-P+D-N$ $-b$ $-C_L+S$	$-P+D$ $-b$ 0
工会组织 不认真履责	$-i$ $-J_d-B$ $-C_L+S+B$	$-i$ $-J_d+f$ $-C_b-f$	$-i$ $-b$ $-C_L+S$	$-i$ $-b$ C_b

根据三方博弈混合策略的纳什均衡，当$-P+D-N>-i$时，工会组织会选择认真履责；当$-J_d-B>-b$时，政府会选择进行监督管理；当$-C_L+S+B>-C_b-f$，$-C_L+S>0$时，企业会选择执行相关政策。也就是说，降低工会的策略成本P，加大工会认真履责给企业带来的额外收益D，都会使工会倾向于选择"认真履责策略"；加大政府不监管而受到的上级机关的惩罚b，降低企业进行监管的成本J_d，都有助于企业选择"监管"策略；降低企业执行相关策略花费成本C_L，加大企业执行相关政策所带来的收益S，提高政府对于执行相关政策的企业做出的补贴B，加大企业不执行相关政策且发生事故所花费的成本C_b，加大对企业不执行政策的处罚f，都将会促使企业选择"执行相关政策"策略。

3.2.6 工会—政府—企业—劳动者四方博弈模型

工会、政府、企业、劳动者四方博弈过程中，工会的策略为"认真履责"和"不认真履责"，政府的策略为"监管"与"不监管"，企业的策略为"执行相关政策"与"不执行相关政策"，劳动者的策略为"按章操作"与"不按章操作"。

基本假设：设P为工会为了维护员工的权益所花费的策略成本；D为工会维护员工权益，保障员工利益，所带来的额外收益；N表示工会与政府或企业协调工作所花费的成本；J_d表示政府对企业实行监督管理的成本；b表示政府未对企业进行监督时，政府所获得上级机关的惩罚；K为企业支持工会工作所花费的策略成本；H表示企业支持工会工作所带来的收益；C_L表示企业执行相关策略所花费的成本；C_b表示企业不执行相关政策且发生事故所造成的损失；

S表示企业执行相关政策所带来的收益；B表示政府对于执行相关政策的企业做出的补贴；f表示政府发现企业不执行相关政策时对企业的惩罚；i表示工会未履责而带来的利益损失；劳动者按章操作付出的成本为M，劳动者按章操作企业给予的奖励为Q；劳动者不按章操作被企业发现后遭到的企业处罚为Z_L；劳动者不按章操作时发生事故后劳动者的损失为Z。得到工会、政府、企业、劳动者四方博弈的情况，见表3-5。

表3-5 工会、政府、企业及劳动者的四方博弈矩阵

工会		政府			
		政府监管		政府不监管	
		企业执行	企业不执行	企业执行	企业不执行
工会认真履责	劳动者按章操作	$-P+D-N$ $-J_d-B$ $-C_L+S+B$ $-M+Q$	$-P+D-N$ $-J_d$ $-f$ $-M$	$-P+D-N$ $-b$ $-C_L+S$ $-M+Q$	$-P+D$ $-b$ 0 $-M$
	劳动者不按章操作	$-P+D-N$ $-J_d$ $-C_L$ $-Z_L$	$-P+D-N$ $-J_d$ $-f$ 0	$-P+D-N$ $-b$ $-C_L+Z_L$ $-Z_L$	$-P+D$ $-b$ 0 $-Z_L-Z$
工会不认真履责	劳动者按章操作	$-i$ $-J_d-B$ $-C_L+S+B$ $-M+Q$	$-i$ $-J_d$ $-f$ $-M$	$-i$ $-b$ $-C_L+S$ $-M+Q$	0 $-b$ 0 $-M$
	劳动者不按章操作	$-i$ $-J_d$ $-C_L$ $-Z_L$	$-i$ $-J_d$ $-f$ 0	$-i$ $-b$ $-C_L+Z_L$ $-Z_L$	$-b$ $-C_b$ $-Z$

根据四方博弈的纳什均衡，当$-P+D-N>-i$，$-P+D>0$时，工会倾向于选择"认真履责"策略；当$J_d+B<b$时，政府倾向于选择"监管"策略；当$-C_L+S>0$，$-C_L>-f$，$-C_L+Z_L>0$时，企业倾向于选择"执行相关政策"策略；当$-M+Q>-Z_L$，$-M>-Z$时，劳动者倾向于选择"按章操作"策略。也就是说，适当降低工会的策略成本P，加大工会认真履责给企业带来的额外收益D，减少工会与政府及企业协调工作所花费的成本N，都会使工会倾向于选择"认真

履责策略";加大政府不监管而受到的上级机关的惩罚b,降低企业进行监管的成本J_d,都有助于企业选择"监管"策略;降低企业执行相关策略花费的成本C_L,加大企业执行相关政策所带来的收益S,提高政府对于执行相关政策的企业做出的补贴B,加大对企业不执行政策的处罚f,都将会促使企业选择"执行相关政策"策略;降低劳动者按章操作的成本M,加大劳动者按章操作企业给予的奖励Q,加大劳动者不按章操作遭到的处罚Z_L,加大劳动者因违章而造成的损失Z,都将有助于劳动者选择"按章操作"策略。

3.3 基于四方合作博弈收益效果验证

上文两方、三方、四方博弈都是在非合作博弈下进行的决策,选择时各方仅考虑自身的最大利益,这样将造成内耗,不利于各方利益的长足发展。其实随着博弈时间的增长,为了实现共赢,各方将会更多关注合作博弈。为此,本研究在合作博弈的理论基础上分析工会、政府、企业与劳动者之间的合作博弈收益,也就是求得各方在"蛋糕做大"情形下的利益分配问题,即求他们各方在合作博弈中的夏普利值。

由于合作博弈的宗旨是根据每一方在总合作博弈中的"贡献"来确定其分配值,那就需要考虑各种联盟组成情况下各方的收益。对于四方博弈而言,所有的可能两者及以上联盟共有11种。根据上文提到的合作博弈与夏普利值。为更好地构建四方合作博弈模型,特对四方博弈作出如下模型化假设:工会A、政府B、企业C,劳动者D构成四方合作联盟$I=\{A,B,C,D\}$。各参与方可组成的联盟有$\{A,B\}$、$\{A,C\}$、$\{A,D\}$、$\{B,C\}$、$\{B,D\}$、$\{C,D\}$、$\{A,B,C\}$、$\{A,B,D\}$、$\{A,C,D\}$、$\{B,C,D\}$、$\{A,B,C,D\}$。各参与方及其联盟的收益如表3-6所示。

表3-6 合作各方的收益分布

不联盟	A	B	C	D		
$V(S)$	100	300	200	100		
两两结盟	$\{A,B\}$	$\{A,C\}$	$\{A,D\}$	$\{B,C\}$	$\{B,D\}$	$\{C,D\}$
$V(S)$	700	300	300	500	400	300
多方联盟	$\{A,B,C\}$	$\{A,B,D\}$	$\{A,C,D\}$	$\{B,C,D\}$	$\{A,B,C,D\}$	
$V(S)$	1200	1100	900	800	1600	

运用夏普利值法对政府部门的收益$\Psi_A(V)$进行计算,如表3-7所示。

表3-7　政府部门A的分配

S	A	AB	AC	AD	ABC	ABD	ACD	ABCD
$V(S)$	100	700	300	300	1200	1100	900	1600
$V(S/A)$	0	300	200	100	500	400	300	800
$V(S)-V(S/A)$	100	400	100	200	700	700	600	800
$|S|$	1	2	2	2	3	3	3	4
$W(|S|)$	1/4	1/12	1/12	1/12	1/12	1/12	1/12	1/4
$W(|S|)[V(S)-(S/A)]$	25	33.33	8.33	16.67	58.33	58.33	50	200

根据夏普利值计算公式（3-2）[①]，得政府部门的分配为：

$\Psi_A(v)=25+33.33+8.33+16.67+58.33+58.33+50+200=449.99$

同理可得出建筑企业B、企业员工C、工会组织D的分配额分别为：

$\Psi_B(v)=75+50+25+25+75+41.67+66.67+175=533.34$

$\Psi_C(v)=50+16.67+16.67+16.67+41.67+50+33.33+125=350.01$

$\Psi_D(v)=25+16.67+8.33+8.33+33.33+50+25+100=266.66$

在原先假定各自收益的情况下，经计算可得，不论是两两结盟还是多方结盟，其收入分配均大于不参与结盟的情况，夏普利值分配方案比各自单独的收益要高。

3.4　小结与认识

（1）从非合作博弈和合作博弈两个角度，量化了工会、政府、企业与劳动者间的利益关系。在非合作博弈模式下，得到了博弈四方在不同情况下的最优策略选择模型；在非合作博弈模式下，通过实例分析得出了合作博弈的最大化分配方式。

从工会—劳动者博弈关系来看，适当降低工会积极履责的成本，加大由于工会的积极争取而使劳动者获得的额外收益，降低劳动者加入工会组织缴纳的会费，都会有助于职工选择"积极履职"策略和劳动者选择"加入工会"策略。

[①] 焦宝聪,陈兰平,方海光.博弈论——思想方法及应用[M].北京:中国人民大学出版社,2013.P78.

从工会—企业博弈关系来看，适当增加工会经费，降低工会认真履责的成本，增加工会未认真履责的损失，增加企业不配合工会工作造成的机会损失，加大企业配合工会工作带来的额外收益，都将会促进工会选择"认真履责策略"，企业选择"配合工会工作"策略。

从工会—政府博弈关系来看，适当增加工会经费，降低工会认真履责的成本，增加工会未认真履责的损失，增加政府不作为造成的机会损失，加大政府作为带来的额外收益，都将会促进工会选择"认真履责策略"，政府选择"作为"策略。

从工会—政府—企业三方博弈来看，降低工会的策略成本，加大工会认真履责给企业带来的额外收益，都会使工会倾向于选择"认真履责策略"；加大政府不监管而受到的上级机关的惩罚，降低企业进行监管的成本，都有助于企业选择"监管"策略；降低企业执行相关策略花费成本，加大企业执行相关政策所带来的收益，提高政府对于执行相关政策的企业做出的补贴，加大企业不执行相关政策且发生事故所花费的成本，加大对企业不执行政策的处罚，都将会促使企业选择"执行相关政策"策略。

从工会—政府—企业—劳动者四方博弈关系来看，适当降低工会的策略成本，加大工会认真履责给企业带来的额外收益，减少工会与政府及企业协调工作所花费的成本，都会使工会倾向于选择"认真履责策略"；加大政府不监管而受到的上级机关的惩罚，降低企业进行监管的成本，都有助于企业选择"监管"策略；降低企业执行相关策略花费的成本，加大企业执行相关政策所带来的收益，提高政府对于执行相关政策的企业做出的补贴，加大对企业不执行政策的处罚，都将会促使企业选择"执行相关政策"策略；降低劳动者按章操作的成本，加大劳动者按章操作企业给予的奖励，加大劳动者不按章操作遭到的处罚，加大劳动者因违章而造成的损失，都将有助于劳动者选择"按章操作"策略。

（2）工会、政府、企业、劳动者四方之间的博弈关系，在现实企业生产关系和社会关系中更为激烈和复杂，工会、政府、企业、劳动者四方之间的非合作博弈和合作博弈的多方博弈模型，进一步揭示了工会组织维护职工利益的难点，这正是中国特色社会主义维权观的理论依据，为更好地解决职工利益平衡问题提供工会治理决策的理论依据。

第4章　工会常态与应急社会协同模型

当前，应急管理从单一主体走向多主体协同成为必然趋势，工会主动参与应急管理的作为空间正不断扩大，亟须提高其自身的社会协同应急能力。中国工会是在党的领导下广大职工群众自愿结合的社会团体，其组织的基本特征与属性，决定了中国工会竭诚为职工服务是工会一切工作的出发点和落脚点。通过应急管理多元化主体及其协作成效分析，构建工会主动参与的常态和应急社会协同模型，试图为强化基层工会参与应急管理自身能力建设提供理论依据。

4.1　工会社会协同能力及其表征模型

4.1.1　工会组织的基本特征与属性

4.1.1.1　增强"三性"是工会工作的本质属性

工会是职工自愿结合的工人阶级的群众组织（高博，2014），《中国工会章程》总则的规定是对中国工会的科学定性，体现了工会党领导的政治性、职工支持的群众性、工人阶级的先进性。中国工会除了具有世界各国工会的一般属性外，还具有自身特殊的性质和地位，把握这些特性，对于始终保持正确政治方向，自觉坚持走中国特色社会主义工会发展道路至关重要（李玉赋，2018）。2017年8月，习近平总书记对群团改革工作作出重要指示强调，要推动各群团组织结合自身实际，紧紧围绕增强"政治性、先进性、群众性"，直面突出问题，采取有力措施，敢于攻坚克难，注重夯实群团工作基层基础。党的二十大报告提出，深化工会、共青团、妇联等群团组织改革和建设，有效发挥桥梁纽带作用。从我国工会的性质来看，保持和增强"三性"尤其迫切和必要。中国工会从成立起，始终在党的领导下，坚持政治性、先进性和群众性的有机统一。

（1）工会政治性决定工会干部政治素养。政治性是群团组织的灵魂，是第一位的，是中国工会与生俱来的品质和最鲜明特征，是中国工会与外国工会的根本区别。能不能把职工群众最广泛、最紧密地团结在党的周围，是衡量工会工作做得好不好的政治标准和工作标准（张东林，2020）。增强基层工会政治性，是加强党的领导和工会干部践行习近平新时代中国特色社会主义思想的具体体现（孙莉，2019）。毛泽东同志在《中国共产党在民族战争中的地位》一文中说："政治路线确定之后，干部就是决定的因素。"强调政治性是提高工会干部的政治素养（顾昌明，2018）。工会组织的政治性是影响工会干部政治素养的决定因素，直接影响工会工作的政治方向。

（2）工会先进性体现了工会干部的责任素养。先进性是群团工作的力量之源。工会必须把保持和增强先进性作为重要着力点，引领工人阶级跟党走、使之成为党最坚实最可靠的阶级基础。工会承担着动员广大职工群众为完成党的中心任务而奋斗的重大责任，新时代的工会必须进一步增强先进性，主要体现在有先进的政党领导、理论指导和阶级基础。工会的先进性彰显群团工作的发展方向，凸显了工会组织在国家政治生活中的重要地位和责任担当（白阿莹，2015），工会干部必须保持先进性（王进，2005），提升责任素养。

（3）工会群众性制约工会工作的水平高度。工会组织因职工在社会关系中利益维护而存在，竭诚为职工服务是工会一切工作的出发点和落脚点。正因如此，广大工会干部要打破原有的思想观念、管理体制和工作方法，不断克服基层工会"基础条件薄弱、组织覆盖面不足、代表性广泛性不够、维权服务力度不强"（牛方舟，2019）的突出问题，推动基层工会改革，切实服务职工群众。习近平总书记强调，群众性是群团组织的根本特点。工会组织开展工作要以群众为中心，而不能让群众当配角、当观众。如果失去了群众性，工会组织和工会工作就成了无源之水、无本之木，政治性和先进性的要求也难以真正落实。因此说，作为职工群众的"娘家人"要深入基层、深入企业职工的生产一线，竭诚为职工服务。

4.1.1.2 工会地位决定在国家治理中的主体协同作用

工会地位是工会在国家政治、经济、文化、社会生活中所处的位置，由工人阶级的地位、工人阶级政党的地位、国家性质所决定，由法律确认和保障（李玉赋，2018），是工会组织维护广大职工群众合法权益的基础保障，是当前工会组织参与国家治理的前提和基础。

（1）工会的政治地位。工会是广大职工群众自愿参加的重要社会政治团体，各级工会干部具有较强的参政议政意识，是国家政治体系中不可缺少的重要组成部分（归鸿倩，2012）。其政治地位主要体现在：工会是党联系职工群众的桥梁和纽带（乔静，2007），是国家政权的重要社会支柱，是职工利益的代表者和维护者。

（2）工会的经济地位。在社会主义市场经济条件下，工会的大量活动主要在社会经济领域，并对社会经济发展和企业的运营产生直接的影响（李玉赋，2018）。而工会活动对社会经济发展和企业运营产生的影响及推动力，则主要是通过对劳动关系的协调，切实维护劳动者享有的劳动报酬、休息休假、安全卫生、社会保障等具体利益。

（3）工会的法律地位。工会的法律地位是工会政治地位和经济地位在法律上的确认和保障（李玉赋，2018）。工会的法律地位主要表现为工会的法定权利和义务（许晓军，曹荣，2011），其中代表权是工会各项权利的前提，工会的维护权、参与权、平等协商权、监督权是实质内容。

4.1.1.3　工会职能是工会实践活动的基本方向和内容

工会社会职能是工会通过自身职责的确定和履行所发挥出的社会功能（李玉赋，2018），是工会的社会责任与社会功能的有机统一。

（1）维护职能。工会的维护职能是工会维护职工群众的合法权益和民主权利的职能（杨拴杏，2011）。工会履行维护职能是全面履行职能的前提，工会主要通过法律手段实现维护职能，其履行维护职能的基本手段不是阶级对抗，而是人民内部矛盾。

（2）建设职能。工会的建设职能，是工会吸引职工群众参与建设和改革，努力完成经济和社会发展任务的职能（李玉赋，2018）。工会履行建设职能是全面履行职能的基础，工会履行建设职能通过广泛开展职工群体性生产活动实现。

（3）参与职能。工会的参与职能，是工会代表和组织职工参与国家和社会事务管理，参与企业、事业单位的民主管理的职能（许晓军，曹荣，2011）。工会参与职能具有两个层次的主要内容：一是各级工会要成为职工群众有组织地参政议政的民主渠道；二是基层工会要做好职工代表大会、厂务公开等民主管理日常工作。工会主要通过民主监督实现参与职能，工会履行参与职能是全面履行职能的途径。

（4）教育职能。工会的教育职能，是工会帮助职工不断提高思想政治觉悟和文化技术素质，成为职工群众在实践中学习共产主义的学校的职能（谢慧云，2011）。工会履行教育职能是全面履行职能的保证。工会履行教育职能具有自身的特点，工会不是国家专门教育机构，不是以正规化的学校教育为主体，而是寓思想政治教育和文化技术于工会各项活动之中。

（5）服务职能。工会的基本职责是维护职工合法权益、竭诚服务职工群众（马晨晓，2020）。这一服务新职能让人期待，然而工会现有的服务方式、服务内容、服务覆盖等有着诸多不足，与职工的现实需求存在较大差距（王小垒，2017）。全心全意为职工服务，更是现行《工会法》对各级工会提出的明确要求。工会组织作为党联系职工的桥梁和纽带，只有不断地发挥工会的服务职能，才能营造出和谐向上的工作氛围、打造出拼搏争先的职工队伍（安宝岩，2019）。

总之，基于以上工会的地位、特点、职能和优势分析表明，工会有能力、有条件参与社会治理，是国家治理能力现代化建设的重要参与主体。

4.1.2 工会社会协同能力及其表征模型

4.1.2.1 工会社会协同能力的现实需求

当前，各种各样的突发事件已成为影响国民经济发展和社会稳定的重要因素，应对主体的社会协同能力则是其中的核心问题（肖磊等，2011），工会应急参与能力问题成为目前学术关注的热点之一。2023年度全年全国各级劳动人事争议调解组织和仲裁机构共办理劳动人事争议案件385.0万件，涉及劳动者408.2万人。全年办结争议案件373.4万件，结案金额829.9亿元。全年劳动人事争议调解成功率77.7%，仲裁结案率98.1%，仲裁终结率72.3%。社会弱势群体（如农民工、下岗职工）中的"社会情绪反向"现象值得警惕和高度关注。在这样的背景下，工会在直面政府、企业、职工（劳动者）时，其态度、主张和行为受到前所未有的强烈关注（任国友，2015）。显然，培育和提升工会组织的社会协同治理能力契合当前中国社会治理的现实需求。

4.1.2.2 工会应急管理的参与方式及其模式提出

模式（pattern），亦译"范型"，原指制造器物的模型，一般指可以当作模范、榜样加以仿效的范本、模本，是理论的一种简化形式（陈相光，李辉，2011）。模式是对现实事件的内在机制和事件之间关系的直观、简洁的描述（赵娟，2010）。梳理国内外有关文献，其理论研究呈现四个趋势：一是以政府为主的单一模式（任国友，2015），如城市（赵林度，2008）、社区（张海静，2010）及一体化（郭德勇，2013）应急管理模式；二是以企地协同为主的应急管理模式（任国友，2015），如含硫气井（王建光，邓云峰，2005）、化工园区（曾明荣，吴宗之，2009）、信息网络（袁浩川，刘应，2011）应急管理模式；三是针对具体灾种的应急管理模式，如群体性突发事件（刘德海，2010）、极端旱灾（张乐，2014）应急管理模式；四是多主体参与的应急管理模式，如基于利益相关者参与的区域（申霞，2012）及过程（林艳玉，2011）应急管理模式。基于以上分析，工会应急管理模式属于多主体参与的应急管理新模式（任国友，2015）。

应急管理通常指对突发事件进行预警、控制和处理的整体活动和制度安排（计雷等，2004），工会作为国家治理的主要参与者和制度化安排，具有不可替代的作用，体现了中国工会的中介性组织新角色与定位转型（任国友，2015）。对于工会应急管理参与职能可以理解为常态状态下的参与与紧急状态下的参与，即工会应急管理的框架模型如图4-1所示。

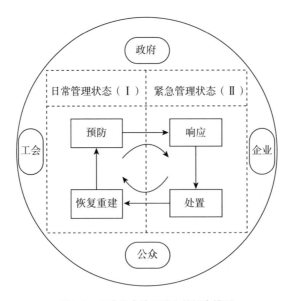

图4-1 工会社会协同能力的概念模型

（1）日常管理状态下的工会参与方式与职能。日常管理状态下对应预防与恢复重建的应急管理过程，表明工会参与日常管理的职能，即在突发事件预防与恢复重建的过程中应发挥参与事故调查、安全检查、职业病防治、隐患排查、应急预案编制与演练等具体职能。例如，《生产安全事故报告和调查处理条例》第6条规定，工会依法参加事故调查处理，有权向有关部门提出处理意见。依法参加生产安全事故调查、职业病防治是工会维护职工权益的重要形式。

（2）紧急管理状态下的工会参与方式与职能。紧急管理状态下对应响应与处置的应急管理过程，表明工会参与紧急管理的职能，即在突发事件响应与处置的过程中应主动协同政府、企业发挥志愿服务、灾民安抚、社会动员等方面的具体职能。工会组织参与突发事件应急和善后处置是《突发事件应对法》针对工会灾后安抚工作的重要制度安排，也是当前少有的工会应急协同能力之一。

4.2　应急管理中多元化主体及其协作成效

4.2.1　应急管理中的多元化主体分析

主体（subject）在哲学上与客体相对，指实践活动和认识活动的承担者。[①]工会应急管理中的主体应是多元参与主体[②]，其协作方式也应是多元化的，即政府间协作、非政府组织间的协作、社会公众间的协作以及政府和非政府组织（主要是工会）、公众间的协作（如图4-2）。

---

① 夏征农，陈至立 . 辞海（第 6 版）[M]. 上海：上海辞书出版社 ,2009.
② 谢正臣 . "5·12" 灾后重建多元主体参与及协作机制研究——以广元市利州区灾后恢复重建为例 [J]. 中共四川省委党校学报 ,2011,（3）:45-48.

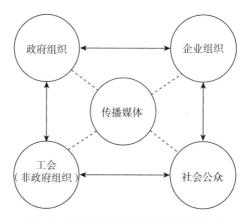

图4-2　工会与应急管理多元主体互动关系

（1）政府组织是应急管理的核心主体。政府组织（Government organizations），包括国内政府（中央政府和地方政府）和国外政府。公共危机事件是对整个社会的公共安全最主要的威胁，而政府作为公共权利的代表，在处理公共危机事件中起着主导作用（王慧，2013），是公共危机管理的核心主体，必然要承担起公共危机管理的主要职责。在我国，国务院及相关部委、地方政府（主要包括省、市、县、街道）是应急管理的主体，也是当前中国应急管理的核心力量。

（2）非政府组织是不可或缺的协同主体。非政府组织（Non-governmental organization，NGO），包括工会、中国红十字总会等社会组织。实现公共危机管理主体多元化就必须有非政府组织的参与（王乐芝，柏琳木，2007），主动参与的协同能力是非政府组织的最大优势所在，也代表了当前从社会管理到社会治理的主流方向。因此，工会也必须承担更多的社会责任。

（3）企业组织（Business organization）是必须承担社会责任的新兴主体。企业组织包括企业和事业单位。企业组织虽然以"利益为第一位"，但频繁发生的人为灾难和自然灾害也触动了企业的核心利益，越来越多的企业开始注重承担社会责任，履行社会义务。

（4）社会公众是不容忽视的重要主体。社会公众（Social public），包括国内外友好人士、慈善人士、志愿者和受灾群众。"从群众中来，到群众中去"是党和国家的优良传统，尤其在抗灾抢险中倡导群众自救、互救和他救已成为我国应急管理体系中的重要补充方式。

4.2.2 多元化主体参与协作的成效与缺陷

应急管理主体间各方存在错综复杂的博弈关系（李金安等，2010）及实践缺乏是我国应急管理现状不尽如人意的重要原因，也是影响多元化主体应急协同效果的关键因素。

（1）从单一命令到多元化参与，凸显政府组织的职能固化。政府的日常工作就是向公众提供公共物品和公共服务（刘芳芳，2010），应急工作也是一种公共物品和公共服务的提供。面对风险社会，政府首先要反思是不是自身作用问题，如习惯了单中心的行政管理方式，某种程度上暴露了政府自身的缺陷，特别是应急决策者可能被少数人的利益所左右，从而忽视甚至损害多数人的利益（冯晓琴，李晓莉，2010）。与企业相比，导致"低效政府"的出现，究其原因除了缺少应急经验，来自社会的监督力量缺失也是重要原因之一。

（2）从一般监督到主动参与，彰显社会组织的角色转变。社会组织的协同参与能力受制于政府组织，因此，国家应该为社会组织功能的实现提供必要的资金、制度和作为空间条件，这是培育和提升社会组织参与能力的前提条件和根本路径。工会已成为基层社会治理，特别是职工群体性事件应急管理中的一个重要参与主体。工会作为社会治理主体之一，主动参与协调劳动关系矛盾，保持社会稳定，为经济发展和社会进步创造有利条件，承担了重大社会责任，具有不可替代的地位。工会组织具有维护、建设、教育、参与和服务五项基本职能，这与当前社会协同治理功能具有较多的相容性和契合性。

（3）从局外观望到置身其中，标志企业组织的本位回归。应对自然灾害，仅仅依靠政府的力量是不够的，必须充分动员在社会中扮演次要角色的企业参与其中，其动因包括经济、政治和伦理动因（尹吉亭，2011）。企业本身是灾害的承受主体之一，在经营过程中会形成社会网络，社会风险可能导致某一个企业风险，某一个企业的风险也可能引发社会风险（钟英华，2011）。从这个意义上说，只有企业增强了安全生产主体责任和意识，才能切实增加风险防范能力。

（4）从无序的个人参与到有序的志愿服务，形成社会公众参与的主流方向。公民参与是衡量现代社会政府治理民主化程度的重要指标，良好的治理有赖于公民的积极参与。近几年，我国的救灾实践表明，社会公众从无序参与到有序服务成为重要补充和倡导发展的方向之一。广泛的社会动员和社会公众的志愿参与是预防事故风险必不可少的辅助力量，不可或缺。

4.3　工会应急管理协同作用模式

职工群体性事件应急协同管理是当前一个非常重要的研究热点。这里的应急管理，就是为了预防与应对自然灾害、事故灾难、公共卫生事件和社会安全事件，将政府、企业和社会组织（本书主要指工会）的力量有效组合起来而进行的预防、响应与恢复活动。从这一定义出发，工会参与应急管理是一个不容忽视的主体，且发挥着不可替代的作用，其在应急管理参与的全过程体现了从传统的劳动关系三方协调主体到应急管理四方协同的主体的转变，如图4-3所示，从而构成了工会参与应急管理的协同模式。

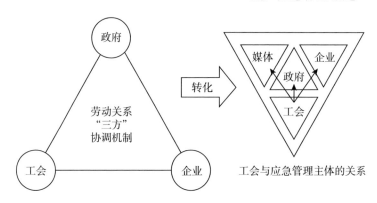

图4-3　工会从协调劳动关系到应急管理的角色转变

4.3.1　工会与政府的关系及其协同角色

工会和政府的关系，是《工会法（2001修正）》调整和规范的主要内容之一。主要包括：一是明确了工会与政府之间的关系实质，即工人阶级与自己的政权之间的关系，是两者在根本利益一致基础上互相支持、互相尊重的关系。二是工会和政府两个组织的性质虽然不同，但彼此是平等的。工会是群众组织，作为社会团体，具有独立的利益和地位。政府是行使国家行政管理权力的机构。两者之间没有组织上的隶属关系。从法律地位看，双方是平等的。三是工会和政府在社会生活中的作用和活动方式既有联系又有差异。政府通过制定经济和社会发展计划和各种政策、法规，运用具有强制力的行政手段（也可以运用非强制性的手段）来管理和组织社会生活。工会则是在政府行使行政管理权力的过程中，发挥民主参与和社会监督的作用。

4.3.2　工会与企业的关系及其协同角色

工会与企业的关系，也是《工会法（2001修正）》调整和规范的主要内容之一。在我国，工会与企业不是对立的，而是相互支持和相互尊重的。《工会法（2001修正）》有关规定，确定了我国企业和企业工会之间的相互关系。企业应当支持工会依法开展工作，工会应当支持企业依法行使经营管理权。企业要尊重工会的民主权利，工会要尊重企业的行政管理和生产指挥权利。这种相互尊重、相互支持的关系，是由我国社会性质和我国工会性质决定的。

4.3.3　工会与媒体的关系及其协同角色

工会领域现有宣传媒体包括全国性媒体、地方工会组织媒体和企业工会组织媒体（侯闻莺，2011）。工会与媒体的关系，虽然没有上升到法律规范的层面，但媒体已经成为工会开展工作的不可或缺的现实平台、新载体和维权利器，主要表现如下。一是对工会而言，搞好维权宣传是工会实现维护职能的重要方面，唯有注重媒体资源整合，努力拓展宣传渠道，大力形成舆论合力，才能在维权中实现更好的舆论效果，进而在正确的舆情中实现更好的维权效果。二是对媒体而言，新闻的客观性对增强工会维权宣传的实效同样具有规律性约束（于功宏，2012）。从客观和群众需求的角度入手，工作性报道无疑就是一个最佳的视角。三是强化社会媒体和工会媒体的联动，拓展工会宣传渠道，形成舆论合力，是扩大工会维权宣传的长效之策。

4.3.4　工会与职工的关系及其协同角色

《工会法》第6条规定，维护职工合法权益是工会的基本职责。工会在维护全国人民总体利益的同时，代表和维护职工的合法权益（高博，2014）。这种规定和表述，阐明工会与职工的法律关系。

4.4　小结与认识

工会参与常态和应急社会协同治理，特别是应急社会协同治理是当前工会理论和应急管理领域理论与实践研究的热点问题之一。作者尝试提出这一问题的研究框架与思路，主要出发点是引起同行和工会法学术界的关注。

（1）政府单一的行政命令式的应急管理模式已经不适合我国当前国际应急管理主流趋势，即多元主体的参与模式。工会依法参与常态下和紧急状态下的职工群体性事件社会协同治理，并具有独特的优势和特殊的作用。

（2）中国工会作为最活跃的社会团体，与政府长期合作，建立了良好的信任与协同关系，在多主体协同治理框架下应率先承担更多的社会责任。工会应急管理模式从本质上是一种多主体参与的应急管理新模式。工会干部的应急素质与协同能力，已成为制约和影响协同应急效率的关键因素。

（3）基层工会需要在职能定位上做出调整，才能在从社会管理到社会治理的实践中找到切入点，才能更好地适应职工群体性事件治理的新要求新挑战。

当前，在劳动关系总体和谐稳定的情况下，伴随着经济社会转型，劳动关系更为复杂，需要政府、工会、企业、劳动者共同参与。实践证明，工会在基层社会治理主体参与中具有不可替代的地位，承担着基层社会治理的重大社会责任。

第5章　国内企业劳动关系风险预警机制构建

在国家治理转变和劳动关系风险日趋复杂化的背景下，工会主动参与劳动关系预警的能力亟须提升。本研究客观剖析劳动争议现状及其对国家治理能力的影响，从常态预警和非常态预警两个维度构建了劳动关系预警评估指标体系，提出了劳动关系预警的主要表征参数。当前，提升工会劳动者关系预警能力的关键在于提升工会组织国家治理参与能力，健全工会劳动关系预警机制，提高工会干部劳动关系协调能力，切实提高工会科学识别劳动关系风险源的新能力。

5.1　问题提出与研究进展

5.1.1　劳动关系风险预警研究现状

劳动关系作为社会经济关系中最基础最敏感的部分，不仅影响经济发展，更重要的是影响政治格局和社会稳定（任国友，2019）。从个体劳资争议到群体性劳资冲突事件，劳动关系出现了集体化转型的基本趋势，引发了学术界的广泛讨论（常凯，2013；游正林，2014），其中工会劳动关系预警能力问题成为其中的焦点之一。劳动关系作为社会经济关系中最基础最敏感的部分，不仅影响经济发展，更重要的是影响政治格局和社会稳定。从个体劳资争议到群体性劳资冲突事件，劳动关系出现了集体化转型的基本趋势，引发了学术界的广泛讨论，工会劳动关系预警能力问题成为其中的焦点之一。梳理国内学者的有关文献，劳动关系预警理论与实践研究主要集中于政府与公众关系预警指标（雷振扬，1997）、干群关系预警系统（尚东涛，1998）、劳动关系预警机制（冯克华，1998）、预警系统（李良波，2011）、组织体系（李辉，2011）、契约和竞争指标（张军，2010）、和谐度预警指标（陈天学，2008）、警情和敏感性预警指标（何勤，2013）。此外，部分学者还在劳动关系预警指标体系（陈海玉，2013）、影响劳动关系指数（易江，2012）、劳动关系综合评价指标体系（何圣，2007）、企业劳动关系风险预警系统（张存，2013）和劳动关系风险预警系统构建（王蕾，2017）等方面进行了探索。总体而言，上述研究多集中于社会学或管理学的单一视角。本研究试图从应急管理学和社会学交叉学科的新视角，结合当前国家治理和工会改革实践，从常态预警和非常态预警两个维度探讨劳动关系风险预警问题。

5.1.2 劳动关系的国家治理能力困境

（1）劳动关系特征与工会作用分析

劳动争议事件和群体性事件已成为影响劳动关系和谐稳定的标志性事件，工会的劳动关系主体角色与作用呈现明显的增强。无论是当前国内外构建和谐劳动关系基本趋势，还是立足于劳动关系的主体层面，我国劳动关系在起伏变化中呈现如下特征。

一是政府的角色与作用在全面深化改革的实践中不断调整与改进，推动建立和谐劳动关系的核心角色凸显。这主要表现为政府在顶层设计、职能调整、法治建设、治理策略等方面的不断调整和改进，在全面深化改革中明确了劳动关系和谐建设的方向和政策基础，营创了从社会管理到社会治理的良好氛围，不仅提供"硬措施"也与社会组织一道提供"软服务"，具体效应还有待于进一步观察。

二是劳动合同与集体合同初步得到企业认同，推动建立和谐劳动关系的愿望增强。国内外劳动关系理论与实践研究表明，企业是劳动关系争议最集中的领域，也是破解劳动争议和群体性事件的关键平台。伴随着《中华人民共和国劳动合同法》（以下简称《劳动合同法》）和集体协商制度的宣教和试行，越来越多的企业管理者，特别是大型企业的管理者认识到科学签订劳动合同和进行集体协商的重要性，合理的劳资关系有利于企业的发展和效益，部分企业经营者对劳动合同与集体合同认同度在提升，其愿望有所增强，但还不能适应国情和民意对劳动关系的基本要求。

三是工会在协调劳动关系中发挥着不可替代的重要作用。改革开放40多年的实践表明，中国工会一直是国家政权的重要社会支柱，承载着不同于国外工会的特殊使命，即在微观层面是职工群众基本权益的维护者，又在宏观层面是参与国家治理的依靠力量，这使中国工会成为在劳动关系协调中不可或缺的角色，发挥着不可替代的作用，成为实施全面深化改革促进国家能力提升的制度安排（吴建平，2012）。特别是党的十八届三中全会提出的创新社会治理机制和具体的落实政策，打通和激活了社会组织参与社会治理的制度渠道，为更广泛参与社会治理、改善劳动关系奠定了基础。

（2）国家治理的现实困境与工会参与

劳动关系集体化转型和以"冲突型"为主的劳动关系模式（高新会，2005）决定了当前中国国家治理模式的现实基础和面临的困境，工会主动参与是一个现实选择。

一是不断上升的社会矛盾是大国治理的现实困境。在改革开放取得巨大成就的同时，也面临诸多社会矛盾问题，即传统利益调节机制失灵、新利益调节机制缺失、利益分化问题的"过度政治化"（何艳玲，2013）。收入分配差距对非法形式社会矛盾发生率、社会矛盾总发生率均有显著的正向影响作用，而对合法形式社会矛盾发生率则无显著影响。这恰恰反映了大国治理是国家治理的现实基础（唐皇凤，2005）。

二是创新社会治理体制是国家劳动关系治理的重点内容和切入点。治理是面向社会问题与公共事务的一个行动过程，参与者包括公共部门、私人部门和公民在内的多个主体，通过正式制度或非正式制度进行协调及持续互动（杨现民，2020）。国家治理反映了国家运用公共权力管理社会公共事务的活动和过程。当前国家治理的重点——创新社会治理体制。社会组织作为国家与社会、政府与市场之间的媒介，具有公共性功能。2007年，党的十七大报告强调，健全党委领导、政府负责、社会协同、公众参与的社会管理格局（张文显，2020）。2019年，党的十九届四中全会进一步提出，社会治理是国家治理的重要方面。2022年，党的二十大报告提出，完善社会治理体系。健全共建共治共享的社会治理制度，提升社会治理效能。2024年，党的二十届三中全会提出，健全社会治理体系。坚持和发展新时代"枫桥经验"，健全党组织领导的自治、法治、德治相结合的城乡基层治理体系，完善共建共治共享的社会治理制度。这些政策为社会组织的生长和发展，提供了有利的宏观制度环境。

三是工会参与国家治理是符合国情的现实选择。国家治理体系与治理能力现代化，本质上是国家治理体系与其面临的公共问题之间的不断契合的过程（杨冠琼，刘雯雯，2014）。国家治理能力建设实际上是分散的独立主体的能力建设。国家治理强调多主体，执政者及其国家机关是主体，人民也是治理主体（尚子娟，2014），还有其他社会组织都是参与主体，变单一主体为多元主体成为主流趋势。国家治理体系中的社会组织系统与其他子系统构成的一个有机整体，基本涵盖了工会、共青团、妇联、社区组织以及各种公益、科技、商会类组织等治理主体（许耀桐，刘祺，2014）。充分发挥工会在维护群众权益方面的作用，是当前国家治理的一个重要选择。

5.2 劳动关系风险预警系统及其预警程序

目前，我国正处在历史的转型时期，市场主体的多样性决定了劳动关系的复杂性与多样性，决定了劳动关系预警系统是一项复杂的系统工程，涉及多方主体及其利益因素。本研究主要以企业劳动关系系统为例进行说明。

5.2.1 劳动关系风险预警系统及其构成

（1）劳动关系风险预警主体。一般而言，生产企业是企业劳动关系风险预警的主体，而人力资源管理部、业务部门、企业工会、劳动争议调解委员会是企业内部与劳动关系风险预警相关的部门机构或组织。人力资源部门在劳动关系预警中承担具体日常管理工作，而企业决策层、中层管理部门以及基层管理部门则在劳动关系风险预警系统中处于从属的位置（齐志国，2004），企业工会和劳动争议调解委员会则在企业民主管理、劳动争议调解以及企业劳动关系协调过程中发挥着协调、组织等功能。

（2）劳动关系风险预警制度。劳动关系风险预警制度是对企业劳动关系风险预警进行约束和规范的基础。具体而言，在企业劳动关系风险预警过程中，主要通过劳动合同管理制度、集体协商和集体合同制度、劳动争议调解制度以及企业民主管理等制度（崔宗标，2008）规范企业劳动关系风险预警行为。

（3）劳动关系风险预警指标。建立以监测和预防为主要功能的企业劳动关系风险预警，其重点在于企业内部影响劳动关系质量，表现为企业劳动关系稳定与和谐的程度的重要因素，即在当前产生劳动争议的因素中排在前三位的是工资报酬、工作内容、保险福利，基本反映了常态预警指标的内容

（张军，2010），不断增长的职工群体性事件，恰恰反映了建立非常态预警指标的必要性。

5.2.2 劳动关系风险预警内容与程序

开展劳动关系风险预警，主要包含三个核心过程。首先要建立企业劳动关系风险预警信号体系。其次是在确定信号体系基础上，确定企业劳动关系风险预警的关键内容。最后，依据信号体系及其主要内容，建立"预测—预审—预防—预控"的劳动关系风险预警基本程序。

（1）劳动关系风险预警信号体系

劳动关系风险预警信号（如图5-1）分为红、黄、绿灯三种，分别对应着一级预警，表明劳动关系处在极不稳定状态；二级预警，表明劳动关系处在基本稳定状态；三级预警，表明劳动关系处在和谐稳定状态。通过信号灯反映了企业劳动关系的风险预警等级和信号体系。

（2）劳动关系风险预警内容

通常情况下，企业劳动关系风险预警内容与不同类型的企业和预警目的呈正相关，即使是同类型的企业，因预警目的的不同，管理人员进行预警的内容也千差万别。就一个企业而言，劳动关系风险预警内容主要包括：构建劳动关系协调机制、预防和减少劳动争议、调解劳动争议事件和和谐稳定的企业劳动关系目标。

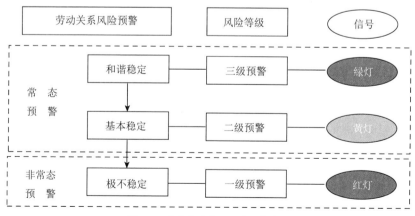

图5-1 企业劳动关系风险预警等级

（3）劳动关系风险预警程序

预警程序代表企业劳动关系风险预警的基本操作规范。事实上，企业劳动关系风险预警程序依赖于具体的运行模式（如图5-2），在预警体系、内容确定的情况下，还依赖于劳动关系预警过程中所遵循的工作程序。一般而言，预警程序分为预测、预审、预防和预控为主的四个阶段。也就是说在不同的预警阶段中，因其预警内容的差异性，预警主体和相关部门在其中承担的预警责任是完全不同的。

5.2.3　劳动关系危机警度

在我国，按照职工群体性事件的可控性、严重程度和影响范围，原则上按照一般（Ⅳ级）、较大（Ⅲ级）、重大（Ⅱ级）、特别重大（Ⅰ级）四级启动应急预案。职工群体性事件的实际级别与预警级别密切相关，但可能有所不同，应根据实际情况确定。本研究将企业劳动关系危机警度分为无警（Ⅲ级）、中警（Ⅱ级）和巨警（Ⅰ级），并依次采用绿色、黄色和红色表示，如图5-2所示。

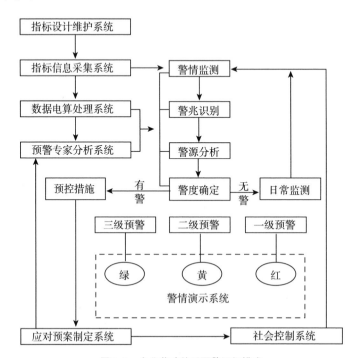

图5-2　企业劳动关系预警运行模式

5.3　劳动关系风险预警指标体系构建

5.3.1　劳动关系风险预警指标构建原则

（1）系统性原则。劳动关系预警系统是国家治理体系的一个有机组成部分，是按照系统论的一般原理和方法构建而成的，各级要素/指标的选择必须遵守系统论的一般原理。

（2）动态性原则。劳动关系是劳资双方及其他相关主体动态博弈的结果，反映了企业和劳动者的社会利益关系，具有一定的动态性。劳动关系预警系统对于劳动关系状况的监测反映了动态性的结果，还包含其反馈修正、补充的内容。

（3）敏感性原则。劳动关系风险预警的前提是要求必须对劳动关系的风险做出快速反应，其指标体系的灵敏度尽可能要高，特别是指标值的变化能直接客观、及时、准确地反映劳动关系的变化（杜茂宝等，2002）。

（4）科学性原则。科学性原则主要体现在理论与实际相结合，既体现在理论上从多学科交叉视角出发，使预警指标能够在基本概念和逻辑结构上严谨、合理，又要结合国情和工会工作的实际，从而找到具有代表性的指标。

5.3.2　劳动关系风险预警指标研究假设

（1）工会在协调处理劳动关系时是理智、清楚的中间人。

（2）劳动关系风险演化在内外环境影响下存在着常态和非常态两种形态，既表现在量的积累，也存在着量变到质变的过程。

（3）职工如果处于不稳定的劳动关系临界点（如群体性事件的触发事件或导火索事件），遇到某种影响就会产生不满、愤怒甚至过激行为的反应（易江，2012）。

5.3.3　劳动关系风险预警指标体系

（1）指标确立的理论依据。著名的桑德沃劳动关系理论模型（Marcus H，1987）较全面地分析和阐述了影响企业劳动关系的内外部因素及由这些因素所导致的企业劳动关系运行过程中的紧张冲突（李铁斌，2009），并具体分析了紧张冲突解决的途径及其后果，但该模型也存在局限性，忽视了劳资之间的合作关系（孟凡强，李艳，2012）。本研究结合中国劳动关系现状及其影响因素的分析，在原模型的基础上进行修正，建立了改进的桑德沃劳动关系理论模型，如图5-3所示。其主要缘由和修正内容如下。

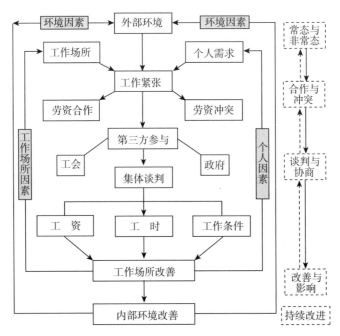

图5-3　改进的桑德沃劳动关系理论模型

一是原模型未考虑工作场所与个人需求关系紧张甚至引发冲突的结果。劳动关系有两个相对方——劳动者及其组织和管理经营者或资产所有者及其组织。双方的对立统一存在于竞争与合作并立的劳动关系中，劳动关系在双方既竞争又合作的相互作用中运行，表现出合作与冲突两种基本状态（何圣，2007）。其实，通常有两种：一种是劳资协商后相互妥协，重新合作或被迫合作；另一种是引发劳资冲突，甚至引发群体性事件或其他突发事件。

二是原模型未全面考虑工作紧张后的协商对策，只考虑了管理与撤出对策。其实，在政府、工会等第三方参与的情况下，劳资关系改善的可能性会大大增强。

三是原模型指出的劳资冲突解决办法仍需要理论进一步解释。笔者将劳动关系状态区分为常态和非常态（如发生群体性事件、生产安全事故，或人力无法抗拒的自然灾害），并提出了持续改进的解决方法。

　　结合以上分析，风险预警指标体系的建设应该充分考虑到当前劳动关系的主导性特征、影响的主要因素及演化过程中的状态（常态及突变即非常态）。一般来说，风险预警指标体系的选择，对正确判别及预警的可靠性都会产生较大的影响（杜茂宝等，2020）。为全面客观地描述劳动关系演化过程中的风险的等级和大小，依据风险预警指标设立的基本原则①，结合国内外的实证研究成果（如表5-1所示），建立劳动关系风险预警指标体系（见表5-2）。劳动关系预警指标的设立应当在劳动关系评价的基础上得出，主要是企业的内生变量，这样才可以运用到企业的实际管理过程中（卞永峰，2014）。根据预警体系的全面性和独立性要求，即包括劳动关系常态预警指标和非常态预警指标两部分。

表5-1　文献中的劳动关系预警评估维度及其指标

作者	年份	维度	指标
齐志国	2004	契约和竞争指标	2个一级指标、11个二级指标
张　军	2010	契约和竞争指标	2个一级指标、11个二级指标
何　勤	2013	工作场所、员工个人需求、敏感性指标	3个一级指标、9个二级指标、34个三级指标
陈海玉 郭学静	2013	契约、关系和绩效	3个一级指标、13个二级指标
卞永峰	2013	一般性警情	3个一级指标、10个二级指标、35个三级指标
		敏感性警情	1个一级指标、2个二级指标、6个三级指标

　　（1）劳动关系常态预警指标。常态是指正常的状态，劳动关系常态预警即在日常管理状态下进行劳动关系风险预警，其主要包括：

　　一是工作场所。工作场所主要指员工日常工作所在的场所，其指标见下表：

---

① 胡联合,胡鞍钢,魏星.国家治理:社会矛盾的实证研究[J].新疆师范大学学报（哲学社会科学版）,2014,35（3）:1-14

表5-2　企业劳动关系风险预警指标

维度	一级指标	二级指标名称及其测量参量	
常态预警	工作场所	劳动环境	劳动安全措施享有率
			个体防护用品配备率
			劳动强度等级
			工伤事故率
		劳动争议	劳动争议调解委员会的设立
			劳动争议发生的频率
			劳动争议调解成功率
		民主参与	工会组织的设立
			工会会员入会率
			合理化建议采纳率
			集体合同协商率
			职代会组织率
		企业管理	员工流失率
			员工满意度
		企业绩效	主营业务收入增长率
			企业净利润增长率
	员工需求	权益实现	工资增长率
			劳动合同履行率
			加班工资支付情况
			最低工资覆盖率
			社会保险覆盖率
		个人发展	职业培训率
			人均培训时数
	环境因素	经济环境	劳动力收入与GDP比率
			劳动力收入与CPI比率
		法律环境	劳动合同签订率
			劳动争议劳动者胜诉率
		劳动力市场环境	就业率/失业率
			劳务派遣率

续表

维度	一级指标	二级指标名称及其测量参量
非常态预警	群体性事件	职业病集体暴发事件
		集体劳动争议事件
		集体停工、罢工及离职事件
		集体工伤事件
	突发性事件	劳动者自杀事件
		农民工欠薪事件
		大范围的用工荒

①劳动环境。劳动环境主要指企业为职工提供的安全、卫生的工作条件状况，是劳动关系的重要影响因子。本研究选取指标有劳动安全措施享有率、个体防护用品配备率、劳动强度等级、工伤事故率4个。

②劳动争议。劳动争议是劳动权利和劳动义务关系所产生的争议，其调解机制的健全与否直接决定调解的成功率，进而影响和谐稳定的企业劳动关系建立。本研究选取指标有劳动争议调解委员会的设立、劳动争议发生的频率、劳动争议调解成功率3个。

③民主参与。工会在职工民主管理过程中发挥着重要作用，是实现民主参与的依靠力量。本研究选取指标有工会组织的设立、工会会员入会率、合理化建议采纳率、集体合同协商率、职代会组织率5个。

④企业管理。事实上，劳动关系问题往往"潜伏"于人力资源管理的各个环节中，只是单纯建立一些宏观性的预警制度难以发现并及时解决潜在的劳动关系问题（胡晓东，2010）。建立基于人力资源管理的全流程（招聘、培训、薪酬福利、绩效管理以及职业发展的各个环节）预警机制是重要指标之一。本研究选取指标有员工流失率、员工满意度2个。

⑤企业绩效。分析企业的获利能力既要注意利润的数量，也要考虑利润的质量（杜茂宝等，2002）。本研究选取指标有主营业务收入增长率、企业净利润增长率2个。

二是员工需求。需求是指一个人用来维持生命的基本要求（William H N，Charles E S，1995）。心理学家认为，当一个人想要什么东西的时候，他就有了对这样东西心理上的需求，不管其他人认为这种要求是否正当（白瑷峥，

2011）。在劳动关系的形成和决定中，"资强劳弱"局面尚未改变。员工需求指标主要包括：

①权益实现。现实生活中，部分雇主往往逃避履行劳动合同的规定，员工权益常常得不到保障，成为引发众多劳动争议的根源性原因。本研究选取指标有工资增长率、劳动合同履行率、加班工资支付情况、最低工资覆盖率、社会保险覆盖率5个。

②个人发展。企业要获得竞争优势，必须使内部员工满意（宋本江，2011）。正确对待员工的需求是获得员工满意的基础。本研究选取指标有职业培训率、人均培训时数2个。

三是环境因素。环境因素是指一个组织的活动、产品或服务中能与环境发生相互作用的要素（张陶然，2020）。环境因素指标主要包括经济环境、法律环境和劳动力市场环境。

①经济环境。企业所处的经济环境是形成劳动关系风险的重要因素之一。本研究选取指标有劳动力收入与GDP比率、劳动力收入与CPI比率2个。

②法律环境。企业所处的劳动法律环境是形成劳动关系风险的重要因素之一。本研究选取指标有劳动合同签订率、劳动争议劳动者胜诉率2个。

③劳动力市场环境。如图5-4所示，劳动力市场是企业和员工彼此交换有关价格和人员素质的信息，并在双方取得一致意见之后签订某种劳动合同的交易场所。因此，劳动力市场是配置劳动力并且协调就业决策的市场，它的最终结果是以一定的工资率将员工配置于某一工作岗位。本研究选取的指标有就业率/失业率和劳务派遣率2个。

（2）劳动关系非常态预警指标。非常态是相对常态而言的，主要指造成企业劳动关系风险的事件。常态预警指标反映了企业劳动关系运行的当前状态及发展趋势，很难直接反映劳动关系剧烈变化而引发的风险情况，因此，建立劳动关系冲突的非常态预警指标是劳动关系风险预警体系不可缺少的重要组成部分。非常态预警，也称敏感性预警，引发事件（群体性事件和突发事件）通常具有突发性、不确定性和不可预期性，不光影响员工的生命财产安全，更会给企业造成不可估量的损失。因此，非常态预警指标应遵循"一票否决"的原则，可以将每一项指标的权重设为1，即一旦发生这些指标反映的事件，则表明该企业劳动关系出现重大警情。劳动关系非常态预警指标包括群体性事件、突发性事件。其中群体性事件主要包括职业病集体暴发事件、集体劳动争议事件，集体停工、罢工及离职事件和集体工伤事件。突发事件主要包括劳动者自杀事件、农民工欠薪事件、大范围的用工荒。

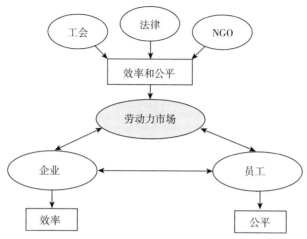

图5-4　劳动力市场及其环境要素

5.4　劳动关系危机预警机制及其预警对策

5.4.1　劳动关系预警机制及其构成

劳动关系危机预警机制主要由组织、决策、运行、信息和保障五大机制构成（如图5-5），其建设是一项复杂的系统工程。

（1）组织机制。组织机制是劳动关系预警的基础条件。当前，我国劳动关系危机的扩散与损失源于预警组织机构设置和覆盖面不足（企业和地方工会劳动关系预警组织机构尚未健全），且在组织（包括各个部门）之间沟通的流程和决策程序上存在问题。

（2）决策机制。决策机制是劳动关系预警机制的核心。预警决策的目的在于准确地描述企业劳动关系的运行态势、运行过程及影响因素（刘鹏，2008），为法律、制度和政策制定提供前瞻性和导向性的建议，使劳动关系预警活动过程得以实现。

（3）运行机制。劳动关系预警机制的有效运行可以准确描述劳动关系危机预警运行态势、运行过程及各种影响因素，是其他子机制实现作用的基础。

劳动关系危机预警运行的实施模式是由预警系统和运用流程的综合体现（如图5-5）。

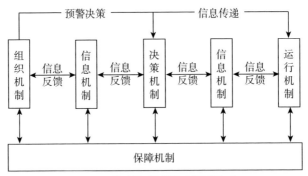

图5-5　劳动关系预警机制及其构成

（4）信息机制。作为危机应对过程中的一种资源，信息本身不仅存在数据庞大、种类繁多的特点，还常常会随着时间的推移不断地发生变化（刘鹏，2008）。因此，必须引入现代科学管理工具将信息的收集、传递、处理和使用科学化、数值化和自动化。劳动关系预警信息机制包括信息监测、评判和公开机制。

（5）保障机制。劳动关系预警机制能否有效运行，除了与预警机制自身的科学性、实用性有关外，还与危机管理机构的内部因素及法律法规、政府政策等外部因素有着密切的关系（王娅楠，2012），是其有效运行的依据。

5.4.2　劳动关系危机警度的确定

开展劳动关系预警评价的基本目的就是预警警度，为相应劳动关系管理部门提供信息，以进一步制定预控和应急措施。

（1）评价步骤

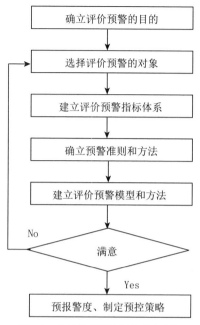

图5-6　劳动关系预警评价基本步骤

劳动关系预警评价的基本步骤如图5-6所示，主要包括：第一步，确定预警评价的目的；第二步，选择预警评价的对象；第三步，建立预警评价指标体系；第四步，确立预警准则和方法；第五步，建立预警评价模型和方法；第六步，预报警度、制定预控策略。

（2）劳动关系危机警度等级

预警系统构成要素一般包括警情、警源、警兆、警度。警情是指劳动关系危机因素或极不正常的种种情况。警源是产生警情的根源。警兆是警情暴发之前的预先征兆。警度是指警情与警兆的严重程度，即"危险点"或"危险区"的危险程度或强度。警度通常可划分为无警、轻警、中警、重警、巨警五个等级（彭补拙等，2001）。劳动关系危机警度是指劳动关系危机对企业危害程度的度量方法。

①劳动关系危机警度度量表。美国学者Steven Fink（1986）提出以企业危机冲击度和危机频率两大变量构成的度量表（如图5-7），用于分析危机有可能造成的伤害和可能的概率。危机冲击忍受度分为五种：高度可承受、中度

可承受、低度可承受、不可承受和绝对不可承受；危机发生的概率分为三种：低度、中度和高度；通过承受度与可能发生的概率区别出不同危险层级，并在不同象限用不同颜色表示。其主要含义如下。

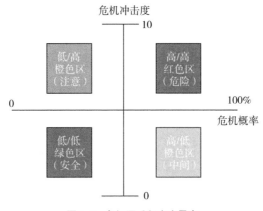

图5-7 危机严重程度度量表

一是红色区域。虽然每一个组织都试图管理所有危机，但因时间和资源的限制，只能应对那些被列为优先考虑的最大危机，如红色区域。

二是橙色区域。如果危机出现在橙色区域，对管理者而言，就必须加强危机诊断工作，因为这一类危机发生概率较低，可能很久甚至很多年才发生一次，但一旦发生后果很严重。

三是灰色区域。灰色区域的危机事件对管理者而言，其严重性不高，发生频率却偏高。如果一个组织或部门的危机事件常常出现在这个区域，则意味着该组织或部门的日常管理能力欠缺。

四是绿色区域。绿色区域是相对安全的状况，也可以说是危机情势最低的地方。

②劳动关系危机警度。本研究依据劳动关系危机的危害程度、发生情况和紧迫性等因素区分为无警（Ⅲ级）、中警（Ⅱ级）和巨警（Ⅰ级），并依次采用绿色、黄色和红色表示。

5.4.3 工会劳动关系的预警对策

身处转型时期的中国正面临异常复杂的劳动关系压力，强化劳动关系预警就成为工会组织参与国家治理的社会责任之一。在全面深化改革的大背景下，工会非常有必要提升劳动关系预警能力，使之成为继"维护、建设、参与和教育"之后的"第五职能"。

（1）提升工会组织国家治理参与能力

工会代表和组织职工参与国家和社会事务管理，参与企事业单位的民主管理的职能（李海岩，王晓刚，2012）是依法参与的。伴随着改革开放进程，中国工会正从改革开放初期单位制下的企业治理参与转变为当前地方治理参与（吴建平，2012）与国家治理参与。在参与国家治理和全面深化改革的实践中，不仅是国家治理的一种宏观制度安排，更重要的是中国工会在具体职能的运作上已经在维护职工合法权益和参与协调劳动关系领域发挥着越来越重要的实质性影响作用。提升和增强劳动关系预警能力是工会组织的新职能，也是广大工会干部，特别是工会主席迫切需要的新素质、新能力。

（2）健全工会劳动关系预警机制

工会劳动关系预警机制是工会组织运用"四预"（预测、预审、预报、预防）措施，及时掌握产生劳动关系矛盾的内外诱因（潘勤怡，2012），有效调解处置劳动争议。各级工会组织应切实履行及早发现劳动关系矛盾，及时排查劳动争议隐患，切实履行好"第一责任人、第一知情人、第一报告人、第一协调人、第一督促落实人"的职责。要畅通"横向到边、纵向到底"的工会系统信息传递反馈网络，并与企业劳资、人事、信访等部门有机结合。积极发挥劳动法律监督员、劳动争议调解员、法律咨询员、信访接待员的作用，使之成为预警机制运作的骨干力量。

（3）提高工会干部劳动关系协调能力

工会干部是反映工会整体素质的重要标志，也是反映工会协调劳动关系的水平。当前制约工会干部协调劳动关系工作的原因之一是缺少必备的应急知识、能力和素质。重视集体劳动争议和突发事件的日常监测和危机应对经验积累，是有效解决的重要路径之一。集体劳动争议、群体性事件和突发事件在本质上是人民内部矛盾的一种特殊表现形式（冯克华，1998）。从现实情况看，工会履行依法维护的基本职责的任务还非常艰巨，也是工会劳动关系预警中的薄弱环节。

（4）科学识别劳动关系危机警源

预警本身是一个明确警情、寻找警源、分析警兆、预报警度和排警的过程（彭补拙等，2001）。警情产生于警源，同时在暴发之前又必然会产生警兆。寻找警源是分析警兆的基础，同时也是排除警情的前提。在劳动关系预警系统的"警情、警源、警兆、警度"的要素中，警源识别是最困难的，也是最重要的，关乎预警的成败。因此，工会在劳动关系危机预警方面必须做到源头参与、民主参与和全过程参与。

5.5 小结与认识

在国家治理转变和劳动关系风险日趋复杂化的背景下，开展工会劳动关系风险预警研究是当前劳动关系领域理论与实践研究的热点问题之一。作者尝试提出这一问题的研究框架与思路，主要出发点是引起同行和学术界的关注。

（1）在国家治理转变和劳动关系集体转型的背景下，工会主动参与劳动关系预警的能力亟须提升，且应融入工会全面深化改革的实践中。

（2）以劳动争议现状研判及其对国家治理能力的影响分析为基础，从常态预警和非常态预警两个维度构建了劳动关系预警指标，其中国家治理是劳动关系非常态预警的关键和基础，提出了劳动关系风险预警的主要表征参数。

（3）在开展劳动关系协调的工作过程中，广大工会干部面对职工群体性事件时缺乏必要的应急管理能力，特别是劳动关系风险预警能力。考察工会干部劳动关系风险预警能力需要从常态和非常态预警两个维度寻求解决的基本对策。

第6章 "一带一路"沿线中资企业劳动关系风险研究

企业劳动关系风险主要包括国内和国外两类风险,第六章重点分析了国内企业面临的劳动关系风险,而中资企业投资在国外面临的劳动关系风险也是当前的研究热点。"一带一路"倡议实施过程中投资属地国的企业劳动关系风险成为广泛关注的焦点问题。中资企业在属地国劳动关系风险状况对港口工程项目风险的影响程度,不仅涉及工程项目本身的风险因子,更涉及属地国政治、经济、文化、法律制度等国家风险,还有环境风险的重要影响。此时的劳动关系风险已经突破国界,成为一个跨域跨国的企业劳动关系风险,如何在定性分析的基础上定量分析其影响成为劳动关系领域研判的重要难点。本研究重点考虑国家风险的评价标准随各国实际国情不同而产生的偏差,提出国家风险指标修正系数方法,给出"一带一路"沿线港口工程所涉及24个国家的国家风险指标修正参考值(任国友等,2019),得到"一带一路"共建30个港口工程的安全风险等级表,对"一带一路"沿线中资企业劳动关系风险态势进行了研判。

6.1 问题的提出与背景分析

港口是"一带一路"倡议的重要节点,港口行业在"一带一路"建设中有着独特优势,发挥着"先行官"的重大作用。然而,港口工程施工工期长、机械化程度高,港口工程在施工过程中的安全风险普遍较高。此外,随着我国港口企业对南亚、非洲及拉美地区等海外市场的不断开拓,港口工程施工环境更加复杂(胡俊超,王丹丹,2016),不仅涉及国际关系的问题,更要考虑国内外政治、经济等方面的差别。如何评价中资企业在属地国的劳动关系风险状况是一个值得关注的有关"一带一路"建设的课题。

6.2 文献评述与研究进展

6.2.1 "一带一路"沿线国家风险研究趋势与进展

在"一带一路"共建国家的工程建设中主要面临的是国家风险，这一领域得到了学界的广泛关注。胡俊超等（2016）从政治风险、经济风险、主权信用风险和社会风险4个角度，对"一带一路"共建国家国别风险进行刻画和评价。王凤娟等（2017）建立"一带一路"共建各国非传统安全风险识别库。宋维佳等（2018）对"一带一路"共建国家的国家风险及水平进行定量研究。李原等（2018）运用因子分析法对国家风险指标体系进行综合分析。在"一带一路"国家风险研究方面，呈现出从定性分析到定性与定量结合的研究态势，但对国家风险指标中的国别影响关注不够。"一带一路"沿线港口国家风险对工程项目的影响差异性正是本研究重点考虑的问题，并通过国家风险指标修正系数方法进行了定量计算。

6.2.2 "一带一路"项目风险研究趋势与进展

项目本身的风险因素通常是工程风险的主要体现，有相当多学者对此进行了研究。李欣等（2011）以工程实例为基础，采用案例推理法构建评价指标体系和评价模型，探讨了港口工程建设的风险及其影响因素。梁继强（2011）运用灰色系统理论建立了多层次灰色综合风险评价数学模型。王学军等（2012）提出基于层次分析法的沉箱码头施工风险度评价方法。李伟等（2015）对64个"一带一路"共建国家公共安全风险进行评估。唐璐（2016）建立了沿海高桩码头施工风险评估体系。彭建华（2016）对港口工程进行总体风险评估和专项风险评估。李华（2017）建立了涉外工程项目公共安全风险评估指标体系。刘庆昌（2017）首次优化了桥梁工程施工中的风险评估指标体系。陈倩等（2018）运用霍尔三维结构模型进行项目风险的识别。董席亮等（2018）运用JHA方法进行了项目过程的风险辨识。刘家国等（2018）运用演化博弈模型对风险与管理博弈进行研究。相关研究仅从项目本身的风险问题进行了定性或定量分析，在风险分析的全面性上存在一定的不足，而项目在属地国投资建设遇到的风险不仅跟项目本身的风险因素有关，还与属地国的国家风险等重要因子相关，必须综合考虑项目的系统风险影响。

6.2.3 "一带一路"沿线国家环境风险研究趋势与进展

自然环境风险是由一个国家地理位置决定的固有风险，特别是近几十年来，环境风险在工程风险中所占比重的提升，环境因子定量化研究引起学界关注。夏月云（2019）从地质专业角度对地质条件差的水电工程建设可能性、坝基稳定性进行分析。章奇锋等（2016）分析了地质调查技术管理的难点。徐忠继（2018）针对不良工程地质雨期施工进行深入分析。阮锋等（2018）对因社会环境和自然环境造成的风险进行分析。学者们从自然灾害的视角展开研究较多，特别是针对环境因子定量化研究成为主流，本研究也考虑了环境风险的影响。

6.2.4 "一带一路"沿线国家雇主风险研究趋势与进展

雇主风险，也称企业风险，是构成海外工程风险的重要组成部分。研究雇主风险对规避海外风险有着重要的作用，逐步成为关注的热点。邬亲敏（2008）提出雇主风险对海外工程的影响。尹渠军（2012）作为总工程师，总结了公司的海外市场经验，摸索出适合雇主特点的经营模式。乔慧娟（2015）通过描述中国对外承包工程企业在外资投资过程中的风险类型，建立了企业风险监控体系。高腾安（2016）分析了建筑工程海外项目所面临的合同管理风险。王雷（2017）认为有必要对专业技术人员加强培训，建立合同管理制度，以减少合同风险。周鹏（2018）系统总结了我国建筑企业"走出去"所面临的风险因素，提出了规避风险的策略。多年来，伴随"一带一路"倡议的实施，中资企业"走出去"面临的属地国劳动关系风险呈现上升趋势，但这方面的研究成果较少，本研究重点关注了雇主风险的影响。

综上所述，大量研究资料表明，我国现有的港口工程安全风险研究主要集中在国内项目，"一带一路"背景下的港口工程安全风险研究相对较少。鉴于此，本研究在层次分析法与模糊综合评价法的基础上加入修正系数法，修正因不同国情导致的风险影响偏差，这对"一带一路"建设中劳动关系风险对港口工程安全风险的影响机理提供了定量化的分析路径。

6.3 "一带一路"港口工程施工安全风险评估指标体系构建

6.3.1 指标体系构建原则

在建立港口工程施工安全风险评估指标体系时，重点考虑以下原则。

（1）科学性原则。评价指标应建立在科学性的基础上，指标内涵明确，测定方法标准，统计计算方法规范（赵亮，2018）。

（2）系统性原则。港口施工作业安全评价指标的选取必须放在人—机—环境的安全系统工程管理框架内，既要兼顾全面，又要突出目标对象的特点。

（3）可操作性原则。指标选择应简单明了，尽量利用现有数据和已有规范标准，相应指标量化及获取数据容易，操作简单，使之具有实际应用和推广价值。

（4）独立性原则。港口施工作业安全评价的指标与指标之间应相互补充、相互协调，充分考虑指标之间的相关性，避免指标之间的重复与冲突，实现指标体系的最优化。

（5）动态性原则。选择的评价指标应具有时间概念，坚持静态指标与动态指标相结合，考虑动态完善的过程。

6.3.2 "一带一路"港口工程施工安全风险评估指标体系构建

本研究统计分析了"一带一路"共建71个国家[①]的政治、经济、主要安全风险、风险等级等因素，并结合港口工程施工的危险因素分析，构建了"一带一路"港口工程施工安全风险评价指标体系，具体如表6-1所示。运用AHP法，计算了指标权重，其结果如表6-2所示。

---

① 国家信息中心，"一带一路"大数据中心."一带一路"大数据报告（2018）[R]. 北京：商务印书馆,2018.

表6-1 "一带一路"港口工程安全风险评价指标体系

目标层次（A）	一级指标（B）	二级指标（C）	指标说明
港口工程安全风险评估	国家风险B_1	政治C_1	影响政治指标权重的因素有政治局势的稳定性、战争及战争遗留问题、（潜在的）极端与恐怖势力的威胁、暴力袭击事件、存在非政府武装势力。
		经济C_2	影响经济指标权重的因素有通货膨胀、恩格尔系数高低、基尼系数大小。
		文化C_3	影响文化指标权重的因素有民族矛盾、宗教冲突；少数民众反华排华。
		法律C_4	影响法律指标权重的因素有法律条款差异、法律条款冲突。
		社会C_5	影响社会指标权重的因素有医疗卫生状况与疾病、群体性事件、社会治安与犯罪、交通安全事故。
	项目风险B_2	设计C_6	影响设计指标权重的因素有设计存在缺陷、设计进度滞后。
		施工C_7	影响施工指标权重的因素有施工效果达到要求、按期竣工。
		管理人员C_8	影响管理人员指标权重的因素有人员沟通障碍、技术能力、管理水平。
	环境风险B_3	自然灾害C_9	影响自然灾害指标权重的因素有台风、风暴潮、大雾、海平面上升。
		地质条件C_{10}	影响地质条件指标权重的因素有地基土承载力和岸坡稳定性。
	业主风险B_4	投资C_{11}	影响投资指标权重的因素有投资成本、汇率波动。
		信誉C_{12}	影响信誉指标权重的因素有企业信用评级。
		合同C_{13}	影响合同指标权重的因素有执行合同、合同纠纷。

表6-2 港口工程安全风险评价指标综合权重

评估指标		总权重数值	排序
国家风险B_1（0.51197）	政治C_1	0.41384	1
	经济C_2	0.08728	9
	文化C_3	0.06837	10
	法律C_4	0.33198	2
	社会C_5	0.09853	7

评估指标		总权重数值	排序
项目风险B_2 （0.16354）	设计C_6	0.37333	6
	施工C_7	0.16541	11
	管理人员C_8	0.46126	5
环境风险B_2 （0.13813）	自然灾害C_9	0.32426	8
	地质条件C_{10}	0.67574	4
业主风险B_4 （0.18636）	投资C_{11}	0.77926	3
	信誉C_{12}	0.09854	13
	合同C_{13}	0.12221	12

6.3.3　数据来源依据与统计

本研究数据主要来自中国一带一路网、"一带一路"数据库、国际货币基金组织、世界银行数据库、斯德哥尔摩国际和平研究所（SIPRI）、国际战略研究所、联合国统计司、联合国教科文组织统计研究所、粮农组织和世界银行的人口估计值、商务部对外投资和经济合作司、标准普尔信誉评级及其他相关论文119篇。数据处理主要采用MATLAB、Excel等工具，具体数据见表6-3。

表6-3　各港口数据汇总样例

序号	港口	国家	评分资料	数据来源
1	A港二期集装箱码头	A国	2017年4月，中交第三航务工程勘察设计院有限公司凭借在自动化集装箱码头领域的绝对优势，即政治稳定、无战争遗留问题、无恐袭、无非政府武装，严重的通货膨胀、最富裕，法律存在差异（宗教法）、合作良好、医疗条件良好、无群体性事件、治安总体良好，获得该项目的码头设计合同，该项目又是一项自动化集装箱码头设计项目，本次承建方为中远海运港口有限公司，以总吞吐量计算，其为全球第一大的集装箱码头经营商，管理人员经验丰富。	期刊： [1]刘晔.谈自动化集装箱码头[J].港工技术,2014,51（2）:8-12,25. [2]姚荣,朱源,吴芳.中资企业海外投资建设港口的环境评估研究[J].环境保护,2018,46（22）:60-63.

续表

序号	港口	国家	评分资料	数据来源
1	A港二期集装箱码头	A国	中交一航局第三工程有限公司承担了哈里发集装箱码头二期项目的建设任务，该公司参建了我国水工建设史上首个大型援外项目——马耳他30万吨级船坞工程。拥有40多年的丰富经验；炎热天气，尘土飞扬，恶劣环境，极度高温。5—10月是热季，沙尘天气每月占一半，能见度低。几乎没有严重自然灾害，曾有一次小型飓风；该码头岸线总长度1200m，水深18m，水深条件良好，可处理最大型集装箱船舶。 2018年3季度阿布扎比建筑成本同比上涨1.2%，建筑成本指数达到98.1%（2017年第三季度同期96.9%）。其中，劳动力成本上涨6.9%，建筑材料成本上涨4.9%，设备成本上涨0.6%，机械工程作业成本上涨0.4%；服务成本下降8.5%，电力材料成本下降2.4%，装修材料成本下降2.1%，卫生材料机械工程成本下降0.1%；业主为阿拉伯联合酋长国阿布扎比港务局。	数据库： 中国一带一路网、"一带一路"数据库、国际货币基金组织、世界银行数据库、斯德哥尔摩国际和平研究所（SIPRI）、国际战略研究所、联合国统计司、联合国教科文组织统计研究所、粮农组织和世界银行的人口估计值、中华人民共和国商务部对外投资和经济合作司、标准普尔信誉评级等11个。
2	B港	B国	政局稳定、无战争遗留问题、恐袭危险不断上升、无非政府武装；财富分配相对合理、温和的通货膨胀、最富裕；存在种族矛盾（轻微）、无宗教冲突、反华排华突出；存在差异、法律变动期；医疗条件良好、存在群体性事件、治安良好；中国岚桥集团斥资2500万澳元（约14亿港元）扩大其租赁的达尔文港，以满足日益增加的港口货运量。港口将向东扩大1公里，并扩大和升级港口邮轮停泊设施。达尔文港口首席执行官特里奥康纳说，扩建后的港口长度将增加一倍，是现有的集装箱堆场规模的四倍及扩建三个码头设施。雨季为12月至次年3月，常有热带风暴和雷暴。暴风雨、干旱、地震、飓风、热带风暴；有主要码头3座，长734m，水深9—13m；建材成本增加；北领地政府仍保留该港口最初20%的股份，AAA稳定；诉讼、仲裁以及调解，还有许多合法设立的讨债公司。	期刊： [1]杨忍,牟乃夏,彭澎,刘希亮,张恒才,陆锋.海上丝绸之路"沿线重要港口竞争力评价[J].地球信息科学学报,2018,20（5）:623-631. [2]赵昌,许善品.澳大利亚学者对"21世纪海上丝绸之路"南线的认知述评[J].国外社会科学,2017（3）:92-101. [3]郑崇伟,孙威,黎鑫,何方,陈璇.经略21世纪海上丝路:重要航线、节点及港口特征[J].海洋开发与管理,2016,33（1）:4-13. 数据库：同上

序号	港口	国家	评分资料	数据来源
…	…	…	…	…
30	C港集装箱扩建	C国	政局异常动荡（陷入武装冲突，有可能暴发全面内战）；"基地"组织；财富分配相对合理、温和的通货膨胀；民族矛盾突出、宗教冲突严重；法律条款存在差异，执法强弱；社会治安混乱，有撤侨事件发生；由中国港湾承建；岸桥设备结构老化，故障率高，装卸效率较低，难以满足高效快捷的装卸要求；属于沙漠性气候，气候炎热干燥，雨量稀少，会出现沙暴等自然灾害，能见度差。一般无重大自然灾害，飓风、容易暴发山洪；现有码头长700m，由2个350m长的集装箱泊位组成，码头前沿水深-16m，配有7台岸边集装；箱起重机。码头后方堆场占地35公顷，设计年最大吞吐能力56万TEU；小幅波动；仲裁为主。	期刊： [1]汪超,郭秀娟,申勇锋.亚丁港集装箱运输发展的机遇与挑战[J].中国港口,2015（4）:62-64. [2]汪超,郭秀娟,申勇锋.亚丁港集装箱发展长期战略举措及近期工作重点[J].港口经济,2015（3）:46-50. [3]赵文佳.论亚丁湾海上安全合作[D].青岛:青岛大学,2014. [4]王宗贤,王晓东,李卫鹏,丛黎明.也门亚丁港地下水及其净化水质量分析[J].中国卫生检验杂志,2011,21（1）:175-177. [5]江颖.6月份全球主要港口运行综述[J].中国远洋航务,2007（8）:89. [6]哈里德（Khaled M.M.Mesmar）.也门共和国亚丁港集装箱中转站运输系统规划研究[D].西安:长安大学,2003. [7]杨建荣.也门投资环境探析[J].阿拉伯世界,2003（4）:34-37. [8]中国援建也门奈安水坝项目建成移交[J].国际经济合作,1994（4）:55. [9]佚名.信息窗——世界港口[J].港口科技动态,2004（11）:46-47. 数据库：同上

6.3.4　国家风险修正系数的提出

"一带一路"沿线港口工程风险评估与一般港口工程风险评估的区别主要集中在国家风险指标中,其他指标由于不是主要分歧点,因此参照现有的经典评价框架不予修改。

与一般的工程风险评估不同,在"一带一路"视角下的风险框架中,国家风险的评价标准应随着国情的不同而产生相应的调整。为了使评价方法在对不同国家的港口工程进行风险评估的过程中更加符合实际情况,笔者决定引入国家风险的修正系数,参考各个国家的实际国情对国家风险下的二级指标进行修正。从文献资料中可知,"一带一路"沿线港口工程涉及的国家有24个[①]。笔者参考这24个国家的政治、经济、文化、法律、社会情况,构建修正函数,求出相应的修正系数,以便尽可能地体现指标综合权重的真实性能。

6.3.4.1　修正系数设定原则

(1)科学性原则。修正系数应建立在科学性的基础上,指标内涵明确,能够真实反映不同国家对指标的敏感度。

(2)可操作性原则。修正系数选择应简单明了,尽量利用现有数据和已有规范标准,相应指标量化及获取数据容易。

(3)对称性原则。修正系数应保证对结果的放缩平衡,修正系数函数曲线呈中心对称。

(4)最大最小原则。修正系数不应对最终结果的影响过大,修正系数函数应有界。

(5)非线性原则。修正系数对结果的影响不应为线性,修正系数函数曲线斜率呈中心对称,斜率与中心距离呈反比。

6.3.4.2　指标修正因素选取

(1)政治指标修正因素:武装部队人员、军费支出。军事力量为政治服务,所以军事力量的强弱会在一定程度上影响政治局势的稳定。笔者以武装部队人员和军费支出的数据为基础,求出现代军力。主要包括:①军费支出(占GDP的百分比)。②武装部队人员指现役军人,包括其训练、组织、装备

---

① 赵亮.我国企业参与21世纪海上丝绸之路沿线港口项目的现状研究 [D]. 北京:外交学院,2018.

和控制表明可支援或代替正规军队的辅助军队。武装部队人员越多、军费支出越高，说明该国的军事力量越安全，而政局稳定又与军事力量相关，因此，可以采用武装部队人员和军费支出对政治指标分别进行修正。

（2）经济指标修正因素：国内生产总值（GDP）[①]。国内生产总值指一个国家（或地区）所有常住单位在一定时期内生产的最终产品和服务价值的总和。该修正因素可以衡量国家经济状况，因此采用国内生产总值对经济指标进行修正。

（3）文化指标修正因素：入学率（中学）因子修正。中学所有课程总入学率是指不论年龄大小，中学在校生总数占符合中学官方入学年龄人口的百分比。由于入学率能反映该国国民的文化水平，因此入学率更高的国家，文化程度更高，其民众对于"一带一路"工程项目的支持率也就更高。同时，文化程度越高，对待宗教和民族冲突就会更加理性，项目的危险程度也会相对降低，因此采用入学率（中学）对经济指标进行修正。

（4）法律指标修正因素：法系因子修正。一般认为，凡是在内容和形式上具有某些共同特征，形成一种传统或派系的各国法律，就属于同一个法系。王文静（2016）提出跨境项目的法律体系存在显著差异时，会对"一带一路"倡议的推进产生较大影响。因此可以推出，不同国家的法系不同，会影响到法律指标的权重计算。鉴于此，采用法系对法律指标进行修正。

（5）社会指标修正因素：人口密度因子修正。如果人口密度过大，那么社会治安压力会相应增加，社会形势越发复杂严峻，维护社会稳定也将变得更加艰巨。在这种情况下，项目的危险程度将有所提高。因此，可以采用人口密度对社会指标进行修正。

6.3.4.3 修正系数计算方法

在收集24个国家的数据中，政治、经济、文化、社会指标的修正因素可定量化，法律指标则只能定性化，因此分为以下两种计算方法。

---

① 联合国统计司.国内生产总值（GDP）[EB/OL].http://data.un.org/Data.aspx?d=SNAAMA&f
=grID%3a101% 3bcurrID% 3aUSD%3bpcFlag%3a0%3bitID%3a9,2018-02-09/2018-04-28.

（1）定量化修正因素的系数计算

①政治。对24个国家的政治指标的修正因素值（$X_{i军费支出}$、$X_{i军队数}$）进行正态性检验，由于不符合正态分布，取中位数为指标修正因素基准值$Y_{i军费支出}$、$Y_{i军队数}$。求各国家的指标修正因素值X_{ij}与指标修正因素基准值Y_i的比值。考虑X_i与国家风险的关系进行一次修正，由于二者成反比关系，取倒数；根据修正系数设定原则，为保证修正系数对结果的放缩平衡，对最终结果的影响适中，修正函数斜率与中心距离成反比。设定修正系数区间为[0.50，2.00]，以1为界分段进行反正切处理。处理后得到政治指标修正系数计算公式：

$$\varphi = X_{i军费支出}/Y_{i军费支出} \times X_{i军队数}/Y_{i军队数} \tag{6-1}$$

$$P_{政治} = \begin{cases} \dfrac{2}{\pi}\arctan(\varphi-1)+1 & \varphi \geq 1 \\[3mm] \dfrac{1}{\dfrac{2}{\pi}\arctan\left(\dfrac{1}{\varphi}-1\right)+1} & \varphi < 1 \end{cases} \tag{6-2}$$

P——指标修正系数；

X——指标修正因素数值；

Y——指标修正因素基准值；

i——国家；

j——因素种类；

φ——指标修正基准值。

②经济。对24个国家的经济指标的修正因素值（国内生产总值）进行正态性检验，由于不符合正态分布，取中位数为指标修正因素基准值Y_{GDP}。求各国家的指标修正因素值X_i与指标修正因素基准值Y_{GDP}的比值。考虑X_i与国家风险的关系进行一次修正，由于二者成反比关系，取倒数；根据修正系数设定原则，为保证修正系数对结果的放缩平衡，对最终结果的影响适中，修正函数斜率与中心距离成反比。设定修正系数区间为[0.50，2.00]，以1为界分段进行反正切处理。处理后得到政治指标修正系数计算公式：

$$\varphi = X_{iGDP}/Y_{GDP} \tag{6-3}$$

$$P_{经济}=\begin{cases} \dfrac{2}{\pi}\arctan(\varphi-1)+1 & \varphi\geq1 \\ \dfrac{1}{\dfrac{2}{\pi}\arctan\left(\dfrac{1}{\varphi}-1\right)+1} & \varphi<1 \end{cases} \tag{6-4}$$

P——指标修正系数；

X——指标修正因素值；

Y——指标修正因素基准值；

i——国家；

φ——指标修正基准值。

③文化。对24个国家的文化指标的修正因素值（入学率）进行正态性检验，由于符合正态分布，取均值为指标修正因素基准值$Y_{入学率}$。求各国家的指标修正因素值X_i与指标修正因素基准值$Y_{i军队数}$的比值。考虑X_i与国家风险的关系进行一次修正，由于二者成反比关系，取倒数；根据修正系数设定原则，为保证修正系数对结果的放缩平衡，对最终结果的影响适中，修正函数斜率与中心距离成反比。设定修正系数区间为[0.50，2.00]，以1为界分段进行反正切处理。处理后得到政治指标修正系数计算公式：

$$\varphi=X_{i入学率}/Y_{入学率} \tag{6-5}$$

$$P_{文化}=\begin{cases} \dfrac{2}{\pi}\arctan(\varphi-1)+1 & \varphi\geq1 \\ \dfrac{1}{\dfrac{2}{\pi}\arctan\left(\dfrac{1}{\varphi}-1\right)+1} & \varphi<1 \end{cases} \tag{6-6}$$

P——指标修正系数；

X——指标修正因素数值；

Y——指标修正因素基准值；

i——国家；

φ——指标修正基准值。

④社会。对24个国家的文化指标的修正因素值（人口密度）进行正态性检验，由于不符合正态分布，取中位数为指标修正因素基准值$Y_{人口密度}$。求各

国家的指标修正因素值X_i与指标修正因素基准值$Y_{人口密度}$的比值。考虑X_i与国家风险的关系进行一次修正，由于二者成正比关系，保留；根据修正系数设定原则，为保证修正系数对结果的放缩平衡，对最终结果的影响适中，修正函数斜率与中心距离成反比。设定修正系数区间为[0.50，2.00]，以1为界分段进行反正切处理。处理后得到政治指标修正系数计算公π式：

$$\varphi = X_{i人口密度} / Y_{人口密度} \tag{6-7}$$

$$P_{社会} \begin{cases} -\arctan(\varphi-1)+1 & \varphi \geqslant 1 \\ \cfrac{1}{\cfrac{2}{\pi}\arctan\left(\cfrac{1}{\varphi}-1\right)+1} & \varphi < 1 \end{cases} \tag{6-8}$$

P——指标修正系数；

X——指标修正因素数值；

Y——指标修正因素基准值；

i——国家；

φ——指标修正基准值。

（2）定性化修正因素的系数计算

法律指标的法系属于定性化修正因素。"一带一路"共建国家所属的法系有大陆法系、英美法系、伊斯兰法系。根据法律条款存在差异和发展冲突后的影响程度和解决难易程度，对三大法系进行排序，排序结果如下：英美法系、大陆法系、伊斯兰法系。其中，英美法系的不利影响最小，伊斯兰法系的不利影响最大。

因此，根据排序，选取三大法系当中的大陆法系作为基准，设定其修正系数为1.00。在此基础上，设定英美法系修正系数为0.80，伊斯兰法系修正系数为1.20。

（3）修正系数结果汇总

根据国家风险指标修正系数计算公式，通过GeoGebra给出修正系数函数曲线图，如图6-1所示。

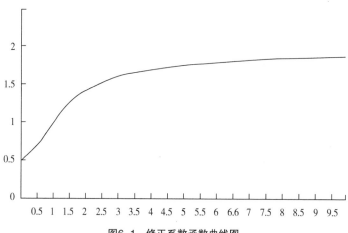

图6-1　修正系数函数曲线图

　　将涉及"一带一路"港口工程的24个国家的数据代入计算，该数据包括政治、经济、文化、法律、社会指标修正因素，并得到其国家风险所对应的二级指标修正系数，具体如表6-4所示。

表6-4　"一带一路"港口工程所涉及24个国家的国家风险指标修正系数

序号	国家	国家风险指标修正系数				
		政治	经济	文化	社会	法律
1	阿联酋	0.57	0.72	0.88	1.20	1.18
2	澳大利亚	0.53	0.53	0.67	0.80	0.51
3	孟加拉国	0.66	0.93	1.09	1.20	1.95
4	文莱	2.00	1.96	0.90	1.20	0.90
5	吉布提	2.00	1.99	1.42	1.00	0.65
6	希腊	0.66	1.08	0.86	1.00	0.96
7	印度尼西亚	0.52	0.55	0.95	1.00	1.34
8	伊朗	0.51	0.67	0.93	1.20	0.69
9	意大利	0.51	0.52	0.84	1.00	1.58
10	肯尼亚	1.96	1.71	1.22	0.80	0.99
11	柬埔寨	1.91	1.93	1.41	1.00	1.01
12	斯里兰卡	0.75	1.64	0.87	0.80	1.78
13	马达加斯加	2.00	1.97	1.52	1.00	0.67
14	缅甸	0.62	1.73	1.19	0.80	0.94

序号	国家	国家风险指标修正系数				
		政治	经济	文化	社会	法律
15	马来西亚	0.85	0.81	0.95	0.80	1.06
16	巴基斯坦	0.51	0.82	1.39	0.80	1.68
17	菲律宾	0.84	0.81	0.93	1.00	1.80
18	巴布亚新几内亚	2.00	1.93	1.50	0.80	0.54
19	卡塔尔	1.95	1.21	0.90	1.20	1.65
20	沙特阿拉伯	0.50	0.58	0.78	1.20	0.54
21	新加坡	0.65	0.79	0.82	0.80	1.99
22	土耳其	0.51	0.56	0.84	1.00	1.11
23	坦桑尼亚	1.97	1.81	1.62	0.80	0.79
24	也门	1.97	1.94	1.32	1.20	0.74

该表适用于"一带一路"24个共建国家的港口工程安全风险评估，修正国家风险所对应二级指标得分，以得到更为准确的数据，对实际安全风险评估具有一定的参考价值。

6.3.5 基于定量模糊综合评估模型的风险评估方法

利用模糊综合评价法，结合权重计算出该港口工程安全风险等级，从而得到比较客观的评估结果。根据实际结果的表现特点，考虑实际情况并参照最坏情况考虑的原则对结果进行下取整，得到安全风险等级的得分区间，具体如表6-5所示。

表6-5 安全风险等级划分

分数	(0，1]	(1，4]	(4，9]	(9，12]	(12，27]
安全风险等级	低风险	较低风险	中等风险	较高风险	高风险

计算方法如下：

二级指标的综合权重为V_i，二级指标的得分为r_i，国家风险的二级指标修正系数为P_i。

$$A_j = \sum_{i=1}^{n} V_i r_i P_i \qquad (6-9)$$

一级指标的综合权重为U_j，一级指标的得分为A_i。

$$A = \sum_{j=1}^{m} U_j \times A_i \qquad (7\text{-}10)$$

A为港口工程安全风险的总得分。

6.4　A港口工程实例评估与结果分析

6.4.1　A港口工程风险分析与应用

6.4.1.1　A港口工程背景

A港口工程项目（以下简称"项目"）位于某国南港以南近岸海域，与现有的中央商务区相连，规划范围北至南港防波堤，南至加勒菲斯绿地，东至现有海岸线。项目由某国大都市和西部发展部协调海域使用权及负责项目区域外的配套设施建设；由中国港湾工程有限责任公司（以下简称"中国港湾"）负责项目投融资并进行填海造地，负责项目区域内基础设施建设运营维护、土地销售及开发。一期填海造地陆域面积约269公顷，一条长约2000米、宽约70米的运河，一条总长3245米的防波堤（两侧含沙堤）和10公顷面积沙滩，并完成一期规划区域内的道路、绿地、给排水、供电、通信及其他管线等基础设施建设运营维护、土地销售及开发。二期规划区域内的道路、绿地、给排水、供电、通信及其他管线等基础设施建设。[①]根据本研究所构建的"一带一路"港口工程安全风险评价指标体系，深入调查A港口工程相关风险资料，具体如表6-6所示。

表6-6　A港口工程安全风险评估资料

国家	港口	国家风险	项目风险	环境风险	业主风险
A国	A港	政局基本稳定、有"猛虎组织"残余；爬行的通货膨胀、财富分配等级中；存在严重的民族矛盾和宗教冲突、无反华排华；投资环境良好，基本稳定；有"人象冲突"等群体性事件。	高要求设计；项目提前5个月完成施工；运营状况良好，码头泊位利用率在70%左右，年设计集装箱吞吐能力为240万TEU；有成熟的操作和管理团队，本土化管理良好。	该地区降雨强度大，天气炎热，无较大自然灾害；岸滩可以基本保持稳定，平衡并未受到较大破坏，但波浪较强。	材料匮乏，成本波动较大，但总体稳定；业主为某国港务局，主权信用评级为B+，预期发展为负面；劳务纠纷由国际仲裁、大使馆介入。

___

[①]　项目案例｜"一带一路"PPP项目案例——斯里兰卡科伦坡港口城项目 [EB/OL].(2017-09-21).https://www.sohu.com/a/193477054_99922412.

6.4.1.2　指标权重计算

确定A港口重大工程安全风险评估因素层次建立权重集，如图6-2所示。

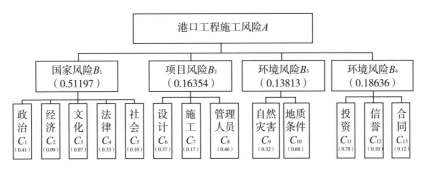

图6-2　"一带一路"港口工程安全风险评价指标层次结构图

6.4.1.3　A港口工程安全风险等级评估

本文采用层次分析法与模糊综合评价法相结合的方法，对港口工程安全风险进行安全风险等级评价。为了该系统安全风险评估的有效性和客观性，将有专家对各指标进行评估。结合专家的评估意见，从而得到国家风险的评估矩阵为R_1，项目风险的评估矩阵为R_2，环境风险的评估矩阵为R_3，业主风险的评估矩阵为R_4。

国家风险分值：$r_1 = \begin{pmatrix} 3 \\ 1 \\ 9 \\ 1 \\ 3 \end{pmatrix}$

修正国家风险分值：$R_1 = \begin{pmatrix} 6.74 \\ 4.92 \\ 7.84 \\ 0.80 \\ 5.34 \end{pmatrix}$

权重：$V_1 = (\ 0.41384 \quad 0.08728 \quad 0.06837 \quad 0.33198 \quad 0.09853\ )$

计算国家风险得分：

$$A_1 = V_1 \times R_1 = (\ 0.41384 \quad 0.08728 \quad 0.06837 \quad 0.33198 \quad 0.09853\ ) \begin{pmatrix} 6.74 \\ 4.92 \\ 7.84 \\ 0.80 \\ 5.34 \end{pmatrix} = 4.54500$$

同理可知：

项目风险的得分：$A_2=V_2 \cdot R_2=1$

环境风险的得分：$A_3=V_3 \cdot R_3=1.64852$

业主风险的得分：$A_4=V_4 \cdot R_4=3.34685$

将各个一级指标的得分进行归一化处理，并得到港口工程安全风险的得分：

$$A_j = \begin{pmatrix} 4.54500 \\ 1 \\ 1.64852 \\ 3.34685 \end{pmatrix}$$

因此，斯里兰卡科伦坡港口工程总得分为：

$$A = U_j \cdot A_j = \begin{pmatrix} 0.51197 & 0.16354 & 0.13813 & 0.18636 \end{pmatrix} \begin{pmatrix} 4.54500 \\ 1 \\ 1.64852 \\ 3.34685 \end{pmatrix} = 3.34187$$

根据分析结果，结合表6-4可知，斯里兰卡科伦坡港口工程安全风险等级为较低风险。其中，国家风险很大，风险较大，环境风险和项目风险较低。

6.4.2 "一带一路"共建30个港口工程风险评估结果

结合文献调查法所收集到的港口资料，最终选取资料完备、内容翔实的30个港口工程进行安全风险评估。参照A港口评估过程，对"一带一路"中其他29个港口工程风险进行评估，结果如表6-7所示。

表6-7 "一带一路"共建30个港口工程安全风险等级

港口工程	国家	工程风险得分	风险等级	安全度排名
哈里发港二期集装箱码头	阿联酋	1.14420	较低风险	1
巴西班让港泊位建设	新加坡	1.82637	较低风险	2
西哈努克港经济特区	柬埔寨	2.33329	较低风险	3
墨尔本港	澳大利亚	2.38556	较低风险	4
达尔文港	澳大利亚	2.58629	较低风险	5

港口工程	国家	工程风险得分	风险等级	安全度排名
莫尔比斯港	巴布亚新几内亚	2.74681	较低风险	6
海尔港扩建四期项目	沙特阿拉伯	2.89193	较低风险	7
汉班托塔港二期项目	斯里兰卡	3.25229	较低风险	8
多哈新港基础与防波堤施工项目	卡塔尔	3.30287	较低风险	9
科伦坡港	斯里兰卡	3.34187	较低风险	10
比雷埃夫斯港	希腊	3.36272	较低风险	11
威尼斯离岸深水港设计合同与拟建	意大利	3.41941	较低风险	12
皇京港	马来西亚	3.70196	较低风险	13
拉姆港泊位建设	肯尼亚	3.98415	较低风险	14
康普特码头	土耳其	4.05675	中等风险	15
关丹深水港	马来西亚	4.23227	中等风险	16
达累斯萨拉姆港扩建	坦桑尼亚	4.28584	中等风险	17
坦桑尼亚巴加莫约港项目	坦桑尼亚	4.38014	中等风险	18
多哈雷多功能港	吉布提	4.50820	中等风险	19
吉布提港	吉布提	4.59184	中等风险	20
摩拉港	文莱	4.77347	中等风险	21
格什姆岛石油码头	伊朗	4.79347	中等风险	22
丹绒不碌港扩建	印尼	5.42996	中等风险	23
塔马塔夫深水港项目	马达加斯加	5.45581	中等风险	24
皎漂港	缅甸	6.46254	中等风险	25
瓜达尔港	巴基斯坦	7.15072	中等风险	26
卡西姆港土建项目	巴基斯坦	7.15352	中等风险	27
孟加拉国蒙格拉港扩建升级工程	孟加拉国	9.65154	较高风险	28
达沃港填海造陆	菲律宾	9.72924	较高风险	29
亚丁港集装箱扩建	也门	14.52786	高风险	30

6.5 "一带一路"倡议下的劳动关系"两极化"趋势研判

6.5.1 互联互通助力"一带一路"倡议，但区域风险渐显

（1）"一带一路"沿线国家贸易拉动效应明显，但总体上外贸受国家风险影响较大

2018年是"一带一路"倡议实施5周年，"五通"[①]的实施有力助推了"一带一路"倡议的深入发展，中国外贸出口经历了2015年的触底后呈现"U"形增长态势（见图6-3）。2013年至2017年，中国与"一带一路"国家进出口总额达69756.23亿美元（王红茹，2018），与相关国家贸易增速高于中国对外整体增速，成为推动我国外贸加速回暖的重要力量，中国贸易在总体上受国家风险影响仍然较大（任国友等，2019）。

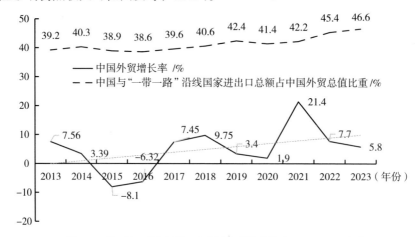

图6-3 "一带一路"倡议下中国外贸增长态势（2013—2023）[②]

2023年共建"一带一路"倡议10周年，中国外贸出口经历了2015年的触底后呈现快速增长态势（见图6-3）。2013年至2023年10月，我国与共建"一带一路"国家进出口总额累计超过21万亿美元。2023年，我国与共建"一带一路"国家进出口达到19.47万亿元规模，同比增长2.8%，占我国外贸总值的

---

① 即政策沟通、道路联通、贸易畅通、货币流通和民心相通，后经过修订成"政策沟通、设施联通、贸易畅通、资金融通、民心相通"的"五通"提法。

② 国务院新闻办公室.《共建"一带一路"：构建人类命运共同体的重大实践》白皮书 [EB/OL].(2023−10−10).http://www.scio.gov.cn/zfbps/zfbps_2279/202310/t20231010_773682.html.

46.6%。

从图6-4可看出，2014年1月以来，海上丝路贸易指数[①]（出口贸易指数、进口贸易指数、进出口贸易指数）趋势客观反映了中国与海上丝绸之路共建国家间的经贸发展水平（任国友等，2019），即中国与海上丝路共建国家间的贸易发展总体呈现增长态势。

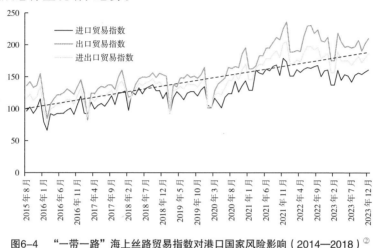

图6-4 "一带一路"海上丝路贸易指数对港口国家风险影响（2014—2018）[②]

（2）"一带一路"沿线国家雇主风险影响有所减弱，但仍面临高风险

外贸出口先导指数[③]，其数值大小与出口形势兴衰呈正相关关系。外贸出口先导指数、出口经理人指数、新增出口订单指数总体呈现增长态势，出口形势趋于乐观；而出口企业综合成本指数呈现下降趋势，反映中资企业总体综合成本下降，企业管理与运营水平不断提升，一定程度上减缓了雇主投资、经营和管理风险影响，但仍面临高风险（任国友等，2019）。

（3）受益海运互联互通发展强劲，基础设施建设发展迅猛，但工程风险

---

① 海上丝路贸易指数（Maritime Silk Road Trade Index，STI）由宁波航运交易所开发编制，资料来自海关月度进出口贸易数据，由出口贸易指数、进口贸易指数、进出口贸易指数构成，该指数以2015年3月为基期，基点为100，每月发布。

② 中国一带一路网：互联互通数据 [EB/OL].https://www.yidaiyilu.gov.cn/dataChart.

③ 外贸出口先导指数由海关总署发布。该指数由外贸出口先导指数、出口经理人指数、新增出口订单指数和出口企业综合成本指数构成，其数值大小与出口形势兴衰成正相关关系。其数值扩大，表明我国未来2-3个月的出口形势趋于乐观；反之表明出口将面临一定的下行压力。

仍受关注

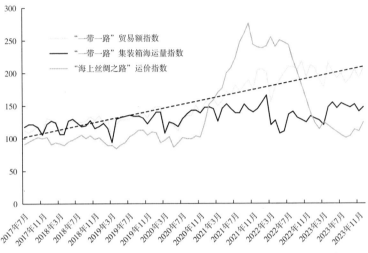

图6-5 "一带一路"航贸指数对港口工程风险影响（2017-2018）[①]

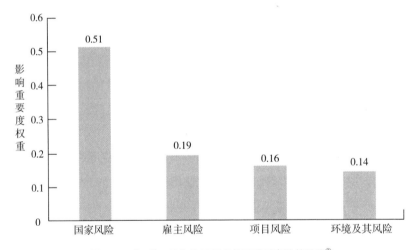

图6-6 "一带一路"港口国家的区域因素及其风险[②]

　　"一带一路"倡议实施以来，中国和多个国家一道，在港口、铁路等领域开展了大量合作，有效提升了这些国家的基础设施建设水平。截至2023年6月

---

① "一带一路"大数据：互联互通数据 [EB/OL].https://www.yidaiyilu.gov.cn/dataChart.

② 任国友，朴忠仪，梁梵洁，等．"一带一路"区域劳动关系风险状况与发展趋势 [J]. 中国劳动关系学院学报，2019,33(06):66-76.

底，"丝路海运"航线已通达全球43个国家的117个港口，300多家国内外知名航运公司、港口企业、智库等加入"丝路海运"联盟[①]。我国港口已与世界200多个国家、600多个主要港口建立航线联系，海运互联互通指数保持全球第一。从图6-6可以看出，2017年7月以来，"一带一路"航贸指数[②]总体呈现增长态势，不仅直接反映贸易额、货运量、运输价格三者间的变化和相互关系，更是从工程建设层面反映了贸易畅通和交通运输方面的发展成效，但基础设施工程风险[③]仍不可忽略（任国友等，2019）。

（4）区域因素风险影响逐渐显现，成为"一带一路"建设的"晴雨表"

基于以上分析，"一带一路"建设受区域因素（主要包括国家、工程、雇主、环境条件及其他因素）影响逐步从微观隐性影响表现为宏观显性影响（见图6-8）。以国家风险为例，"一带一路"沿线国家风险的总体态势表现为大国博弈加剧，地区冲突增多，国与国关系更趋复杂（任国友等，2019）。

6.5.2 区域因素：影响"一带一路"港口国家劳动关系的关键因素

6.5.2.1 国家风险影响因素

属地国的政治、经济、文化、法律、社会等国家风险因素（王黎黎，2018），是"一带一路"共建国家的首要风险问题之一。如何用好国内企业劳动关系的协调规则，借鉴属地国的政治、经济、文化和法律制度安排和治理经验，适时地调整中资企业海外项目建设、施工、管理和运营中的系列风险因素，科学防范罢工停工造成的企业损失是当前海外投资不可回避的关键问题。在前期属地国文献资料和网络资料收集整理的基础上，邀请具有海外工作背景的项目工程师、管理人员以及风险管理领域的专家进行调研访谈，运

---

① 国务院新闻办公室.《共建"一带一路"：构建人类命运共同体的重大实践》白皮书 [EB/OL].(2023-10-10).https://www.gov.cn/zhengce/202310/content_6907994.htm.

② "一带一路"航贸指数由上海航运交易所发布。该指数由"一带一路"贸易额指数、"一带一路"货运量指数、"海上丝绸之路"运价指数三大类组成，全面反映"一带一路"倡议在贸易畅通和交通运输方面的发展成效，更是直接反映贸易额、货运量、运输价格三者间的变化和相互关系。

③ 华盛顿咨询公司（RWR Advisory Group）的最新研究报告显示，中国2013年以来在66个"一带一路"国家宣布投资的1674个基础设施项目中，约14%的项目（234个）遭遇了麻烦。所遇到的问题主要包括针对劳工政策的抗议、施工延期等，其中大部分问题源于管理不善。

用AHP和模糊综合评价法建立"一带一路"共建国家风险综合模糊模型（任国友等，2019），得到了"一带一路"24个港口国家的国家风险等级及其安全度（见图6-7）。

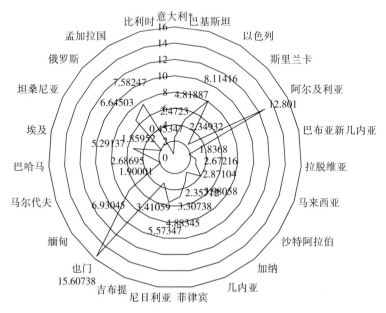

图6-7 "一带一路"24个港口国家的国家风险等级及其安全度

（1）政治因素。国家政治局势的不稳定、战争及战争的遗留问题、潜在的极端与恐怖势力的威胁、暴力袭击事件、非政府武装势力等因素会对项目的实施带来不确定性。在实践中属地国的国内政治斗争、政策的调整（宋衍涛，2004）等政治因素对工程项目影响非常大，甚至有时一些项目因政治原因被迫中止（李锋，2016）或在当地项目完全搁置（田文林，2016）。

（2）经济因素。在经济上，一方面表现为国内经济形势的影响，另一方面也受走出去属地国经济形势的影响，其中通货膨胀、居民收入水平、居民人口与收入的占比关系等经济因素可能会对项目建设造成重大损失，其中典型的对外经济关系、金融政策可能直接影响到关"一带一路"项目的实施。

（3）文化因素。中国传统文化与部分"一带一路"共建国家的文化存在一定的差异性，特别是语言习惯、宗教信仰的不同，在项目实施过程中文化冲突、交流沟通障碍可能会持续不断。

（4）法律因素。从国内来看，中国特色社会主义法律制度正在逐步完善之中，国内法律制度与"一带一路"共建国家的法律制度具有一定的相通性，但也存在法律适用的规则差异性。从国外来看，"一带一路"沿线国家具有不同的法系，中资企业在与属地国企业进行投资时，往往存在法律制度的误用误解，因此，不同法律制度和规范标准对合同的影响容易导致贸易冲突，导致相关合同违约而停工现象。因此，加大国与国的文化交流，建立良好的协商处置机制，是防范法律影响的关键。

（5）社会因素。在社会影响方面要重点考虑属地国的医疗卫生状况、疾病、群体性事件、社会治安、犯罪现象、交通安全事故等因素可能会对项目建设造成的风险（任国友等，2019）。同国内的社会安全事件影响相比，属地国的社会因素更为复杂多变，最为常见的是因项目施工影响当地人的反对游行，甚至可能导致项目停了。

6.5.2.2 雇主风险影响因素

（1）项目投资。在"一带一路"倡议下，港口项目工程属于跨国合作（罗国锋等，2008），其投资形式也是多种多样，主要包括工程承包、合资建设。在项目实施过程中，常常因境外项目不可控因素的原因，属地国当地政府可能会有撤资导致的风险（包国宪，任世科，2010）。同时，海外港口建设项目的工程款因货币之间与的汇率不利波动会给雇主带来一定的资金风险（万军杰，2008），其投资风险增大。

（2）企业信誉。一般而言，一个企业的信誉主要体现在项目低价中标、工期延误、委托授权及分包方面。在"一带一路"项目实施过程中，国内企业常常具有经营决策权，在不同类型的合作中，常常因国内分包管理团队选择不合理，出现人员在禁酒国家自酿饮酒、闯入私人教堂受到处罚的典型现象（解金辉，2017），一定程度上损害了中国企业的良好声誉，给后续项目投资带来严重影响。

（3）劳动合同。劳动合同是对双方经营行为的法律约定，"一带一路"项目合同也是一样的。良好的合同执行能力对中资企业而言至关重要。"一带一路"项目作为一类重要的海外项目，因合同违约而带来的施工工期被延误，时间多耽搁一天，相关费用将不断增长，损失巨大。此外，我们还注意到因法律制度的差异性，在解决商务合同纠纷时，使得雇主耗时费力而且得不偿失（任国友等，2019），还可能在合同纠纷案件中遭遇不公正判决，这也加大了雇主的风险。

6.5.2.3　工程风险影响因素

除了项目本身施工影响外，港口工程的设计处理方式与其他工程设计较为复杂，也是项目能否顺利实施的关键环节。工程设计存在的缺陷，给工程施工带来潜在的安全隐患（王学军，张治敏，2012），进而造成施工效果达不到设计要求、无法按期竣工，甚至引发工程事故。此外，去海外工作的管理人员素质也参差不齐，一定程度上会带来管理的新挑战。

6.5.2.4　环境及其他风险影响因素

属地国的自然地理情况，对投资海外的工程项目而言是一个重要基础影响因素，其中港口工程一般受自然环境、地质条件影响较大（汪伟全，2015）。对于"一带一路"共建港口国家而言，多有台风、风暴潮、大雾及海平面上升等自然灾害（王静静，2011），其对港口项目施工安全存在较大隐患。同时，港口工程属于海上作业，其海洋条件对工程影响甚大（程新生，陈刚，2007）。

6.5.3　两极化："一带一路"沿线国家劳动关系的新趋势

依据第6章改进的桑德沃劳动关系理论模型和图6-10可知，"一带一路"沿线国家劳动关系主要受政治环境、经济环境、社会文化环境、法治环境、政策环境、技术环境、劳动者特质和劳工运动模式8个基本要素影响。在微观生产工作场所中，劳动者与管理方之间的社会关系表现为合作、冲突、彼此力量和权力制衡4对关系。互联网高度发展的新时代，以平台企业为代表的网上公司如雨后春笋般产生，而以网约工为代表的新型劳动关系也应运而生。在宏观上，从企业生产工作场所到公共区域，从境内到境外的发展空间上，雇主组织、政府组织、工会组织和相关社会组织四方之间存在博弈的复杂利益关系，伴随着"一带一路"倡议的实施，劳动关系呈现出区域化发展态势。总体而言，中国作为"一带一路"倡议的发起国，在实施"一带一路"倡议过程中，中资企业不断走出国门，到东道国进行工程项目投资建设，与当地的政治、经济、文化、社会环境产生新融通，使中国劳动关系总体呈现"两极化"的发展态势（见图6-9）：一极向微观网络延伸，伴随互联网+平台企业的崛起，我国劳动关系风险呈现网络化发展趋势，平台企业劳动争议事件呈现快速增长趋势；一极向宏观区域延伸，伴随着区域化经济一体化发展模式的推广，特别是伴随"一带一路"倡议实施，劳动关系风险呈现区域化趋势，中资公司与属地国劳动争议也出现上升现象。

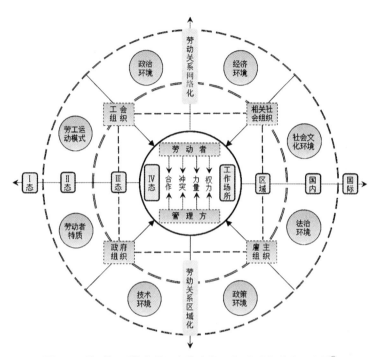

图6-8 "一带一路"沿线国家劳动关系"两极化"的发展态势[①]

6.5.3.1 在微观上伴随互联网+平台企业的崛起劳动关系风险呈现网络化趋势

当前，国内企业劳动关系评判需要站在实体企业和平台企业的新视角去研判，相比实体企业或基层乡镇街道的劳动关系发展态势[②]（见图6-9）的清晰化评判，往往平台企业的劳动关系还处于"真空带"，但伴随互联网+平台企

① 本图中的部分参数参阅乔健等人的资料修订后绘制。乔健,李诚.中资企业投资"一带一路"国家劳动关系风险防范研究——以巴西为例 [J].中国人力资源开发,2018,35（7）:92-107.

② 2017年11月20日，浙江省瑞安市人力资源和社会保障局根据《浙江省人力资源和社会保障厅关于印发〈浙江省劳动关系和谐指数评价体系（试行）〉的通知》（浙人社发 [2011]27号）组织开展了23个乡镇（街道）2016年度劳动关系和谐程度的测评工作，结果很好地反映我国基层乡镇街道劳动关系的基本情况。

业的崛起劳动关系风险呈现明显网络化趋势。当前，网约工已成为我国非典型劳动关系群体的重要组成部分（朱鸣，2017），灵活性过大、安全性不足正是网约工权益维护面临的大问题，也成为当前影响社会安全稳定的新因素之一。在共享经济新业态的大背景下，若网约工问题再得不到关注必然会引发一系列的社会问题。随着共享经济的发展，逐渐打破了传统劳动关系的组织形态，一部分劳动者（如网约工）以新业态形式自由流动结合，通过大数据平台，进行精准匹配，给传统劳动关系带来重大冲击与挑战，主要表现为：

（1）网络技术引发劳动组织平台化、信息化，用工呈现订单化趋势

相比于传统企业，平台企业采用先进的互联技术，顾客与网约工在平台上可以直接交易，网约工的工作指令直接来自订单需求，而不是人工干预和管理，正是由于互联网及相关技术的飞速发展（张玉明，管航，2017），带动了劳动组织的平台化和信息化，企业用工平台化趋势初显，并随着互联网技术和人工智能新技术的发展，其用工订单化明显增强。

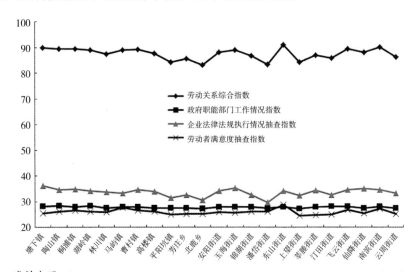

资料来源：http://www.ruian.gov.cn/art/2017/11/22/art_1362901_13221720.html.

图6-9 浙江省瑞安市基层街道和乡镇劳动关系指数

（2）网络平台催生劳动用工自由化、多元化，劳资关系呈现虚化趋势

当前，共享网络平台的出现，极大地颠覆了"劳动者—商业组织—顾客"传统的链式商业模式，见图6-10（a），且将逐步被"网约工—平台企业—顾客"的共享模式所取代（任国友，2019）。共享经济在提升经济贡献的同时，

平台企业用工订单化和新型劳动关系也初步形成，见图6-10（b）。

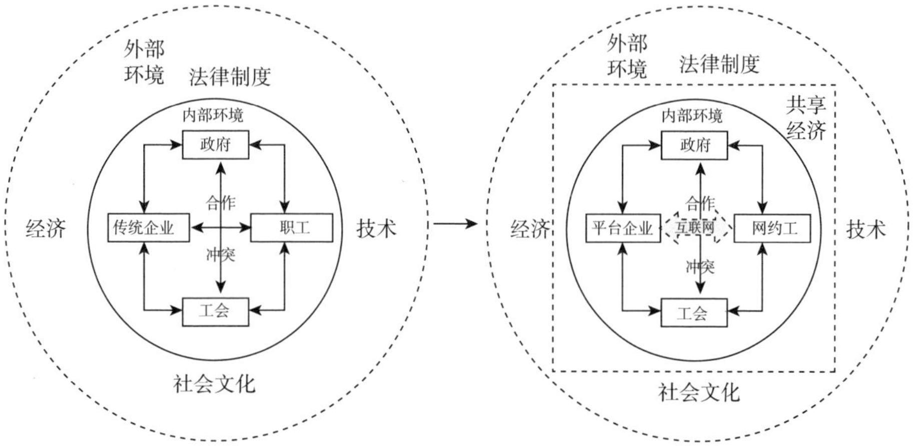

（a）传统企业劳动关系框架 （b）平台企业劳动关系框架

图6-10 共享经济下新型劳动关系与传统劳动关系模型的对比

相比于传统企业基于组织内岗位需求进行招聘、遴选和录用的流程，劳动方式因平台企业采用先进的互联技术，平台用工条件更加宽松，使劳动者进出平台有了极大的自由选择权，对企业的依附性减弱，即相比于传统企业劳动者对平台企业认同度下降，使得本来劳动者与企业正常的劳资关系出现虚化趋势。这种劳动关系虚化现象应引起足够的重视，一些特殊群体（主要是网约工、快递员、滴滴司机）的合理权益受到侵害的现象屡屡发生。

（3）劳动关系协调机制面临多元化挑战，社会保障认定首现僵化趋势

传统的劳动者分工制度、与劳动关系绑定的社会保障制度和共享经济带来的工作形态上的转变已经不再完全匹配，大量的网约工不得不游离于社会保障网之外，承担着更大的不可预测的后果，这也意味着一旦认定他们与平台企业不存在劳动关系，标志着网约工的社会保障不能被认定，网约工的诸多权益也会受到很大影响，现行劳动关系"三方"协调机制"失效"，广大职工群众的劳动社会保障缺少应有的制度化安排。长此以往，必然影响和谐劳动关系的构建，也必然影响社会的和谐与稳定，这与我们发展共享经济的初衷是相悖的。

（4）传统劳动关系的外延和范围被拓宽，应避免劳动关系认定泛化

现行法律体系中的劳动关系实际上是工业化大生产模式下形成的单一、固定的雇佣关系模式，也是从社会法律规范的民事雇佣关系逐步分离出来的劳动法特别规范的关系。事实上，伴随着共享经济的发展，平台型、自雇型和多重型的新型用工关系（李梦琴，2018）也将逐步从雇佣关系再次分离，并加以法律上的明确，真正纳入劳动法律规范领域（曹鸿鸣，2018）。本研究认为，既不能感情化、无规则地将平台企业和网约工的关系全部认定为劳动关系，使劳动关系认定泛化，又不能任由平台企业粗暴地干涉网约工的合法权益，全部不认定为劳动关系，使劳动关系认定僵化。这两种做法都是不可取的，应着眼于问题导向，积极开展网约工劳动关系认定相关法律制度建设，积极回应新业态的职工群体的新需求，设身处地为广大职工群众，尤其是组织"八大群体"①加入工会，推动农民工入会工作。2018年3月，全国总工会印发了《推进货车司机等群体入会工作方案》，正式启动货车司机入会集中行动试点工作，这成为中国工会适应数字时代，启动组织农民工入会工作改革的又一政策举措。

6.5.3.2　在宏观上伴随"一带一路"倡议实施劳动关系风险呈现区域化趋势

当前，随着"一带一路"倡议的实施，中国正进入资本大规模"出海"的新阶段（肖竹，2018），中资企业面临产业升级和向更低成本国家转移的压力，其劳动关系评判需要站在区域化的新视角来分析。相比国内平台企业劳动关系发展态势，往往"走出去"中资企业的劳动关系还处于"调整阶段"，但伴随"一带一路"倡议的实施，劳动关系风险区域化日趋明显。具体表现在：

（1）中国劳动关系正处于全球产业链影响之中

中国特色的劳动关系问题要充分反映全球化背景下价值链分工体系与中高低端的劳动关系（权衡，2015）。显然，在我国产业转型升级过程中，特别是"一带一路"倡议的实施，劳动关系也会发生一系列深刻变化，带来一系列深层次的问题和矛盾。事实证明，中资企业显然不能回避在产业结构调整和升级转型过程中的劳动关系调整，以及劳动关系面临的新问题、新情况。

---

① 这里主要指货车司机、快递员、护工护理员、家政服务员、商场信息员、网约送餐员、房产中介员、保安员等"八大群体"。

面对全球产业链，中资企业的经营管理不可能是封闭的、自给自足的，而应是开放的、面向全球的，是全球产业链的重要一环。由此可知，中国劳动关系影响也处于全球产业链的影响之中，其劳资双方利益博弈的核心力量正在悄然发生变化，且呈现不断变化的基本趋势。

（2）中国劳动关系正处于区域化因素影响的调整

中国劳动关系的市场化建构正处于一个关键的历史时期（熊新发，2016），正在经历从个别劳动关系的构成和调整到集体劳动关系的构成和调整的转变时期。无论是劳动关系现实转型，还是劳动关系网络化发展，都是市场化劳动关系形成的重要标志。这一转型对于中国社会经济和政治的发展，都有着重要的影响（常凯，2013）。在传统的产业关系结构正在形成的同时，各种非正规的新型雇佣关系也在发展（常凯，2017），为中资企业适应东道国的劳动关系转型提供了方向。伴随改革开放的深化发展和"一带一路"倡议的继续实施，中国劳动关系都展现了传统性和包容性的发展特征。

（3）劳工标准成为中资企业海外发展的区域化重要因素

劳工标准问题由来已久，对于何谓"劳工标准"，受各国经济发展水平、历史文化传统的影响，并没有统一的定义。从本质上讲，劳工标准以及劳工保护问题主要是一国国内问题，准确来说是一国国内社会正义问题（郑春，2016）。但随着"一带一路"建设的深入，中国劳动关系必须重新认识劳工标准对构建新型劳动关系的作用，劳工标准已经成为中资企业海外发展的区域化重要因素。国内法律制度规制的劳动标准和基准与"一带一路"共建国家对接之路仍在探索中，正是劳动关系在时代变迁中的适应和调整。

6.6 小结与认识

（1）提出了国家风险指标修正系数方法，给出了"一带一路"港口工程所涉及24个国家的国家风险指标修正系数。该方法的使用减少了数据计算时可能产生的偏差，为科学分析"一带一路"沿线国家工程风险提供了可靠的理论方法。

（2）中资企业在属地国劳动关系风险状况对港口工程项目风险的影响程度，不仅涉及工程项目本身风险因子，更涉及属地国政治、经济、文化、法律制度等国家风险，还有环境风险的重要影响。伴随改革开放和"一带一路"

倡议的实施，中国劳动关系都展现了传统性和包容性的发展特征。然而基于国内法律制度规制的劳动标准和基准与"一带一路"共建国家对接之路仍在探索中，正是劳动关系在时代变迁中的适应和调整。

（3）研究显示，"一带一路"沿线国家贸易拉动效应明显，中国外贸出口经历了2015年的触底后呈现"U"形增长态势，但中资企业劳动关系受区域风险因素影响逐步显现。其中国家因素是首要原因，占比权重大（0.5—0.6）；雇主和工程因素次之，占比权重较大（0.1—0.2）。中资企业与当地的政治、经济、文化、社会环境产生互联融通，使中国劳动关系总体呈现"两极化"的发展态势：一极向微观网络延伸，呈现网络化发展趋势；一极向宏观区域延伸，呈现区域化趋势。

第7章　H区总工会应急协同能力评估

　　工会是职工群体性事件应对的重要参与主体之一，工会应急协同能力评估是其中一个重要基础问题，也是考察工会社会协同能力的重要方面。本研究客观分析职工群体性事件的动态演化过程，找出了其应急协同能力影响因素，依据协同学分析方法构建了工会应急协同能力评估指标体系，提出了工会应急协同能力（基础应急协同能力、应急处置协同能力和事后恢复协同能力）及表征参数，，并通过实例验证了模型的合理性。在社会多主体治理框架下提出了提升工会应急协同能力的基本策略。

7.1　问题提出

　　如何有效协同政府、企业处理好由此引发的职工群体性事件是当前工会面临的重大考验。学术界对此问题进行了极大的关注，主要集中于工会应对职工群体性事件上，汪伟全（2003）开展了区域应急联动研究，而吴国斌等（2011）主要探讨了多主体应急协同效率问题，但鲜有人把工会作为协同学理论中的一个子系统研究其应急协同能力。本研究以群体性事件应急协理中的工会角色为分析视角，试图将中国工会作为一种新型的治理参与中介组织放到社会治理的格局中探讨工会应急协同能力及其表征方法问题。

7.2 工会应急协同能力评估指标体系的构建

7.2.1 职工群体性事件动态演化过程

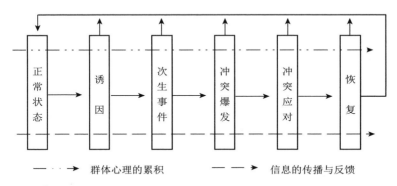

图7-1 职工群体性事件的典型动态演化过程

如图7-1所示，职工群体性事件的演化过程是一个动态的反馈过程，先后经过诱因引发、次生事件的产生、冲突暴发、冲突应对、冲突消退恢复5个阶段的往复过程。在事件全过程中还伴随着群体心理逐步积累和信息传播与反馈的动态因素。因此，通过分析该类事件的演化过程，认识到职工群体性事件的演化其实就是在信息的推动下，群体心理积累逐步产生质的变化，进而演变成事件的动态过程。

7.2.2 职工群体性事件特征分析

从职工群体性事件的动态演化过程来看，职工群体性事件与地震、山体滑坡等自然灾害事件、公共卫生事件相比，有其自身的特点与属性。

（1）在矛盾积聚期，职工群体中肯定会有苗头，相对于其他突发事件，职工群体性事件具有较强的征兆和可控性。因此，日常的监测、预警和突发群体性事件时工会干部的应急控制能力至关重要。

（2）职工群体性事件应对的对象不是各类灾难，而是参与事件的劳动者，是在社会变革中利益受到损害的群体，有其一定合理的利益诉求，却采取了不合理的应对方式。

（3）职工群体性事件的平息，更多的是工会组织安抚群众的情绪，纠正企业或政府的不正确行为。应对职工群体性事件更多的是需要培养政府、工会工作人员的沟通能力，集体情绪的疏散能力，提高信息的传递能力。网络的发展为职工群体性事件的暴发提供了外部环境，同时也是政府、工会了解信息的平台。政府、工会要积极与媒体构建立体、全方位的信息合作网络，提高信息传递能力和舆论导向，稳定职工群众心理和不良情绪，积极引导职工群众选择正确的行为。

7.2.3　基于决策主体的职工群体性事件应急能力目标分解

基于以上对职工群体性事件特征的基本分析，结合职工群体性事件管理各阶段能力需求的分析，将工会社会应急协同能力构建的目标进行了分解，结果详见表7-1。

表7-1　职工群体性事件典型主体应重点参与的分解目标

应急协同能力目标及其分解		应急协同主体			
		政府组织	工会组织	企业组织	媒体组织
基础应急协同能力	政策法规文件协同能力		※		
	公共安全教育和应急演习能力		※		
	监测预防能力		※	※	
	应急平台及相关设施保障能力	※			
	资源和制度保障协同能力		※	※	
	预案建设能力	※			
应急处置协同能力	诱因消除能力	※	※		
	导火线事件处置能力	※	※		
	事中应急处置能力		※		
	预警信息传递协同能力		※		※
事后恢复协同能力	恢复建设协同能力		※	※	
	损失评价	※		※	
	救助补偿	※			
	经验总结		※		※

注：※代表职工群体性事件管理的各个阶段，典型主体应重点参与的分解目标。

（1）社会协同中不同决策主体的特征分析

①政府组织。从应急管理学视角来看，政府在职工群体性事件应急管理过程中处于核心领导地位，也具有明显的资源优势和能力优势。因此，政府可利用其强大的资源调配能力，常规化、制度化地主动协同工会组织、企业、媒体和社会志愿者在突发事件应急管理的各个阶段进行组织运作，但同时政府需要明确其在职工群体性事件中的角色定位，单一的刚性的社会管理已经不适合当前社会形势。多主体协同应急管理成为政府重点考虑的职能和角色的转变，这样才能科学整合协同整个系统的运转，才能主动回应广大职工群众的合理利益诉求，以避免矛盾升级转化为群体性事件。

②工会组织。2008年10月，中国工会第十五次代表大会提出，要把更多资源和手段赋予工会组织，把党政所需、职工所急、工会所能的事更多地交给工会组织去办，不断扩大工会组织的社会影响，为工会事业发展创造更好环境。工会是企业联系广大职工群众的桥梁和纽带，是均衡劳资双方实力的中介组织。积极有效的工会制度可以实现职工的团结，产生有序的力量。能真正代表职工利益的工会，可以协同参与到职工群体性事件的处理中来，第三方的参与也会提高政府的公信力，地方政府的决策和结论也更能得到职工的支持。有了工会的协同参与，地方政府能够更准确地把握事件演化的脉搏，应对职工的多样化诉求。工会的协同参与，地方政府也不用冲在处理职工群体性事件的前线，可以缓解矛盾。

③企业组织。企业和职工是一对利益共同体，企业一方面积极反映企业生产经营的利益诉求，依法维护企业权益；另一方面要给广大企业经营管理者树立目标、模范，教育和引导他们主动承担社会责任。

④媒体组织。一般而言，媒体组织常常是职工群体性事件的宣传和有关信息的传播者，政府应急协同机构要充分利用新闻宣传工具，发挥新闻媒体的平台优势，与主流媒体建立公共话语平台，及时发布事件信息，消除社会公众疑惑，表明各方态度，形成良好的舆论氛围。

（2）基于能力特征的各主体应急能力构建

职工群体性事件应对需要各方主体的协同参与，不同的主体能力特征决定了在群体性事件应急管理中其擅长的领域，在实现构建应急协同能力的分解中发挥不同的作用。表7-1根据各主体特征，分析了各主体在实现应急协同能力分解目标时各自应侧重参与的领域。

7.2.4 工会应急协同能力评估指标体系的构建

如何协同政府、企业处理好由此引发的职工群体性事件是当前工会面临的重大考验。工会参与社会协同治理的定性分析和定量评估的切入点如何确定？破解上述问题的关键是开展工会社会协同能力现状评估，重点是工会应急协同能力评价指标体系构建。通过调查问卷的发放、收集整理，根据工会能力构建工会应急协同能力评价指标体系。采用Delphi法对初步建立的指标体系进行修改和完善。以系统性、简便性、可操作性的原则，经过专家征询、反复修改指标体系，最终确定职工群体性事件工会应急协同能力指标体系为三级指标体系。表7-2至表7-4给出了一级指标基础应急协同能力下的各级指标。

表7-2　矛盾积蓄期中的主体基础应急协同能力

一级指标	阶段	二级指标	三级指标
基础应急协同能力	矛盾积蓄期	预案建设能力	劳资纠纷类预案的完整性
			与其他主体应急预案衔接性
			与其他主体应急协议完备性
			与其他主体应急流程匹配程度
		教育培训和应急演习能力	日常应急演练频度
			经验总结会议频度
			临时跨组织参与处置频度
			组织部门人员集体学习频度
			跨组织合作历史记录
		政策法规文件协同能力	主动宏观参与立法和政策的研究制定能力
			维护职工权益工作机制能力
			建立长效化的职工服务机制能力
		资源和制度保障协同	劳动关系群体性纠纷经常性排查机制
			劳动用工信息申报备案机制
			职工基本权益保障机制
			劳动关系协调机制
			畅通的利益表达渠道和沟通疏导机制

一级指标	阶段	二级指标	三级指标
基础应急协同能力	矛盾积蓄期	监测预防协同能力	重点劳资纠纷控制目标监控管理
			已发生劳资纠纷企业监测预报
			企业违法行为信息收集通报
			网络舆情信息监测预报
			劳动者行为动态监测预报

表7-3　应急处置中的主体协同能力

一级指标	阶段	二级指标	三级指标
应急处置协同能力	应对期	预警信息传递协同	事件信息收集能力
			事件信息预警传递技术水平
			信息报告能力
			事件信息预警传递机构工作效率
			事件预警信息网络建设情况
		危机控制协同	事件信息分析能力
			事件信息通报权限情况
			相应法规建设情况
			辟谣与劳动者情绪稳定能力
			舆论监督和公众信息发布及时准确
			紧急情况下生命和财产安全保护
			控制次生事件
		应急反应协同	第一时间事件报告
			事件信息传递和发布时间
			协同部门信息分析时间
			应急协作机制启动时间
			成立指挥部
			协同部门响应时间
			早期危机评估系统启动时间

续表

一级指标	阶段	二级指标	三级指标
应急处置协同能力	应对期	指挥协同	应急指挥者的熟悉程度
			指挥者决策目标差异性
			社会资源协调
			与周边地区的协调性
			指挥者对状态理解的差异性
			接收信息失真程度
			接收信息繁杂程度
			应急信息渠道的畅通性
		资源整合协同	紧急物资生产与调拨能力
			紧急物资运输保障
			志愿者参与
			国际合作
			紧急资金调拨使用权限
			应急资源信息的共享
			当事企业资产资金保全冻结
		社会经济秩序维护协同	当事企业经济行为限制
			特殊时期市场秩序维持
			社会治安维护
			防止类似和其他突发事件

表7-4 事后恢复中的主体协同能力

一级指标	阶段	二级指标	三级指标
事后恢复协同能力	恢复期	损失评价协同	对相关产业发展影响的消除
			对相关受损企业的扶持
			当事劳动者的安置、容纳和失业救助
			相关人员的再教育

续表

一级指标	阶段	二级指标	三级指标
事后恢复协同能力	恢复期	补偿与救助协同	诉求解决措施的落实效率
			社会服务机构援助
			企业社会责任、信用评价调整
			工资及各类赔付监控
			心理干预
			危机咨询援助
			有关部门和人员的奖励与惩处
			劳动者抚恤与补助关怀力度
			调用物质和劳务的补偿
		经验总结	事件调查小组成员的代表性
			事件应急情况总结参与
			应急处置案例库完善情况
			应急法律法规政策权责交叉改进
			应急预案衔接性改进
			应急管理体系协同性改进

7.3 H区总工会应急协同能力综合评价

7.3.1 计算步骤

按照上文构建的评价指标体系，可以通过模糊综合评价对于在多主体参与的社会治理视角下的职工群体性事件工会应急协同能力做出评估，并通过定量计算给出具体提升工会应急协同能力的建议。以H区总工会为例进行模糊综合评价基本步骤（赵铁军，2009）分析说明。基本步骤如下。

（1）确定各级评价指标集合评语集

根据工会应急协同能力指标体系，将指标集U分为四个层次。

一级指标集：$U=\{u_1, u_2, u_3\}=\{$基础应急协同，应急处置协同，事后恢复协同$\}$；

二级指标集、三级指标集按照同样的方法建立。

（2）评语集：$V=\{v_1, v_2, v3, \cdots, v_m\}$

（3）确定评价指标的权重向量A。

因每个指标对工会应急协同能力的反应和影响程度不同，通过层次分析法确定出每个评价指标的权重值。

（4）通过单因素模糊评价得到模糊综合评价矩阵R各层次各指标与评价集之间的关系，可用模糊评价$R\in F(U\times V)$矩阵描述，用各评价矩阵对各层评价对象进行评价。通过调查问卷获取三级评价指标的考察数据，评出等级后经归一化处理即可得到R。对三级指标的评价，有模糊评价矩阵：

$$\boldsymbol{R}_j^{(i)} = (r_{ij}^{(i)})_{n\times m} = \begin{bmatrix} r_{11}^{(i)} & r_{12}^{(i)} & \cdots & r_{1m}^{(i)} \\ r_{21}^{(i)} & r_{22}^{(i)} & \cdots & r_{2m}^{(i)} \\ \vdots & \vdots & \ddots & \vdots \\ r_{n1}^{(i)} & r_{n2}^{(i)} & \cdots & r_{nm}^{(i)} \end{bmatrix}$$

其中，r是特征指标，即u对于评价等级v的隶属度，每个对象可以得到m个特性指标。

（5）对三级指标进行复合运算

$$\boldsymbol{B}_j^{(i)} = \boldsymbol{A}_j^{(i)} \times \boldsymbol{R}_j^{(i)} = \left(a_{j1}^{(i)}, a_{j2}^{(i)}, \cdots, a_{jn}^{(i)} \right) \times \begin{bmatrix} r_{11}^{(i)} & r_{12}^{(i)} & \cdots & r_{1m}^{(i)} \\ r_{21}^{(i)} & r_{22}^{(i)} & \cdots & r_{2m}^{(i)} \\ \vdots & \vdots & \ddots & \vdots \\ r_{n1}^{(i)} & r_{n2}^{(i)} & \cdots & r_{nm}^{(i)} \end{bmatrix}$$

$$= \left(a_{j1}^{(i)} \times r_{j1}^{(i)}, a_{j2}^{(i)} \times r_{j2}^{(i)}, \cdots, a_{jn}^{(i)} \times a_{jn}^{(i)} \right) = \left(b_{j1}^{(i)}, b_{j2}^{(i)}, \cdots, b_{jn}^{(i)} \right)$$

$$= \left(r_{j1}^{(i)}, r_{j2}^{(i)}, \cdots, r_{jn}^{(i)} \right) \xrightarrow{归一化} \left(b_{j1}^{(i)'}, b_{j2}^{(i)'}, \cdots, b_{jn}^{(i)'} \right)$$

其中，$j=1, 2, \cdots, n$。

二级评价指标的模糊评价矩阵为：

$$\boldsymbol{R}_i^{(i)} = (r_i^{(i)})_{n\times m} = \begin{bmatrix} r_{11}^{(i)'} & r_{12}^{(i)'} & \cdots & r_{1m}^{(i)'} \\ r_{21}^{(i)'} & r_{22}^{(i)'} & \cdots & r_{2m}^{(i)'} \\ \vdots & \vdots & \ddots & \vdots \\ r_{n1}^{(i)'} & r_{n2}^{(i)'} & \cdots & r_{nm}^{(i)'} \end{bmatrix}$$

其中，（$i=1, 2, \cdots, n$）

（6）对二级指标进行复合运算

$$B_i = A_i \times R_i = \left(a_1^{(i)}, a_2^{(i)}, \cdots, a_n^{(i)}\right) \times \begin{bmatrix} r_{11}^{(i)'} & r_{12}^{(i)'} & \cdots & r_{1m}^{(i)'} \\ r_{21}^{(i)'} & r_{22}^{(i)'} & \cdots & r_{2m}^{(i)'} \\ \vdots & \vdots & \ddots & \vdots \\ r_{n1}^{(i)'} & r_{n2}^{(i)'} & \cdots & r_{nm}^{(i)'} \end{bmatrix}$$

$$= \left(b_1^{(i)}, b_2^{(i)}, \cdots, b_m^{(i)}\right) \xrightarrow{归一化} \left(b_1^{(i)'}, b_2^{(i)'}, \cdots, b_m^{(i)'}\right)$$

其中，（$i=1, 2, \cdots, n$）。

一级指标的模糊评价矩阵为：

$$R = r_{3 \times m} = \begin{bmatrix} r_{11}' & r_{12}' & \cdots & r_{1m}' \\ r_{21}' & r_{22}' & \cdots & r_{2m}' \\ \vdots & \vdots & \ddots & \vdots \\ r_{n1}' & r_{n2}' & \cdots & r_{nm}' \end{bmatrix}$$

（7）对一级指标进行复合运算

$$B = A \times R = \left(a_1, a_2, a_3\right) \times \begin{bmatrix} r_{11}' & r_{12}' & \cdots & r_{1m}' \\ r_{21}' & r_{22}' & \cdots & r_{2m}' \\ r_{n1}' & r_{n2}' & \cdots & r_{3m}' \end{bmatrix}$$

$$= \left(b_1, b_2, \cdots, b_m\right) \xrightarrow{归一化} \left(b_1', b_2', \cdots, b_m'\right),$$

综合评价结果 $B_j^{(i)}$, B_i, B（$i, j=1, 2, \cdots, n$）均为行向量，反映出工会应急协同能力的各因素和整体水平对各评价等级的隶属度。根据最大隶属度原则，对 B 进行处理，得出最终评价结果。

7.3.2　H区总工会应急协同能力综合模糊评价

结合H区实际情况，将工会应急协同能力模糊综合评价的评价集 V 分为5个等级，"优秀、良好、一般、较差、很差"，即，$V=\{v_1, v_2, v_3, v_4, v_5\}$。

所以 $V=\{$优秀，良好，一般，较差，很差$\}$。根据确定的评价集，设计专家打分表。通过计算汇总，根据最大隶属度原则，可得一、二级指标得分和H

区职工群体性事件应急协同能力等级，如表7-5所示。

表7-5　工会应急协同能力等级

目标层	最大比重	评价等级	一级指标	最大比重	评价等级	阶段	二级指标	最大比重	评价等级
工会应急协同能力	0.0366	良好	基础应急协同	0.0093	优秀	减除准备	政策法规文件协同	0.0071	良好
							资源和制度保障协同	0.0063	良好
							应急预案协同	0.0512	优秀
							教育培训和应急演习	0.0372	优秀
			应急处置协同	0.0516	良好	应对	诱因消除能力	0.0213	良好
							导火索事件处置能力	0.0178	良好
							预警信息传递协同	0.0235	良好
							应急协调能力	0.0426	良好
			事后恢复协同	0.0029	良好	恢复	恢复建设能力	0.0346	良好
							补偿与救助协同	0.0320	良好
							应急经验总结	0.0060	良好

7.3.3　H区总工会应急协同能力评估结果分析

（1）工会应急协同能力总评结果。表7-5给出了H区总工会应急协同能力等级的定量结果，总体水平处于良好层次。其中，基础应急协同能力处于优秀水平，而应急处置协同能力和事后恢复协同能力则处于良好水平，与现场调研的实际情况基本符合，验证了工会应急协同能力表征方法的科学性。

一是工会基础应急协同能力评价结果。H区的应急预案协同、应急教育培训和演练协同方面等级为优秀，说明H区的地方企业发展环境、劳动者受教育程度、社会安全水平发展较好，社会治理能力较强，在应急预案协同性建设和完善、应急协同知识技能的培训和演练方面也有很好的积累；而在政策法规文件完善、执行和延续性方面，资源和制度保障协同、保障人员协同以及重点劳资纠纷控制目标监控管理、已发生劳资纠纷企业监测预报、企业违法行为信息收集通报、网络舆情信息监测预报、劳动者行为动态监测预报等方面相对薄弱。

二是工会应急处置协同能力评价结果。H区总工会在应急反应协同方面等级为优秀，能迅速对事件进行报告、分析和处理，协同部门快速响应；而导火索事件的处置方面也暴露出问题，这是应急处置协同的核心，对于事件的后续发展起着举足轻重的作用；H区总工会应该进一步提高职工群体性事件隐患预警信息传递协同能力，争取在最短的时间掌握最多的情报，防止事态进一步扩大；H区总工会同时应该进一步协调各方面的关系，在指挥协同方面做到上下合一，齐心协力。

三是工会事后恢复协同能力评价结果。事后恢复协同方面，虽然评价等级为良好，但整体水平落后于前面基础应急协同和应急处置协同，H区总工会恢复生产方面能力有待提高。工会应从损失评估的协同入手，保证评价范围和准确程度，为接下来的恢复社会秩序和企业生产，事后劳动者的补偿救助打下坚实的基础以及对事件过程的全面总结，为H区以后协同应对职工群体性事件吸取经验和教训，改进劳动关系建设工作，维护劳资双方利益，提高社会治理水平，推动和谐劳动关系建设和经济社会发展。

（2）工会应急协同能力评价结果的讨论。基于数据分析结果对工会应急协同能力展开讨论。

一是基于工会应急协同能力二级指标权重比较。如图7-2所示，在所有二级指标中，影响工会应急协同能力的关键因子是劳动纠纷处置协同（权重为0.202）和应急反应协同（权重为0.202）。这说明工会干部在日常工作中注重劳动纠纷依法依规处置，并且在事件信息报告、应急处置环节表现出较强的应急协同能力。但同时也暴露出其能力短板，主要集中在突发事件的辨识、应对突发事件的反应判断、介入效率及对事件信息传递和发布速度等方面。

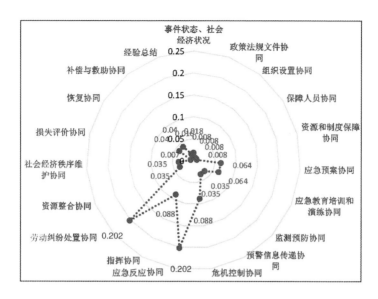

图7-2 工会社会协同能力二级指标权重玫瑰图

二是基于工会应急协同能力三级指标的权重合成。如图7-3所示，劳动纠纷处置协同层的三级指标在整个指标体系中的权重最高（0.0404），其次是应急反应协同层的三级指标在整个指标体系中的权重（0.0323）。但也暴露出其协同问题，主要集中在损失评价协同层（合成权重为0.0018）、资源和制度保障协同层（合成权重为0.0013）、组织设置协同层（合成权重为0.0016）和政策法规文件协同层（合成权重为0.0026）。

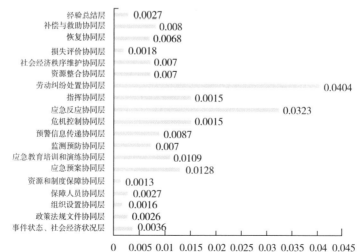

图7-3 工会应急协同能力三级指标权重合成后的二级指标对比

7.4 小结与认识

在应急管理学视角下，客观分析职工群体性事件应急管理中多方主体的影响因子，在此基础上，将中国工会作为一个参与社会治理的中介组织，构建工会应急协同能力评价指标体系，提出了工会应急协同能力表征方法，并实例验证了工会应急协同能力表征方法的科学性。

（1）推进国家治理体系和治理能力现代化，要求提升工会主动参与职工群体性事件应急管理的能力。

（2）基于交叉学科视角，评述了职工群体性事件应急管理中的政府、工会、企业组织的角色特征，构建了基于能力特征的主体目标分解，提出并构建了工会应急协同能力的定量评估方法。

（3）总体而言，H区总工会应急协同能力总体水平处于良好，其中基础应急协同能力、应急处置协同能力和事后恢复协同能力在协同中表现突出，与现场调研的实际情况基本符合，验证了工会应急协同能力表征方法的科学性。

（4）结果表明，影响工会应急协同能力的关键因子是劳动纠纷处置协同（权重为0.2020）和应急反应协同（权重为0.2020），其能力短板主要集中在突发事件的辨识、应对突发事件的反应判断、介入效率及对事件信息传递和发布速度。

（5）研究发现，劳动纠纷处置协同层的三级指标在整个指标体系中的权重最高（0.0404），其次是应急反应协同层的三级指标在整个指标体系中的权重（0.0323）。但同时也暴露出其协同问题，主要集中在损失评价协同层（合成权重为0.0018）、资源和制度保障协同层（合成权重为0.0013）、组织设置协同层（合成权重为0.0016）和政策法规文件协同层（合成权重为0.0026）。

下　篇　实证分析

本研究在数据调查与统计分析和理论模型建构的基础上，重点开展了职工群体性事件治理和工会社会协同治理分析，为制定工会治理对策提供了实证样本。

第8章 基于情景模拟的职工群体性事件治理

通过2000—2014年案例统计，分析各类职工群体性事件中的触发点，得出职工群体性事件的基本致因。利用情景模拟方法，综合归纳各类典型职工群体性事件案例数据特征，并结合典型模拟案例的基本事件发生概率，计算得出适合的职工群体性事件干预点。最后，总结出职工群体性事件的治理对策，为职工群体性事件的有效防治提供一个技术方法。

8.1 职工群体性事件的研究现状

8.1.1 职工群体性事件国内外研究进展

国外对于群体性突发事件的研究，经历了事件分析到应对管理过程，主张通过群体性事件发生整个过程的规律研究，从触发事件的因素进行干预来控制事件的发展；或者对职工群体的前期预防、心理调控提出应对措施，并借助软件进行模拟整个事件的趋势。[①]在劳动关系转型期（Chang Kai，Feng Shize，2014），西方国家在应对群体性突发事件时，不仅依靠政府力量，而且会号召媒体、社会组织及个人积极参与（邹慧君，2010），借助整个社会的力量共同解决矛盾（David Mcloughlin，1985），注重联动的应急管理体系建设（梁瑛楠，2017），而国外企业大多依靠工会系统进行控制（王起全，王维先，2017），逐步建立常态的社会监督机制。

国内大多学者更倾向于对社会群体的非常规突发事件进行研究。王培根（2001）结合自身多年的工会工作经验及处理职工群体性事件的经验总结出事件动因及因沟通失败而出现群体性过激行为的案例，提出以职工为重心，建立职工代表大会、保护职工权益、建设企业文化、克服官僚主义等预防措施。

---

① R Singh, L Srivastava. Line Flow Contingency Selection and Ranking Using Cascade Neural Network[J].Neuroc;omputing, 2007,70（16-18）:2645-2650.

王来华（2006）等提出了群体性突发事件的含义、构成、特征和分类。罗成琳等（2009）分析了群体性突发事件的影响因素，构建了群体性事件的静态结构和动态流程，提出了群体性事件演化机理。曹荣强（2011）分析了群体性突发事件演化机理。向良云（2012）探讨了我国非常规群体性突发事件的内在演化机理，模拟出更多的演化路径，拓宽了群体性突发事件的方法研究。陆卫彬（2017）分析了劳动关系领域职工群体性事件的特点、成因及对策。王潇（2017）分析了经济下行时期职工群体性事件的特征及面临的风险。此后，对群体性事件的研究从理论性、规律性定性研究转向数理建模分析的定量研究层面。俞娉婷等（2006）提出了基于贝叶斯网络的一种事故分析模型。罗成琳（2009）提出了群体性事件预案构建方法。姚国章（2006）提出了适合中国的管理体系。余志红等（2019）提出了基于协同学的职工群体性事件应急协同管理模式。刘铁民（2012）提出了情景构建下的应急预案编制方法，完善了情景构建的分析方法，但是专门针对职工群体性事件的研究仍欠缺。

8.1.2 职工群体性事件的概念界定

在国外，既没有"群体性事件"的概念，也没有"职工群体性事件"的概念，一般用罢工进行界定，也把它作为社会运动的一种形式（朱平利，2014），而国内学者进行了广泛而深入的研究。朱超（2004）认为企业职工群体性事件是指有群体职工参与的、有明确利益诉求的、以非正常途径为主要表现形式的突发性群体行为。常凯（2009）认为劳资群体性事件是指劳动者为了改善劳动条件、争取个人的经济权益，以停工、怠工、罢工、上访、游行等方式对抗企业的行为。王潇（2017）认为职工群体性事件是指发起行动的10名以上劳动者有共同的劳动权益诉求，以停工及其他行动表达抗议。按照职工的行为形式将职工群体性事件划分为：集体上访、聚集、静坐、游行、示威抗议等罢工行为。职工群体性事件范围可以是职工群体组织事件，也可以是职工个体事件。研究对象可包含农民工、在岗职工、下岗职工、退休职工以及基层部门工作人员。

综上，本研究的职工群体突发事件，是指职工在工作场合、工作时间或在工作体制中遭遇不合理的待遇，职工自发组织而成的群体，并制造一系列对社会具有负面影响的群体行为，破坏社会秩序和社会稳定，以期引起上级部门重视，要求上级部门解决问题的群体行为。

8.2 职工群体性事件原因及其数据分析

8.2.1 数据来源及其统计分析结果

（1）数据来源[①]。本研究的数据主要来自互联网群体性事件报道、中国社会公共安全研究报告、中国社科院群体性事件数据库、学术期刊文献中的群体性事件报道以及其他相关事件报道。课题组收集了2000—2014年共计2820个职工群体性事件案例，其中有关工资拖欠、克扣和福利缺失方面的案例1138起，有关工资制度不合理方面的案例498起，有关腐败问题方面的案例45起，有关强迫职工增加工时方面的案例51起，有关工作环境恶劣方面的案例60起，有关企业管理方式错误方面的案例612起，有关企业经济补偿金发放问题方面的案例316起，有关职工工作变化或再就业安置方面的案例89起，有关职业病方面的案例11起。

（2）统计分析结果。通过对2000—2014年期间所发生的部分典型的职工群体性事件进行全面检索、梳理和分组统计，统计结果如表8-1所示，并绘制了职工群体性事件的基本趋势，如图8-1所示。

表8-1　2000—2014年职工群体性事件原因统计

事件原因	2000—2004年	2004—2006年	2007—2008年	2009—2010年	2011—2012年	2013—2014年
工资拖欠、克扣和福利缺失	9	11	31	2	172	913
工资制度不合理	6	13	15	41	130	293
腐败问题	4	1	5	2	6	27
强迫职工增加工时	1	—	2	8	11	29
工作环境恶劣	—	—	1	5	14	40
企业管理方式错误	2	5	20	3	142	440
企业经济补偿金发放问题	12	9	11	10	70	204
职工工作变化或再就业安置	7	2	13	3	8	56
职业病	—	2	1	4	1	3

---

① 本研究的数据主要针对职工群体性事件进行的验证性分析。

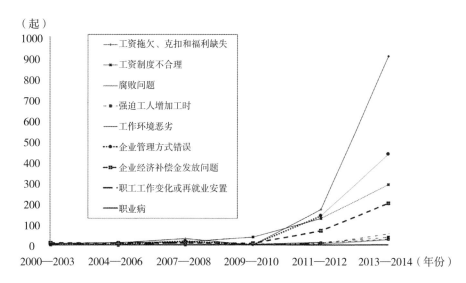

图8-1 2000—2014年职工群体性事件原因统计折线图

8.2.2 引发职工群体性事件的基本原因分析

结合图8-1中的职工群体性事件的原因和表8-1中的基本数据统计,课题组结合职工群体性事件成因进行了归类分析。职工群体性事件既有微观上的个人原因(罗欢,2019),也有宏观上的制度、体制和机制原因(苏晓伟,2017)。就其本质而言,职工群体性突发事件的原因是多种多样的,单一的因素能导致一个事件或多个事件发生,多种因素也能促成一起或多起群体性事件。特别是不直接导致事件的潜在因素相互组合后也能产生职工群体性事件,造成不良社会影响。考虑不同因素间的相互影响,是职工群体性事件研究的一大重点。依据表8-1中职工群体性事件统计分析结果,对职工群体性事件案例进行归类分析,发现引发职工群体性事件的基本诱因如下。

(1)工资的拖欠、克扣和福利缺失。基本工资和必要的福利待遇是广大职工群众的基本生活来源,也是影响职工群体性事件的最基本原因之一。如表8-1的数据统计结果所示。

(2)工资制度不合理。良好的企业薪金分配制度是激发广大职工投身生产活动的基本保障,同时也是引发职工群体性事件的最基本原因之一。将工资制度作为考察因素,结合表8-1的数据统计结果,资方定制工资的不合理或者恶意强迫经常会引起职工不满,职工更容易自发地进行维权,引发职工群体性事件。相比工资拖欠后采取措施的行为，职工的维权意识更强。

（3）腐败问题。良好的营商环境是企业长远发展的根本保障，国家积极鼓励地方创造良好的营商环境，然而腐败问题仍有发生。结合表8-1的数据统计结果来看，主要体现在三个方面：一是贪腐导致的企业亏损通常转移给基层职工，以基层职工工资弥补企业损失。二是贪腐常常导致基层职工工资不足，管理者的工资福利却照发，职工与管理者之间形成巨大差距。三是因腐败而导致破产的企业，职工往往更难得到合理赔偿。

（4）强迫工人增加工时。工时制度是国家对广大职工群众基本的劳动保护制度，也是劳动法律制度重点进行规制的劳工标准。结合表8-1的数据统计结果，增加工时方面的问题主要体现在两个方面：一是基本工资低，工人只得通过加班才能勉强补贴家用。二是提高工资但相应增加工作量。总之，调查中发现，增加工时的情形既有企业工时制度、规章的不合理性，也有决策管理者的个人因素，还有社会监督不足的问题。

（5）工作环境恶劣。提供符合安全生产条件和职工卫生要求的作业场所一直是我国非常重视的企业安全生产和职业病防治的基本要求。结合表8-1的数据统计结果，工作环境方面的问题主要体现在：一是恶劣的工作环境是一种潜在的危险，常常是隐患发生的前提和职工效率低下的原因。二是基层职工因此向厂方提出改善劳动条件的诉求，厂方不给予理睬，往往是引发职工群体性事件的导火索和基本原因之一。

（6）企业管理方式错误。一个良好的企业管理制度约束的不仅仅是职工，更应该是对企业经营管理者的约束。然而企业管理理念落后、管理方式不合理，甚至错误的管理方式，激化劳资矛盾，常常是引发职工不满情绪的基本原因之一。结合表8-1的数据统计结果，职工对企业管理存在不满情绪主要体现在：一是管理方式落后，不尊重职工，甚至少数管理者随意殴打辱骂职工；二是企业对安保人员职责定位过高，导致安保人员与普通职工发生冲突；三是强令职工完成极具危险的工作，而不提供任何防护措施等违章指挥行为。

（7）企业经济补偿金发放问题。经济补偿金是国家有关法律规定的重点事项，也是国家对广大职工劳动保障的制度安排，特别要求在企业关停并转的过程中应保障广大职工的基本权益，也是工会劳动保护监督的重点内容之一。结合表8-1的数据统计结果来看，企业改制和职工劳务合同变动常常会涉及补偿金问题，企业对职工的经济补偿，往往无法兑现又没能说服职工，未能获得职工信任，这可能是导致职工群体性事件发生的导火索和基本原因之一。

（8）职工工作变化或再就业安置。企业职工正常的工作变化，既是企业经营中的正常行为，也是广大职工在《劳动合同法框》架下进行工作岗位或单位调转的基本意愿。国家实施职工工作岗位变动或下岗再就业制度，保障了职工的再就业权益。结合表8-1的数据统计结果，职工工作变动方面的问题主要体现在：一是企业改制中，职工常因为企业性质转变或者领导更换而对自身的归属产生困惑，公司又未能及时有效安抚，可能引发不满情绪。二是企业外迁时，职工不得不"买断工龄"，买断后生活无着落，需要企业和政府提供基本生活保障，一旦此环节产生矛盾，职工群体性事件容易暴发。

（9）职业病及其他。职业病防治是职业病防治法规的重点内容之一，也是最基本的职工安全健康权益之一。职业病是一种慢性病，绝大多数职业病是不可逆转的，常常与工作环境以及在工作环境中暴露时间长短有关，其潜伏期在10年以上，甚至多达20年。然而，现实生活中，一部分职工群体就工作在容易产生职业病的高危行业之中。结合表8-1的数据统计结果，从手工业到自动化生产，从大型产业加工到产品精密加工，从轻工业到化学工业，大多数行业企业，特别是建筑施工、危险化学品等高危行业存在大量的职业病危害因素，一部分职工群体身处职业病危害之中，甚至有部分职工患上职业病。虽然确诊的职业病职工占少数，但对职工健康的影响非常大。此外，还有其他因素可能引发职工群体性事件，也值得关注。

8.2.3 统计数据总体样本对比修正

出于研究需要，课题组选取了2000—2014年间具有代表性的事件作为样本进行数理统计分析。[①]但因职工群体性事件基数大，分布不均，从各年选取的样本总数未能一致，所以在对分时段、分组事件数统计之后，进行比例修正，形成具有可比性、可参考的数图。表8-1中的数据样本总量不同，早期可

① 截至目前，我国有关部门尚未对职工群体性事件建立专门的数据库，因研究需要统计2000—2014年间的有关典型事件，限于统计方法、资料来源的不足，在研究中进行了统计数据总体样本对比修正。

获取的样本量较少，近年关注度提高才使获取统计的数据增多，所以事件原因的趋势图并不能代表整个时间发展趋势的走向，也不能表明各事件原因整体所占比例。于是对统计数据进一步分析处理，将2000—2014年职工群体性事件原因数据百分比换算，形成表8-2，同时绘制出相同样本数比例下的趋势图，如图8-2所示。

表8-2　2000—2014年职工群体性事件原因数据百分比换算表

事件原因	2000—2003年	2004—2006年	2007—2008年	2009—2010年	2011—2012年	2013—2014年	统计及比例
工资拖欠、克扣和福利缺失	9 22%	11 25%	31 32%	2 3%	172 31%	913 46%	1138 40%
工资制度不合理	6 15%	13 30%	15 15%	41 52%	130 23%	293 15%	498 18%
腐败问题	4 10%	1 2%	5 5%	2 3%	6 1%	27 1%	45 2%
强迫职工增加工时	1 2%	—	2 2%	8 10%	11 2%	29 1%	51 2%
工作环境恶劣	—	—	1 1%	5 6%	14 3%	40 2%	60 2%
企业管理方式错误	2 5%	5 12%	20 20%	3 4%	142 26%	440 22%	612 22%
企业经济补偿金发放问题	12 29%	9 21%	11 11%	10 13%	70 13%	204 10%	316 11%
职工工作变化或再就业安置	7 17%	2 5%	13 13%	3 4%	8 1%	56 3%	89 3%
职业病	—	2 5%	1 1%	4 5%	1 0%	3 0%	11 0%
统计数量	41	43	99	78	554	2005	2820

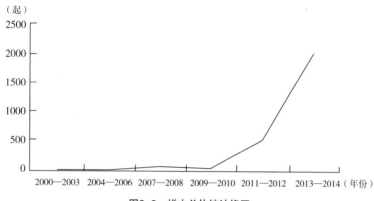

（起）

图8-2　样本总体统计修正

将表8-1中各原因的数据与各列总体样本数据进行百分比换算，将每组总体样本定为100，那么各个比例数据与样本相乘后即可直接使用，并绘制成图8-3。

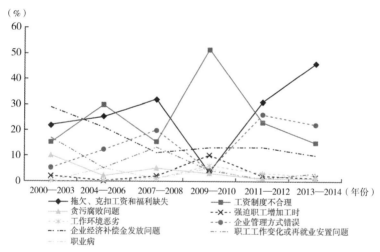

（%）

图8-3　2000—2014年职工群体性事件原因数据百分比换算图

从图8-3可看出，之前统计出的9个基本原则对职工群体性事件影响结果是符合实际情况的。具体分析如下。

（1）工资拖欠、克扣和福利缺失。如图8-3所示，工资拖欠、克扣或福利缺失诱发的职工群体性事件在2007—2008年是一个上升峰值，和这阶段的经济发展速度过快、物价上涨等原因相关。而2009—2010年间，此类型事件数急速下降，存在样本事件中主诱因变化的数据，被工资制度诱因所掩盖。而到2011—2014年，此类事件又恢复上升趋势，说明彼时工资的拖欠、克扣和福利缺失是职工群体性事件治理的重点。

（2）工资制度不合理。如图8-3所示，工资制度不合理诱发的职工群体性事件在2000—2006年之间上升、在2008—2010年之间增长飞速，与各年间的中国经济发展相吻合。2008年之前，国家经济发展迅速，发展中存在的问题却未能改进，工资水平低，制度不完善，增长不受重视，职工自发组织抗议；在2008年国际金融危机后，政府救市、鼓励流通、刺激消费，各企业经济效益大幅下降，工资增长缓慢，职工生活质量下降，极易引发职工群体性事件。

（3）腐败问题。如图8-3所示，腐败所引发的群体性事件趋于平稳，虽然发生概率低，但在企业内此种现象没能得到有效遏止，根治企业管理者腐败问题具有长期性。

（4）强迫职工增加工时和工作环境恶劣原因。如图8-3所示，因强迫职工增加工时和要求改善劳动条件而发生的群体性事件的发展趋势大致相同，都在略微增长后回归平稳，主要因为是资方管理层面对职工群体交流断层，缺乏有效沟通和协商。2009—2010年曲线上升，表明2008年国际金融危机后，企业受到了一定的经济冲击，处于矛盾激化期。

（5）管理方式错误的原因。如图8-3所示，2000—2012年企业管理方式错误导致的群体性事件总体呈上升趋势，因2009—2010年工资制度的制约上升为主诱因而减弱其他因素的比例情形，故进行折线修正，可认为此年有同样的上升趋势。2000—2012年伴随企业转型升级，从农业、重工业向轻工业、代加工业转移，企业管理标准更严，对员工要求更加苛刻，员工与管理者的矛盾激增，群体性事件易发。随着企业文化的普及，环境改善才使职工群体性事件数量有所下降。

（6）企业经济补偿金发放问题原因。如图8-3所示，企业的经济补偿发放金问题所引发的职工群体性事件在2008年后显著下降后趋于平稳。下降说明企业转型后对职工的补偿金等问题有跟踪解决，一方面将遗留补偿金发放到位，另一方面经济社会稳定后补偿金问题不再成为主诱因。经济危机期间，企业效益降低，部分企业减员减产应对危机，新的补偿金问题重新引发职工群体性事件。

（7）职工工作变化或失业再就业的安置问题原因。如图8-3所示，在职工工作变动、失业再就业的安置问题上，事件总体呈下降趋势，只在2008国际金融危机中再次显露。与国内经济状况基本适应，经济发展稳定，失业率下降，职工安居乐业；经济出现变数，职工面临一定的风险。

（8）职业病原因。如图8-3所示，职业病诱发事件不多，事件样本少，并且发展平缓。考虑职业病有累积性和潜伏性。此类原因引发的职工群体性事件相对较少，但也应引起关注。

8.2.4 数理检验及对比分析

从安全学视角出发，基于引发职工群体性事件的基本原因，绘制的职工群体性抗议事件发生事故树见图8-4。如表8-3所示，确立了引发职工群体性事件的9个基本原因，即工资拖欠、克扣和福利缺失的引发概率为0.40，企业高层管理方式错误的引发概率为0.22，工资制度不合理的引发概率为0.18，企业经济补偿金发放问题的引发概率为0.11，职工工作变化或失业再就业安置问题的引发概率为0.03，工作环境恶劣的引发概率为0.02，强迫员工增加工时的引发概率为0.02，腐败问题的引发概率为0.02，职业病的引发概率为0。

结合表8-2中职工群体性事件基本原因所占的比例，定义在一个群体性事件中各基本原因所要发生的概率分别为：$q_1=0$，$q_2=0.02$，$q_3=0.40$，$q_4=0.18$，$q_5=0.02$，$q_6=0.02$，$q_7=0.22$，$q_8=0.11$，$q_9=0.03$，其结果见表8-3。

表8-3 引发职工群体性罢工事件的基本原因发生概率

职业病q_1	工作环境恶劣q_2	工资拖欠、克扣和福利缺失q_3	工资制度不合理q_4	强迫员工增加工时q_5	腐败问题q_6	企业高层管理方式错误q_7	企业经济补偿金发放问题q_8	职工工作变化或失业再就业安置问题q_9
0	0.02	0.40	0.18	0.02	0.02	0.22	0.11	0.03

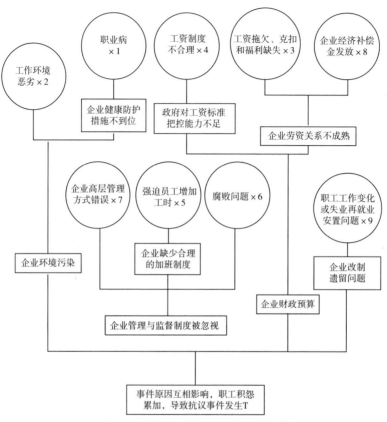

图8-4 引发职工群体性抗议事件的事故树

（1）抗议事件发生概率

事件结构函数为

$$T=x_1+x_2+x_3+x_4+x_5+x_6+x_7+x_8+x_9 \tag{8-1}$$

概率函数为

$$P(T)=[1-(1-q_1)(1-q_2)(1-q_3)(1-q_4)(1-q_5)(1-q_6)(1-q_7)(1-q_8)(1-q_9)] \tag{8-2}$$

将数值代入公式（8-2）得：

$P(T)=[1-(1-0)(1-0.02)(1-0.40)(1-0.18)(1-0.02)(1-0.02)(1-0.22)(1-0.11)(1-0.03)]$

$=[1-1×0.98×0.6×0.82×0.98×0.98×0.78×0.89×0.97]$

$=0.68818308$

$≈0.6882$

（2）各基本原因概率重要度

$$Ig（1）=\frac{\partial p(\text{T})}{\partial q_1} \tag{8-3}$$

将数据代入公式（8-3）得

$$Ig（1）=\frac{\partial p(\text{T})}{\partial q_1}$$

$$=（1-q_2）（1-q_3）（1-q_4）（1-q_5）（1-q_6）（1-q_7）（1-q_8）（1-q_9）$$

$$=（1-0.02）（1-0.40）（1-0.18）（1-0.02）（1-0.02）（1-0.22）（1-0.11）$$
（1-0.03）

=0.3118169

同理可得：

Ig（2）= 0.31818053

Ig（3）= 0.51969486

Ig（4）= 0.38026453

Ig（5）=Ig（6）=0.31818053

Ig（7）= 0.39976528

Ig（8）= 0.35035609

Ig（9）= 0.32146074

所以，Ig（3）>Ig（7）>Ig（4）>Ig（8）>Ig（9）>Ig（2）=Ig（5）=Ig（6）>Ig（1）

（3）各基本原因临界重要度

$$Ic（1）=Ig（1）\frac{q_1}{p(\text{T})}=0.3118169 \times \frac{0}{0.6882}=0$$

$$Ic（2）=Ig（2）\frac{q_2}{p(\text{T})}=0.31818053 \times \frac{0.02}{0.6882}=0.00924675$$

同理得：

Ic（3）=0.30206037

Ic（4）=0.0994589

Ic（5）=Ic（6）=0.00924675

Ic（7）=0.12779477

Ic（8）=0.05599996

Ic（9）=0.01401311

所以，Ic（3）＞Ic（7）＞Ic（4）＞Ic（8）＞Ic（9）＞Ic（2）=Ic（5）=Ic（6）＞Ic（1）。

（4）结果分析

在图8-4中，将职工群体事件中典型的抗议这一必然结果列为顶上事件T，并将上文归纳的引发职工群体性事件的原因列为基本事件，通过计算获得职工群体性事件的暴发概率为0.6882。等效简化后，各类基本原因在单独发生情况下所引发的抗议事件概率达到0.7。

从安全统计学而言，概率重要度主要是定量出基本原因概率的改变后，对顶上事件的影响大小，而结构重要度主要是定量出基本原因概率的可改变率并是否会更好作用于顶上事件。从基本事件的概率重要度和结构重要度计算结果来看，其重要度的排序为企业对职工的工资拖欠、克扣和福利的缺失（结构重要度为0.519 694 86）排第一位，这样的定量计算结果与社会学和劳动关系学定性结果的认识是一致的。工资及福利问题（结构重要度为0.399 765 28）是职工群体性事件发生，甚至发生抗议事件的最重要原因。其次是企业管理水平，第三是工资标准制度和经济补偿金问题（结构重要度为0.380 264 53）。以上定量结果与之前定性结果分析基本符合。

8.3 情景构建与数理分析

8.3.1 情景构建的理论基础

突发事件的情景构建是当前公共安全领域的前沿科学问题之一，国内外学界对其进行了广泛的研究。"情景"一词在字典中的原意是指某一戏剧情节演变的脚本、大纲或故事内容。在风险管理学中，情景是在不确定性背景下，对风险开展定量分析和定性描述的最佳载体（王永明，2019）。宋立丰等（2020）提出了数据化情景理论，刘华莉（2018）提出了地铁车站内涝灾害情景构建理论，严冬（2017）提出了高校应急预案情景构建理论，马骁霏等（2015）提出了突发事件链情景构建方法，王旭坪等（2013）提出了非常规突发事件情景构建与推演方法，赵宇（2012）提出了社会安全事件应急管理能力情景构建分析方法。以上中国化情景构建理论的提出为研究职工群体性事件的情景演化机理提供了理论基础，对重大群体性事件的预防具有重要意义

（刘铁民，2013），也为提高国家、地方和工会组织处理复杂、交叉职工群体性事件提供了理论支撑。

8.3.2 模拟案例情景构建实例分析

（1）模拟案例背景

B企业是某大型工业企业。工人经验丰富，但是文化水平较低。企业安全管理理念较为落后，职业卫生条件欠缺，工作环境差。同时管理阶层观念传统。为了响应经济提速政策，企业进行了股份制改革并引入新投资，对生产工艺进行改进。在体制改革中期阶段遇上了世界经济危机，企业经济发展受影响，效益萎缩。经济危机下，企业亏损，造成工资的拖欠，导致管理层不得不进行部分裁员来度过经济危机。

B企业因体制落后，效益不佳，使职工在各方面的工作环境得不到满足。于是部分职工谋划进行抗议对高层进行合理诉求，以提高自身的生活保障。此时抗议策划中，部分职工情绪激动，提出要"搞出大影响"来引起注意，结果造成伤人员亡，政府介入后，调和资方和职工之间矛盾，事件得以解决，但事件还是造成了企业经济损失和人员受伤。

（2）情景模拟过程

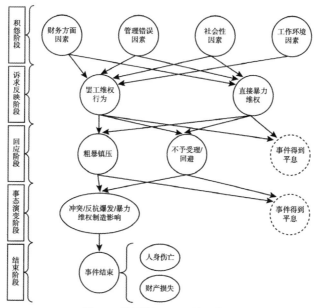

图8-5 情景模拟职工群体性事件

首先，对模拟事件进行背景交代，而基本诱因参考表8-1列出的主要原因，结合模拟案例实际进行重新归纳，并划分出四类：财务方面因素、管理错误因素、社会性因素、工作环境因素，如图8-5所示。

其次，结合情景模拟过程，划分为积怨阶段、诉求反映阶段、回应阶段、事态演变阶段和结束阶段。同时，诱因随时可能成为引发群体性事件的导火索，也随时可能促使改变事件导向。

最后，结合情景模拟过程，对相关参数进行参数化处理（见图8-6），进行贝叶斯概率计算，给出定量分析结果。

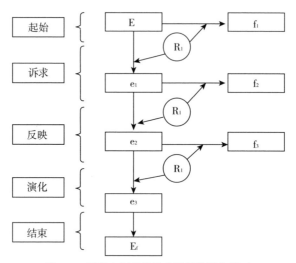

图8-6　模拟案例总体演变情景符号化模型

（3）情景分析及贝叶斯概率计算

在积怨阶段，引发事件的条件逐渐累积进而造成职工群体性事件。于是职工群体性事件由导火索E引发，并进入诉求节点e_1，诉求阶段存在事件的和平演化f_1；此时政府、企业面对职工诉求做出反应即要进入反应节点e_2，此时官方积极应对可使事件消亡f_2；因官方给出的不同的回应，职工又会表现出不同的态度，进入事态演变节点e_3，此时事态也可能变为和平消亡f_3；最后不管结果如何事件必然产生结果进入E_f状态。由图8-6可对各事件节点进行分析，收集条件概率。

表8-4 模拟案例事件节点条件概率

E	概率		f₁ \ E	True	False
True	1		True	0.3	0
False	0		False	0.7	1
e₁ \ E	True	False	f₂ \ e₁	True	False
True	0.9	0	True	0.7	0
False	0.1	1	False	0.3	1
e₂ \ e₁	True	False	f₃ \ e₂	True	False
True	0.95	0	True	0.6	0.7
False	0.05	1	False	0.4	0.3
e₃ \ e₂	True	False	E_f \ e₃	True	False
True	0.45	0.48	True	1	0
False	0.55	0.52	False	0	1

利用贝叶斯定理进行计算，可获得节点概率，如表8-5所示。在此基础上，可得 e_1 和 e_2 事件节点最易产生事件危害，即对职工诉求初期及时关注并合理采取积极回应，对事件的控制较为有效；相应的 f_1 和 f_2 节点事件不易消退，更强调了应在事件的1、2节点进行预防和慎重处理。f_3 为节点事件消退的容易点，可知事件最终走向必消退，但为了减少人员伤亡和财产损失，需做好积极回应，安抚职工。

表8-5 模拟案例事件节点状态概率

E		f₁	
True	1	True	0.3×1+0.7×0=0.3
False	0	False	0.7×1+1×0=0.7
e₁		f₂	
True	0.9×1+0×0=0.9	True	0.7×0.3+0×0.7=0.21
False	0.1×1+1×0=0.1	False	0.3×0.3+1×0.7=0.79
e₂		f₃	
True	0.95×0.9+0×0.1=0.855	True	0.6×0.21+0.7×0.79=0.679

	E		f_1
False	0.05 × 0.9+1 × 0.1=0.145	False	0.4 × 0.21+0.3 × 0.79=0.321
	e_3		E_f
True	0.45 × 0.855+0.48 × 0.145=0.454	True	1 × 0.679+0 × 0.321=0.679
False	0.55 × 0.855+0.52 × 0.145=0.546	False	0 × 0.679+1 × 0.321=0.321

8.4 职工群体性突发事件演化机理

职工群体性事件，就其本质而言是职工群体与政府、企业、媒体四方动态博弈的结果，体现了群体动力学的基本规律和过程。依据上文的情景构建理论，从正常情景到紧急情景的演化过程，分析了群体心理累积及事件信息的传播与反馈，进而构建了职工群体性事件演化的动态过程，如图8-7所示。

8.4.1 职工群体性事件的动态演化过程

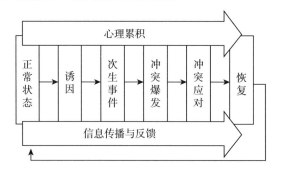

图8-7 职工群体性事件演化的动态流程

如图8-7所示，职工群体性事件的演化过程是动态的，而非静态的，主要表现为从一个正常状态开始，要经过5个阶段才能恢复到正常状态的往复过程。其演化过程包括：

第一阶段是矛盾积聚期，产生诸多诱因事件，这时如果能及时引导可以恢复到正常状态；

第二阶段是诱因引发期，由于第一阶段未处理好形成次生事件，这时如果能及时引导可以恢复到正常状态；

第三阶段是冲突暴发期，相关群体矛盾激化，冲突暴发，这时相关各方如果能够及时妥善处理也可以恢复到正常状态；

第四阶段是冲突持续期，这时冲突持续发生，要求应急管理部门启动应急预案迅速应对，如果应对处置适当可以恢复到正常状态；

第五阶段是冲突消退期，相关方利益基本得到保障，冲突逐步缓解，直至消退，恢复到正常状态。

同时，贯穿事件全过程的还有两个动态过程，即群体心理的逐步累积和信息的传播与反馈。因此，通过该类事件的演化过程分析，认识到群体性事件的演化表现为在信息的推动下群体心理逐步形成并演变成行为的动态过程。

8.4.2 影响职工群体性事件演化的关键要素

系统分析方法是指把要解决的问题作为一个系统，对系统要素进行综合分析，找出解决问题的可行方案的一种方法。群体性事件演化系统实质上是一个非线性的复杂系统，可以采用系统分析的方法。罗成琳等（2009）运用系统分析方法，分析了突发群体性事件演化主要影响因素，认为突发性群体性事件演化是各种因素和指标交互作用的结果。本研究认为要科学把握群体性事件的演化规律，一方面要全面认识参与演化的每一要素，另一方面，从科学治理的视角来看，还要抓住主要问题和关键要素。从图8-7所示的群体性事件动态演化过程来看，群体性事件演化具有明显的规律性，是多因素耦合的结果，是一个典型的复杂系统。在这一系统中既有以政府、企业和劳动者为核心的主导因素，还包含两个重要因素，即群体心理的积聚和信息的传播。可以说群体心理的不断积聚是事件引发的内驱力，信息的传播是事件引发的外动力，这也成为群体性事件发生的直接动力。更进一步的分析表明，二者常常联合发生威力。在事件发生时，信息的传播具有双向作用，一方面向事件相关方传达事件的真实情况，有利于事件的解决，另一方面由于不良信息（如谣言、流言）存在，信息的传播和反馈路径和效果大打折扣，甚至产生相反的效果，不利于事件的解决，反而激化了矛盾，引发了一致认识和共同情绪，从而积聚了巨大的社会能量。这种能量一旦不能及时疏导或释放，就可能演变为剧烈的群体冲突。总之，信息的传播和反馈与群体心理成为影响群体性事件演化的关键因素，进而为科学治理群体性事件找到了切实可行的路径和方法。

8.4.3　职工群体性事件演化中的主体关系

上文有关职工群体性事件的演化过程和关键要素分析，为建立职工群体性事件演化模型提供了理论基础。就职工群体性事件而言，其演化系统涉及的主要实体对象包括劳动者群体（主要是职工群体）、相关政府、企业和媒体（范愉，2003），四者在动态博弈过程中形成了职工群体性事件演化模型（见图8-8）。

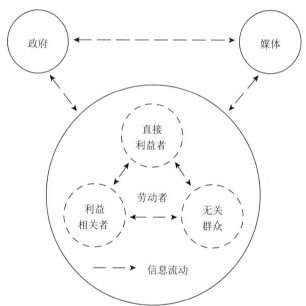

图8-8　群体性事件中"政府、媒体、劳动者"三方动态演化模型

从图8-8中可以看出，群体性事件的演化过程，是职工群体（直接利益人、利益相关人和无关群众）与企业、政府、媒体四方相互作用的结果，其演化的剧烈程度与聚集劳动者群体及其行为直接相关，但政府、媒体在其中也扮演重要角色，不容忽视。也就是说，一旦政府或媒体处置不当，会加速事件的演化，甚至会导致矛盾激化，进而导致群体性事件发生。

8.5　职工群体性突发事件的治理

从应急管理学视角开展的案例模拟分析，可以比较客观地观察到职工群体性事件演化进程中的关键节点，成为判断是否引发罢工事件的情景依据，也为科学地治理和预防职工群体性事件提供了理论依据。职工群体性事件治理是一个涉及政府、企业、工会、职工和媒体组织的复杂系统，借助情景模拟分析出的关键节点，从企业资方、工会部门、政府部门、职工群体和社会监督等五个维度，建立了职工群体性事件的预防措施与对策参考清单（见表8-6），以期从系统科学的视角解析职工群体性事件治理的基本规律和难点。这些预防措施和应急对策仅限于模拟案例本身提出，还具有一定的局限性。

表8-6　职工群体性事件的预防措施与对策参考清单

职能部门		预防措施	应急对策
企业资方	制度改革	要建立健全企业工会 建立群体性突发事件预警制度 建立企业监督制度，打击腐败 建立独立、合理的工资标准及业绩考核制度	立即出面控制局面，直面回答职工问题，积极解决职工困难 不能及时回复的情况，要向职工说明情况，安抚职工心情 态度不能过于强硬，体谅职工罢工心理，耐心寻找解决方法 对职工内部谣言要及时澄清
	文化氛围	建立积极向上的企业文化，表彰先进职工，多劳多得，奖惩分明 建立互相帮助互相促进的工作氛围，引导职工积极工作，引入竞争意识发放奖励	
	深入沟通	企业管理者走访职工岗位，分派各管理部门深入职工群体进行交流，了解职工生活状态 尊重职工，讲文明，有素质、耐心，决不辱骂职工，建立和谐相处氛围	
	教育培训	聘用专业的安全人员，改善职工工作环境，防治职业病，安全治理，减少不必要的事故损失 加强职工安全教育等培训和重视文化素养培养	
	企业信用	拖欠的工资要及时发放，取得职工信任 承认职工贡献，建立经济补偿金制度	
工会部门	地方工会监督	各县市总工会部门要帮助企业建立合格的工会组织，与资方协商工会制度的制定，细化分解出的工会监督职能	工会部门代表职工与资方谈判，权衡职工和资方的利益，为职工争取应得利益 及时与政府、企业和媒体沟通
	企业工会监督	各企业工会对企业内部各项工作提出建议，实行监督 企业工会代表资方，建设利益诉求渠道，收集职工群众的意见，并反映给管理层 积极化解矛盾，加强职工责任意识，避免冲突 尊重诉求、制度引导、依法维权，积极参与、主动干预、隐性协调，以人为本、完善制度、和谐共享 在管理职工每日工作时，加强对职工状态观察，对个别有情绪的职工进行监控和交谈，预防做出不正当行为	

职能部门	预防措施	应急对策
政府部门	建立良好的营商环境 综合考虑社会经济环境，制定多类型的企业工资标准 关注企业需求，为企业提供合适的生产空间，关心职工的生存环境 在分管县镇建立起良好和谐的氛围，民众有渠道同政府理性沟通 建立公平合理的社会保障制度，保障人民生活 建立高效快捷的信息反馈渠道，制定有针对性的预案，以及建立情报信息目标管理制度	积极协商，防止事件恶性发展 控制警力的过分使用和慎用威慑效果 处理好维稳与维权的辩证关系 建立统一信息发布平台，科学引导网络舆情，提高信息权威性
职工群体	理性向管理部门提出意见 寻求工会帮助 寻求社会监督部门帮助 在法律框架下提出合理诉求 提高自身维权意识的同时提高责任意识	不盲目跟风，权衡企业生产经营状况，提出合理要求，理性维权
社会监督	建立各企业档案，评价各企业的规模、招工层次、职工保护意识，测评出易发生突发事件的企业 有关监督部门定期走访隐患企业，提出建议	监督部门保持足够敏感度，联合媒体及时介入报道，监督企业资方的行为 社会舆论适当施压引导职工理性维权

8.5.1 企业资方

企业资方是职工群体性事件治理的重要主体之一，也是劳动关系中具有强势地位的一方，其主体行为常常是引发职工群体性事件的重要原因之一。针对模拟案例情景，企业应着重从制度改革、文化氛围、深入沟通、教育培训和企业信用5个方面采取预防措施和应急对策，其具体清单见表8-6。

8.5.2 工会部门

工会是广大职工群众合法权利的代表者、维护者，也是广大职工信赖的"娘家人"，是职工群体性事件治理的重要参与主体之一。针对模拟案例情景，工会应着重从地方工会和企业工会采取预防措施和应急对策，具体清单见表8-6。

8.5.3 政府部门

各级政府部门是各类突发事件的应急管理主体，也是职工群体性事件的治理主体之一，承担着日常和紧急情况的应急管理核心任务。针对模拟案例情景，政府应从日常和紧急两个维度采取预防措施和应急对策，具体清单见表8-6。

8.5.4 职工群体

企业职工是建设中国特色社会主义事业的依靠力量，是企业的第一人力资源，是职工群体性事件治理的重要参与主体之一。针对模拟案例情景，职工群体方面的预防措施和应急对策，具体清单见表8-6。

8.5.5 社会监督部门

新闻媒体以及其他社会监督部门是职工群体性事件治理的监督主体，是传递正确信息的中介组织。针对模拟案例情景，社会监督部门方面的预防措施和应急对策，具体清单见表8-6。

8.6 小结与认识

（1）鉴于职工群体性事件的案例资源稀缺性，年度数据存在较大差异性，本研究借助数据总体对比修正的统计分析方法，获取2000—2014年职工群体性事件原因数据百分比换算表和2000—2014年职工群体性事件原因数据百分比换算图。在此基础上，结合事例原因所占的比例，定义出在一个群体性事件中各基本原因所要发生的概率分别为：工资拖欠、克扣和福利缺失为0.40，企业高层管理方式错误为0.22，工资制度不合理为0.18，企业经济补偿金发放问题为0.11，职工工作变化或失业再就业安置问题为0.03，工作环境恶劣为0.02，强迫员工增加工时为0.02，腐败问题为0.02，职业病为0.00。研究发现，引发职工群体性事件的基本原因排在前三位的是工资拖欠、克扣和福利缺失（0.40），企业高层管理方式错误（0.22），工资制度不合理（0.18），主要表现为工资和管理原因（0.80），为工会开展职工群体性事件治理找出工资和管理的日常治理切入点和对策。

（2）研究认为，职工群体性事件的演化过程是动态的，而非静态的，主要表现为从一个正常状态开始，要经过矛盾积聚期、诱因引发期、冲突暴发期、冲突持续期和冲突消退期5个阶段才能恢复到正常状态的往复过程。同时，贯穿事件全过程的还有两个动态过程，即群体心理的逐步累积和信息的传播与反馈。因此，通过该类事件的演化过程分析，认识到群体性事件的演化表现为在信息的推动下群体心理逐步形成并演变成行为的动态过程。

（3）职工群体性事件治理是一个涉及政府、企业、工会和媒体组织的复杂系统，借助情景模拟分析出的关键节点，从企业资方、工会部门、政府部门、职工群体和社会监督等五个维度，建立了职工群体性事件的预防措施与对策参考清单。

第9章　工会社会协同治理体系及其运行机制

工会社会协同治理是在新时代背景下提出的，是在党的领导下，各级工会组织依法参与国家事务管理和维权服务活动，是在中国的国情、政情、社情和会情的基础上，依法开展自主治理和参与协同治理。工会治理体系是在参与国家治理、社会治理和基层治理的实践中形成的，体现在三个层面：在宏观上，国家治理体系和治理能力现代化为工会参与治理提供了行动理念指引；在中观上，政府从社会管理向社会治理的有序演进为工会提供了参与治理的具体行动路径；在微观上，追求自身职责使命的科学定位与改革创新为工会参与治理提供了基本动力基础。衡量工会治理的理论探索与实践效果，增"三性"去"四化"是根本标尺和检验标准，是反映工会治理发展趋势及其绩效好坏的"风向标"。

9.1　新时代工会治理的提出

9.1.1　工会治理的概念及其治理体系内涵

（1）工会治理概念界定

工会治理，也称工会参与社会协同治理，是在党的领导下，各级工会组织依法参与国家事务管理和维权服务活动，开展自主治理及参与国家、政府、社会组织协同治理，在维护全国人民总体利益的同时，更好地表达和维护职工具体利益的过程及其结果状态。

（2）工会治理体系的内涵及其构成

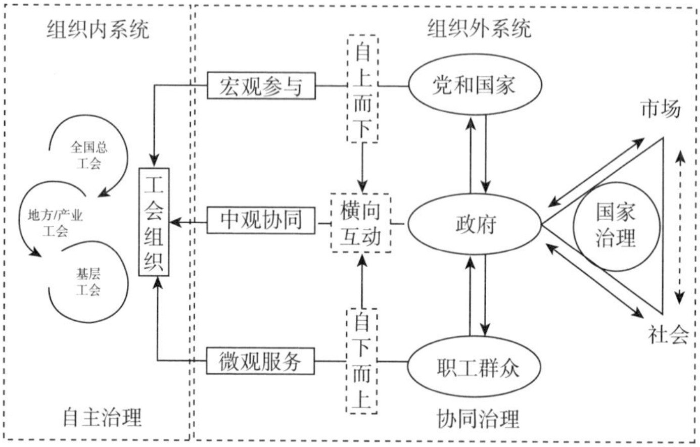

图9-1　工会社会协同治理"2+3"体系结构示意图

基于中国的国情、政情、社情和会情，厘清工会与国家、政府、社会、市场和职工的关系，依法开展自主治理和参与协同治理，以构建和谐劳动关系为工作主线和增"三性"去"四化"为根本标尺，构建新时代工会参与社会治理"2+3"体系（见图9-1），这是科学认识中国工会发挥自身优势参与推进国家治理体系和治理能力现代化建设的逻辑起点和理论依据。

工运事业是党的事业的重要组成部分，工会工作是党治国理政的一项经常性、基础性工作（钱骏，王永山，2019）。工会组织不仅是共建共治共享社会治理格局中的重要主体，也是职工群众参与社会治理创新的主要组织者（姚仰生，2018），要主动发挥政治、组织、制度、群众和资源五大优势，在推进国家治理体系和治理能力现代化中勇于担当、积极作为，并转化为推进新时代中国工会自身改革和中国特色社会主义工会建设的内生动力。在新中国成立70多年的伟大实践中，我国实现从社会管理到社会治理的"中国之治"转变。在我国，社会治理是指在党的领导下，由政府组织主导，吸纳多方治理主体参与，对社会公共事务进行的治理活动（岳轩宇，2020）。

体系中的"2"是指工会"自主治理"和"协同治理"模式，"3"是指在组织自治的基础上新时代工会走"宏观上参与、中观上协同和微观上服务"路径。国家治理体系和治理能力现代化的提出为破解工会社会协同治理困境提供了一种整体性的思维和系统性的解决方案（张波，2017）。国家治理能力现代化过程中可能有三个面向：国家自上而下的集权、基层社会对地方权威的自下而上的赋权（张现洪，2019）以及政府、市场和社会多主体横向互动的协同。也就是说，在宏观上，国家治理体系和治理能力现代化为工会参与治理提供了行动理念指引（张波，2017）；在中观上，政府从社会管理向社会治理的有序演进为工会提供了参与治理的具体行动路径；在微观上，追求自身职责使命的科学定位与改革创新为工会参与治理提供了基本动力基础。进而呈现了工会社会协同治理的两大现实图景：外部问题是如何实现多元主体有序的协同治理，内部难题则是如何构建一个统一的既分权分利又分工负责的多级治理结构（景跃进等，2014）。在适应性协同（余茜，2016）的过程中，工会组织能兼顾多重角色，更好地体现其政治属性和社会属性，从而实现治理能力现代化。

9.1.2 工会治理的国内外研究进展及现状述评

治理理论产生于20世纪90年代的西方国家（韩兆柱，杨洋，2012），是为了摆脱公共管理碎片化的困境，解决碎片化带来的社会问题复杂化的难题（张利军，2014）。西方的"治理"（Governance）原为控制、引导和操纵之意。20世纪末，西方学者主张政府放权和向社会授权，以期实现多元和自我治理（孙洪敏，2015）。发展至今，西方治理理论已经形成多个流派（Mises，1974；Michael，1998；Hindustan，2016；Denhardt，2002），尽管如此，立足于社会中心主义，主张去除或者弱化政府权威，取向于多中心社会自我治理，是其基本政治主张和倾向。在此基础上，西方治理理论提出"善治"的理念、标准和规范（俞可平，2000），意味着政府分权和社会自治。20世纪90年代末以来，国内学术界逐渐开展了治理理论和实践研究。研究发现，西方治理理论与中国本土治理理论的错位现象逐步凸显（王浦劬，2014）。本研究从国家治理、政府治理和社会治理三个维度解析工会参与社会治理的理论进展。

第一，工会参与国家治理：国家治理体系和治理能力现代化建设的主体要求。工会作为国家治理体系中的最大社会组织，国家治理体系和治理能力现代化客观上要求工会作为治理主体之一参与其中。事实上，我国从"全能型国家治理"到新型国家治理演化中（陈登源等，2015），国家治理能力现代化成为要求。新中国成立70多年来，我们党根据不断变化的时空环境，与时俱进地探索国家治理体系和治理能力问题和实践（黄正平，2020），在这个过程中实现了从单一的主体出发自上而下的管理和控制社会，到在统一领导下的多元参与和自治的立体式治理模式转变（薛澜，2015），形成国家治理的中国方案。党的十八届三中全会明确提出，推进国家治理体系和治理能力现代化；党的十九届四中全会更是专题聚集于"中国之治"的制度体系建设。新形势下，国家治理的主要内容与工会组织维护、参与、教育、建设职能高度契合，是对国家治理理念和治理体系的重要补充和完善（李建庄，2016）。国家治理模式在工会职能定位和作用发挥上都有着至关重要的影响，国家与工会以及劳动者的关系也在进行调整中（汪新蓉，2014）。中国工会十七大将工会基本职责拓展为"维护职工合法权益、竭诚服务职工群众"，社会主要矛盾的变化是工会基本职责确立和发展的重要依据（李睿祎，2019）。在推进国家治理体系和治理能力现代化中，工会组织扮演着重要角色，担负着重要使命，工会参与国家治理在政治、组织、制度、群众和资源具有五大优势（陶志勇，2019），参与现行政治体制下的国家治理体系建设，需要进一步理顺政治支持、组织基础和协商方式（张丽琴，龙凤钊，2016）的体制内外关系，客观反映国家治理模式转变与中国工会组织与制度变迁的关系（吴建平，2011）。总之，工会治理需要在厘清其功能定位的基础上，与中国特色的社会主义制度相结合，走中国特色社会主义工会发展道路。

第二，工会协同政府治理：政府服务供给侧结构性改革的现实需求。工会与政府是协同供给关系（陈剑雯，2019），工会是政府治理最重要的社会协同主体之一。西方的政府治理理论源于20世纪70年代兴起的新公共管理运动，主张实现政府管理网络化和扁平化（徐晓全，2014）。从一般意义上讲，强调政府对社会公共事务的治理（王维国，2019）。在中国政治话语和语境中，政府作为治理主体对社会公共事务进行的管理活动（王浦劬，2014），包含着政府对于自身、市场及社会实施的公共服务活动（杨昌勇，奚洁人，2020）。政府治理现代化是国家治理现代化的应有之义。当前，政府在服务供给方面存在职能混乱、供给失序与低效，财政负担过重等突出问题（陈剑雯，2019），为工会参与政府协同提供了历史契机。一方面，工会能够参与公共安全、公共教育、医疗卫生、社会保障、基础设施等政府公共服务供给（陈振明，2011），有赖政府部门的职责分工和简政放权。另一方面，也表现为工会协助党和政府，积极参与劳动关系领域社会组织引导。工会社会协同治理理论源于协同治理（毛莉佳，2019），是多主体实现公共事务治理的制度安排（于岩，2019）。吴建平（2011）认为当前工会以地方工会为主要运作载体，积极参与地方治理。此外，工会参与政府服务供给常常制约于组织结构、政策制定、服务内容和政策执行等方面困境，尽管我国学者对社会协同治理的研究是承继国外且晚于西方学者，发展却极具潜力，契合了当前创新政府供给侧结构性改革的新需求。

第三，工会服务基层治理：基层社会治理现代化的依靠力量。党的十九届四中全会指出，健全党组织领导的自治、法治、德治相结合的城乡基层治理体系。社会治理体系作为国家治理体系的重要组成部分之一，国家治理体系和治理能力的现代化，必然要求社会治理走向现代化。[1]现代社会治理体系的核心要素是社会组织，当前一个最紧迫的任务就是要推动中国现有各类社会组织的改革和转型（薛澜，2015）。基层治理最初源自基层组织自治，作为基层治理的有机构成部分，其最终归宿是实现基层社会的"善治"。随着国家治理层级的扁平化，基层自治的地位（张清，2020）和基层群众自治制度在推进国家治理现代化过程中的作用日益凸显（陈科霖，谢靖阳，2019），呈现出从"基层自治"到"基层治理"的转变，党和国家需要工会作为承担桥梁纽带的连接作用而存在，来协调自身与社会的关系（段凌燕，2012）。2015年7月6日，习近平总书记在中央党的群团工作会议指出，新形势下，工会工作只能加强、不能削弱，只能改进提高、不能停滞不前。相比国外工会，中国工会的优势就是党对工会组织的直接领导和对工会工作的全力支持，绝非削弱。2011年以来，工会作为枢纽型社会组织从国家性存在向国家与社会之间的存在转型，彰显了工会参与国家治理与社会治理的双重角色（宋道雷，2017）。实践表明，去行政化、回归社会服务、加强党的领导，成为工会改革的三个重点维度。

总之，工会定位维护和服务基本职责，下沉参与基层社会治理，才能破解自身治理的固有瓶颈，成为党和国家基层社会治理的重要依靠力量。

---

① 四川省总工会课题组. 工会参与社会治理的角色重塑及其实现研究 [J]. 党政研究,2015（5）:102-106.

9.2 工会在国家治理体系中的地位与作用

9.2.1 工会组织在国家治理体系建设中的双重困难

工会治理能力是国家治理能力现代化的重要支撑，而动力机制的构建则是其关键。动力机制是工会工作不可或缺的内在力量支撑，动力机制是否健全以及功能作用如何，直接关系着国家治理水平的高低和社会治理的效果（彭萧，2013）。治理动力机制和治理能力现代化"5+1"支撑体系（见图9-2）是分析工会组织在国家治理体系建设中的困难问题的理论基础。工会治理是我国国家治理体系的重要组成部分，其治理能力现代化受治理主体的多元化、治理结构的网络化、治理能力的高效化、治理手段的法治化、治理方式的民主化的影响（郁建兴，2020）。新时代，中国社会主要矛盾已经转化为人民日益增长的美好生活需要和不平衡不充分的发展之间的矛盾。当前，职工队伍正处于就业流动频繁期、思想观念活跃期、压力矛盾凸显期，劳资纠纷易发多发（李建庄，2016），工会在参与国家治理中面临来自工会自身和外部的"双重"困境，集中表现为内生动力薄弱和外生动力匮乏两个方面问题（彭萧，甘卓群，2013）。

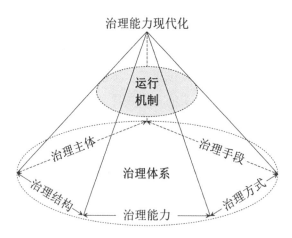

图9-2 治理能力现代化"5+1"支撑体系及其运行机制

（1）工会组织自身问题：内生动力供给不足

内生动力是行为机制的原动力。内生动力是从组织本身发出，是从内因方面激发的动力，一般包括支撑力、牵引力和推动力。①支撑力是基础，推动力是条件，牵引力是关键。工会组织的内生动力不足主要表现为：一是工会组织"机关化、行政化、贵族化、娱乐化"现象仍不同程度存在，作风仍需持续改进（李建庄，2016）；二是工会基层基础薄弱，上级工会对基层指导服务还不够到位；三是工会工作载体和手段还不够丰富，服务创新力、吸引力、凝聚力还不够强；四是基层工会干部队伍力量相对不足，工会干部的改革意识、担当精神和做职工群众工作的本领还不够强。

（2）工会组织外部问题：外生动力协同不够

外生动力是行为机制的外部动力。外生动力是指动力来自外在的约束，是从外因方面激发的动力（彭萧，2013），主要包括强迫力和约束力②。工会组织的外生动力协同不够主要表现为：一是工会体制机制滞后于形势发展的需要，与其他群团组织缺乏互联互通，特别缺少合作治理动力的有效制度安排；二是政府公共服务供给失灵，其工作方式、活动方式还不能完全适应时代发展的要求；三是劳动关系领域社会组织的力量分布失衡，参与基层治理的力量薄弱；四是在经济社会转型期，社会主体利益诉求越来越多元化，劳资关系进入凸显期和多发期，协调劳动关系"三方"机制不均衡，缺少相关制度与机制保障。

9.2.2　工会在国家治理体系中的地位与作用

基于中国国情、政情、社情和会情，厘清政府和市场、社会的关系，尊重人民群众在公共事务中的参与主体地位，是国家治理的核心要义（张利军，2014），也是正确认识和科学阐释新时代工会参与国家治理体系建设的地位和作用的理论依据和方法论。工会作为国家治理体系内最大的社会组织，其广泛而特定的代表性决定了其参与社会治理的必然性和发挥作用的独特性（张

---

① 一般而言，支撑力是指促使动力产生的各种资源是否具备以及能否支撑起组织正常运转的能力；牵引力是指激励主体朝着一个目标前进的能力；推动力是指推动事物不断发展和完善的能力。

② 一般而言，压迫力主要是基于公共治理的价值理念，认为只有公众参与才能有效规范政府行为；约束力主要是基于法律法规的强制性，通过严格规定法律责任，依法追究负责人以及相关人员责任，保证工作的贯彻落实和不断改善。

波，2017）。

（1）工会组织是参与国家治理的重要主体。工会是国家政权的重要社会支柱，这一先赋地位决定了工会一直以来都是作为一个重要的社会政治团体嵌入于国家政治体系，参与国家事务的管理（陈姣姣，2014）。工会组织参与社会治理过程，是治理体系和治理能力现代化的关键（陶志勇，2019）。当前，在多主体治理模式下，国家治理突破了政府与市场的二维主体模式，形成政府、市场、社会和公民的治理共同体，其中党政军机构是中国特色现代化国家治理体系的最基本单元（靳诺，2019）。工会作为国家治理体系中的最大社会组织，国家治理体系和治理能力现代化客观上要求工会作为治理主体之一参与其中，极大丰富了国家治理的方式和路径。

（2）工会工作是治国理政的基础性工作。2018年10月，习近平总书记在同全国总工会新一届领导班子成员集体谈话时指出，我国工运事业是党的事业的重要组成部分，工会工作是党治国理政的一项经常性、基础性工作。当前，在22家群团组织中，工会与党与生俱来的紧密关系，赋予了工会强大的政治力量（陶志勇，2019）。坚持党的领导是工会组织的根本原则，团结引领职工群众听党话、跟党走是工会组织的根本职责（丁文清，2019）。工会始终自觉坚持党的领导，可将服务大局的合力转化为服务职工的能力。新时代工会作为枢纽型社会组织，是党联系职工群众的桥梁和纽带。当前，政企分开、政社分开、政退社进的背景下，政府与社会力量（主要包括人民团体、社会组织、企事业单位）如何实现社会治理的协同治理，客观上必须要建立一个"上联党和政府、中联社会力量、下联职工群众"的枢纽型服务机构（杨国先，2016），这是新时代中国工会参与社会治理的新使命。

（3）工会优势是国家治理能力现代化的承接载体。工会作为党领导的职工自愿结合的工人阶级群众组织（刘光磊，李伟，2020），不同于一般的社会组织，在政治、组织、制度、群众和资源上具有独特优势，决定了其在国家治理体系中能够发挥举足轻重的作用。在推进国家治理现代化中工会要把增"三性"去"四化"作为工会工作的根本标尺和长期任务，把广大职工群众紧紧团结在党的周围，不断巩固党执政的阶级基础和群众基础（李玉赋，2020）。2015年7月6日，中央首次召开党的群团工作会议，强调要把群团组织建设成为推进国家治理体系和治理能力现代化的重要力量。工会虽不是党委机关，也不是具有社会管理职能的政府机关，却是党领导的联系和服务职工群众的社会团体，有为其他社会组织搞好协同服务的天然"血亲基因"（杨国先，2016），成为党政社会管理不可替代的依靠力量和承接载体。

（4）职工利益是国家治理体系建设的根本出发点。国家治理的根本出发点是人民群众的根本利益，而工会组织恰恰是广大职工群众利益的代表，国家治理的落脚点与工会参与的出发点一致、目标高度契合。党的十九大报告指出，保障和改善民生要抓住人民最关心最直接最现实的利益问题。当前，维护职工合法权益、竭诚服务职工群众，是工会一切工作的出发点和落脚点。中国工会十七大报告指出，不断满足职工群众的美好生活需要，成为新时代工会的奋斗目标。当前，我国职工队伍发生了深刻变化，职工需求更趋多元，对差异化、精准化服务的需求更加迫切。工会组织要坚持以职工为中心的工作导向，进一步突出主责主业，把握着力点，找准突破口，切实为广大职工提供普惠性、常态性、精准性服务（何舰，2020），助力国家治理现代化建设新要求。

9.3 工会社会协同治理体系及其运行机制

9.3.1 影响国家治理体系建设的关键因素

国家治理体系和治理能力现代化的提出源于现代社会的高度复杂性、不同群体需求的日益多元化以及公共事务治理难题日益凸显的现实国情。治理体系是各类国家治理机构的结构设计、功能定位、相互关联及运行机制的集合（薛澜，2015）。事实上，治理能力现代化的抽象性和复杂性（吴若冰，马念谊，2015），使其难以被直接测度和具体感知。

如图9-2所示，治理体系一般由治理主体、治理结构、治理能力、治理手段和治理方式五个基本要素构成，治理能力现代化决定于治理主体的多元化（党领导下的国家治理是政府、市场、社会和公民主体的有序参与）、治理结构的网络化（强调政府治理、市场治理和社会治理的协调配合）、治理能力的高效化（反映治理成本与治理效能的两极发展趋势）、治理手段的法治化（反映治理体制机制的创新和法律制度的完善程度）、治理方式的民主化（确保治理公正透明监督到位），构成治理能力现代化"5+1"支撑体系，这里的"5"

指在治理理念统领下的治理能力、治理结构、治理主体、治理手段和治理方式五个基本要素；"1"指治理体系运行的动力机制。这里的动力机制指在事物运动与发展过程中动力的作用原理与传导过程，是动力要素发生效用的过程、规律与机理的总称（彭萧，2013），一般包括内生动力和外生动力。内生动力和外生动力是相互作用的，内生动力是主要的，起决定作用，外生动力虽是次要的，但能有效弥补内生动力的不足。创新、协调、绿色、开放、共享的新发展理念，为社会治理和国家治理能力现代化建设指明了方向（李忠杰，2019）。

总之，治理理念的科学化、治理主体的多元化、治理结构的网络化、治理能力的高效化、治理手段的法治化、治理方式的民主化以及其运行动力机制（许耀桐，2020）是影响国家治理能力现代的关键要素。

9.3.2 工会参与推进国家治理的结合点和切入点

工会工作头绪多、任务多、内容多，工会要借力当前国家治理、政府转型、群团改革稳步推进的良机，结合国家治理主体、结构、能力、手段和方式的和谐互动和理念要求，以党建带工建、源头参与立法、联席会议制度、劳动竞赛平台和智慧工会建设五大切入点，积极参与推进国家治理体系建设。

（1）明确治理主体地位，始终自觉接受党的领导，以党建带工建为切入点，在参与国家治理现代化实践中科学定位职责角色。

工会参与国家治理，最大的挑战是使命定位问题，应对挑战的切入点是坚持党的领导，党建带工建，在坚持和完善党的领导制度体系中牢牢把握根本政治原则。治理主体是指主导、参与及推动国家治理活动个体、团体及群体的总称（蔡文成，2014），主要包括中国共产党（民主党派）、国务院及各级地方政府、混合型市场企业、各类社会组织、广大人民群众、各类媒体（传统媒体和新型媒体）六大主体（陶希东，2013）。国家治理体系和治理能力现代化的基本要求是治理主体的多元化，党是国家治理的核心主体（陈登源，2015），工会是工人阶级的群众组织，更是政治组织，是国家治理的重要参与主体之一。在国家治理体系和治理能力现代化中，工会作为重要的参与主体，就要始终自觉接受党的领导，坚持走中国特色社会主义工会发展道路，以党建带工建工作为切入点，明确基本职责角色，是破解工会职责角色问题的固本之策。

（2）协调治理结构关系，保障职工主人翁地位，以源头参与立法为切入点，在参与国家治理现代化实践中不断巩固工人阶级的领导地位。

工会参与基层社会治理，最大的痛点是脱离群众。解决痛点的切入点是增"三性"去"四化"，密切联系职工群众，在坚持人民当家作主制度体系中落实好职工民主政治权利。治理结构指参与治理过程的各个主体之间的权责配置及相互关系，它为公共事务管理者提供了基本的激励结构和策略空间（张筱荣，王习胜，2016）。"党、政、企、社、民、媒"六位一体的国家治理结构体系，解决的是"治理主体是谁""治理主体之间是什么关系"两大问题。构建工会"四位一体"（工会法律援助、劳动法律监督、集体协商、民主管理）维权工作体系，在国家治理体系和治理能力现代化中，发挥党和政府的桥梁和纽带作用（殷啸虎，2020），推进人民团体协商和职代会，不断完善联系广泛、服务职工的工作体系，推动全心全意依靠工人阶级方针落地，是破解工会脱离群众难题的强基之策。

（3）坚持平等协商对话，提升治理能力高度，以创新联席会议制度为切入点，在参与国家治理现代化实践中全力构建和谐劳动关系。

工会协同政府治理，最难的议题是协调维权与维稳关系，解决问题的切入点是推进劳动关系三方协调机制、政府与同级工会联席会议制度，在坚持和完善中国特色法治体系中全力构建和谐劳动关系。治理能力是指制定制度、执行制度和遵循制度的主体，运用国家制度管理社会各方面事务的能力（乔惠波，2017）。推进国家治理现代化有助于解决当前中国各种社会问题，亟须以和谐劳动关系构建为工作主线，加强和完善政府、社会组织和人民之间的良性关系，推进人民团体平等协商制度建设。以"两困"职工群体（农民工和困难职工）为重点，积极探索和完善工会的帮扶救助体系，使之成为政府社会救助制度的必要补充和重要组成部分（张利军，2014），在国家治理体系和治理能力现代化中，工会要强化对职工群众的思想政治引领，践行社会主义核心价值观，坚定不移地听党话、跟党走，不断完善构建和谐劳动关系的体制机制，是破解工会平等协商困境的治本之策。

（4）积极创新治理方式，引入新技术互联网平台，以推进智慧工会建设为切入点，在参与国家治理现代化实践中助力数字经济发展。

新时代工会工作，最大的短板是技术创新，补这个短板的切入点是借力新技术、新业态、新模式"三新"平台，推进智慧工会建设。"自上而下、自下而上、横向互动"三项运行方式构成了国家治理运行体系，解决的是"治理体系采取何种方式、何种路径运转"的问题。党的十八届五中全会提出以人民为中心的发展思想，概括阐释了创新、协调、绿色、开放、共享的新发展理念，其中创新是首位。新发展理念为国家治理能力现代化指明了方向：自上而下顶层设计、自下而上自主创新和横向互动学习借鉴。工会要强化综合运用三大治理方式，在国家治理体系和治理能力现代化中，升级互联网+智慧工会平台建设，不断满足"三新"群体的多样化需求，助力产业工人素质提升工程，是破解产业工人队伍改革困境的创新之策。

（5）不断丰富治理手段，满足职工文化需求，以升级劳动竞赛平台为切入点，在参与国家治理现代化实践中助力职工全面发展。

工会维护服务基本职责，最大的挑战是职工需求多样化，应对挑战的切入点是以升级劳动竞赛平台，在坚持和完善繁荣发展社会主义先进文化的进程中优先满足职工精神文化需求（王东明，2019）。国家治理所体现出来的"过程"、"调和"、"多元"和"互动"的特征与中国传统文化具有高度暗合现象（李晓蕾，甘素芳，2020）。国家治理是一个复杂巨系统，需要多元方法和手段的协同使用，法律、行政、经济、道德、教育、协商六大方法构成国家治理方法体系，解决的是"具体靠什么手段进行治理"的问题（李岩，2020）。国家治理现代化的根本目的是满足人民日益增长的物质需要和精神需要。工会要强化综合运用各种治理方法和手段，升级打造劳动竞赛平台，在国家治理体系和治理能力现代化建设中，不断满足职工群体的多样化需求（韩保江，2020）是破除职工全面发展障碍的务实之策。

9.4 工会社会协同治理的基本路径

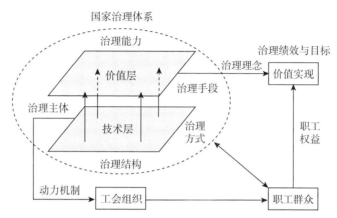

图9-3 工会社会协同治理的绩效评估及其价值实现路径

国家治理体系和治理能力现代化是马克思主义国家理论中国化的重要创新，也是中国共产党从革命党转向执政党的重要理论标志（戴彩虹，2014）。国家治理体系和治理能力现代化的提出和实施为工会参与社会治理困境的解决提供了一种整体性的思维和系统性的解决方案（张波，2017）。一个组织能否发挥出应有的功能，同其结构是否合理密切相关（陈朋，2014）。实践表明，工会治理能力的充分发挥建立在合理的治理结构的基础之上，其治理绩效主要受制于治理主体、治理结构、治理方式、治理手段和治理能力五大基本要素，见图9-3。衡量工会治理的理论探索与实践效果，增"三性"去"四化"是根本标尺和检验标准，是反映工会治理发展趋势及其绩效好坏的"风向标"。

9.4.1 工会治理的理论对策

（1）依托党建带工建，深化自主治理，创新联席会议制度

工会自主治理理论为工会自身改革，更好履行基本职能，参与推进国家治理提供了宝贵经验积累。自主治理是指工会依法独立自主地开展维权服务职工活动（朱勋克，2014）。全国总工会、上海市及重庆市的群团改革试点方案作为《关于加强和改进党的群团工作的意见》先期试验，必将留下历史的痕迹（王向民，2016），工会改革的制度定型成为社会组织治理体系与治理能力现代化（韩保江，2020）的参考样本和理论依据。工会履行维护、建设、

参与和教育职能，涉及公民参与（如职工代表大会）、人权（如职工维权、法律援助）、法治（如工会的立法参与）、社会公正（如保障农民工合法权益）、社会稳定（如职工群体性事件）、公共服务（如职工社会保障）等具体内容，而这些内容恰恰又是我国国家治理评估框架的主要指标。工会在自主治理中要始终自觉坚持党的领导，以党建带工建，密切工会与党、政府的关系，在推进治理能力现代化进程中进一步深化政府与同级工会联席会议制度建设。

（2）培育劳模工匠，强化文化治理，落地职工文化政策

文化治理作为"五位一体"总体布局的重要组成部分，是国家治理体系的重要组成部分（金莹，闫博文，2020），以内驱力支撑国家治理体系和治理能力现代化建设。新时代职工文化建设是弘扬劳模精神、劳动精神、工匠精神的有力抓手。根据布尔迪厄的"场域理论"，文化场域是指以文化资本为中心，各种文化要素遵循自身规律运转的关系网络（黄进华，2010）。党的十九届四中全会指出，中国特色社会主义制度和国家治理体系是以马克思主义为指导、植根中国大地、具有深厚中华文化根基、深得人民拥护的制度和治理体系。在治理能力现代化背景下引入"文化治理"的概念，目的在于更好地探求职工文化发展的价值功用与发展机理（蔡文成，赵洪良，2016）。对科学合理的需求或建议进行适当激励，鼓励职工群众踊跃进行自下而上的文化需求表达（金莹，闫博文，2020）。工会要发挥工会报刊、出版社、职工书屋、职工文艺舞台等文化阵地作用（王东明，2019），形成"健康文明、昂扬向上、全员参与"的职工文化，营创培育劳动模范和大国工匠的良好氛围。

（3）参与源头立法，注重制度治理，调适劳动基准入法

治国理政，制度为本，关系党和国家事业发展的根本性、全局性、稳定性、长期性问题。制度化治理是指治理主体运用法律所赋予的权力，严格按照制度的原则、要求与方式治理公共问题，实现治理的制度性、科学性和规范性（朱进芳，2014）。党的十九届四中全会提出，推进国家治理体系和治理能力现代化建设，从中国之制到中国之治，标志着中国发展进入制度治理的新时代。国家治理转型离不开广泛的社会动员，广泛而有序的公民参与是国家与社会良性互动、和谐发展的重要衡量指标（刘涛，闫彩霞，2015）。充分、真实地反映广大职工群众的意见和诉求，是工会宏观参与的重要原则和基本原则，工会宏观层面的参与和维权工作被摆在越来越重要的位置上（欧

阳骏，2010）。工会要发挥源头参与立法作用，提高工会干部劳动法律监督能力，完善工会劳动法律监督"两书"制度，积极促进劳动标准和基准纳入国家法治建设，推动完善劳动保障监察执法与工会监督联动工作格局（王东明，2019）。

9.4.2 工会治理的实践对策

（1）引入治理技术，提升治理技能，重点推进智慧工会建设实践

技术治理已成为当代社会治理持续推进和加深的基本趋势，国家治理技术化的趋势已经十分明显。技术治理所带来的分流治理和剩余治理样态，是当前各地政府技术治理最大的实践特征。在行政场景中，技术理性是国家治理结构的主体方面和生产力基础（罗梁波，2020）。反思国家治理技术，让技术服务于治理的本质，而不是让技术异化为治理本身（张现洪，2019）。在国家治理体系下，工会参与社会治理需要融合社交媒体，在具体行动中融入互联网思维（张波，2019）。2021年12月，《全国工会网络安全和信息化"十四五"规划(2021—2025)》提出，以服务职工、服务基层工会组织为主线，以职工实名制精准服务为抓手，以推动建设逻辑统一、覆盖全国的大数据系统和服务平台为着力点，以数据集中和共享为途径，强化创新意识，注重长效机制，加快推进智慧工会建设，打通联系服务职工群众"最后一公里"，提升工会治理能力和服务水平，推动工会工作高质量发展。2023年8月，《加快工会数字化建设工作方案》提出，积极运用大数据、云计算、区块链、人工智能等新技术，强化服务对象、服务场景分析研究，创新服务内容，优化服务资源配置。充分运用移动互联、云计算、大数据和人工智能等网络信息技术，推进互联网在工会的广泛应用和融合发展，构建"互联网+"工会服务职工体系（王东明，2019），打造方便快捷、务实高效的服务职工新通道，不断提升运用网络服务职工的能力水平。工会要提升互联网思维，运用信息技术手段，强化"互联网+"工会顶层设计，重点推动智慧工会建设，推进上下级工会组织间互联互通，逐步形成新时代工会网上工作体系。

（2）注重管理创新，鼓励职工创新，重点创新劳动竞赛平台升级

创新是工会参与社会治理的核心理念，在巩固原有治理方式的基础上积极拓展新的治理方式和治理途径。党的二十大报告提出，推进多层次多领域

依法治理，提升社会治理法治化水平。2014年全国两会期间，习近平总书记在参加上海代表团审议时明确指出，加强和创新社会治理，关键在体制创新，核心是人，只有人与人和谐相处，社会才会安定有序。韩小兵等（2015）认为，治理创新即是治理方法和手段的创新。工会十八大报告指出，围绕国家重大战略、重大工程、重大项目、重点产业，开展"当好主人翁、建功新时代""建功'十四五'奋进新征程"等主题劳动和技能竞赛，扎实推进企业开展劳动竞赛、"五小"等群众性创新创造活动，参与竞赛活动的企事业单位和职工数量年均分别达到58万余家、5806万人次。工会十七大以来，参加基层企事业工会开展的劳动和技能竞赛的职工达5.2亿人次，提出合理化建议6224.6万件，实现技术革新349.0万项（王东明，2019）。工会要不断优化和升级劳动竞赛平台载体，完善各项激励机制，动员广大职工积极投身创新创效实践。

（3）协调治理合作，弥合社会断层，重点孵化区域化工建成长协调

协调治理，不仅仅是指工会内部的协调，还包括工会与其他群团组织的协调治理，以及工会与党委、政府的良性互动治理（张波，2019）。工会自身的职责和使命，在微观上为工会改革创新的参与社会治理提供了基本动力基础。基层组织（简称基层），是社会系统的基本构成单元（吴新叶，2015），是社会治理的深厚基础和重要支撑。基层是社会治理的实体性载体，是国家治理现代化的基础组成部分。工会要主动下沉到基层，积极探索建立区域化工建工作机制，结合产业、职工分布探索建立工会基本网格单元，推动构建共建共治共享的基层社会治理格局（莫负春，2019）。

9.5 小结与认识

（1）在界定工会治理概念和内涵的基础上，提出工会"2+3"治理体系及其构成，即体系中的"2"是指工会"自主治理"和"协同治理"模式，"3"是指在组织自治的基础上新时代工会在"宏观上参与、中观上协同和微观上服务"路径。研究认为，工会治理能力现代化受制于内外两个因素：一是工会组织自身问题：内生动力供给不足；二是工会组织外部问题：外生动力协同不够。

（2）工会作为当前中国国家治理体系内最大的社会组织，其在国家治理

体系中的独特地位与作用主要表现为：一是工会组织是参与国家治理的重要主体；二是工会工作是党治国理政的基础性工作；三是工会优势是国家治理能力现代化的承接载体；四是职工利益是国家治理体系建设的根本出发点。

（3）工会工作头绪多、任务多、内容多，工会要借力当前国家治理、政府转型、群团改革稳步推进的良机，结合国家治理体系和治理现代化的要求，以党建带工建、源头参与立法、联席会议制度、劳动竞赛平台和智慧工会建设为切入点，积极参与推进社会治理，推进国家治理能力提升。

（4）衡量工会治理的理论探索与实践效果，增"三性"去"四化"是根本标尺和检验标准，是反映工会治理发展趋势及其绩效好坏的"风向标"。在理论对策上，工会要注重三项政策：一是依托党建带工建，深化自主治理，创新联席会议制度；二是培育劳模工匠，强化文化治理，落地职工文化政策；三是参与源头立法，注重制度治理，调适劳动基准入法。在实践对策上，工会要注重三项实践：一是引入治理技术，提升治理技能，重点推进智慧工会建设实践；二是注重治理创新，鼓励职工创新，重点创新劳动竞赛平台升级；三是协调治理合作，弥合社会断层，重点孵化区域化工建成长。

第10章　结　论

新时代，党和国家对和谐劳动关系构建和社会稳定提出了新目标新要求。党的二十大报告提出，完善社会治理体系，健全共建共治共享的社会治理制度，提升社会治理效能，畅通和规范群众诉求表达、利益协调、权益保障通道，建设人人有责、人人尽责、人人享有的社会治理共同体。中国工会十八大报告提出，切实履行维权服务基本职责，促进提高职工生活品质。新时代工会作为职工群众最为广泛的社会团体，作为劳动关系和职工利益的代表者维护者，参与基层社会治理和国家治理是工会的一项"天然"职能，在参与社会治理、国家治理体系和治理能力现代化建设中积极发挥工会独特优势和特殊作用。然而，无论是满足职工群众美好生活需要，还是工会干部自身社会协同能力水平，中国工会参与基层社会治理，构建和谐劳动关系的基本能力还与党和国家要求存在差距，切实提升工会治理能力现代化成为一个新的时代命题。

10.1　研究成果的主要内容与重要观点

（1）工会参与基层社会治理的常态与应急社会协同能力现状

第一，职工需要现状分析。职工需要作为反映我国社会主要矛盾转化预期的参考变量，评价我国工会改革效果应该施以职工需要约束，要将个体职工需要和群体职工需要放到地域、时间、环境和逻辑视角下进行综合考量。

从理论上来看，提出职工普惠性需要，从理论上拓展了马斯洛需要层次理论，突破了从自利性需要向利他性需要转化的认知缺陷。在既有约束条件下，需跨越学科樊篱，从地域、时间、环境和逻辑四个维度揭示职工美好生活需要的本质属性。研究发现，评估不同时代不同地域不同层次的职工需求，需综合考虑职工所处的地域、时间、环境和内容（逻辑）4维度变量影响。从地域维度来看，中国职工需要须以胡焕庸线为基准，考虑东南半壁和西北半壁的区域整体人口因素影响（即东中西部的差异性）；从时间维度来看，中国职工需要状况一般由我国所处的历史阶段决定，主要表现为社会主义计划经济时期个体基本"温饱"需要、市场经济时期特殊群体（如下岗职工）的广受关注和中国特色社会主义新时代普惠制度的探索实践；从环境维度来看，中国职工需要与现实环境、网络虚拟环境相关，微观现实环境对个体需要影响较大，宏观政策环境对特殊群体（如农民工）影响呈显性相关，网络虚拟环境成为新业态职工群体（如网约工）需要的新因素；从逻辑维度而言，职工需要在内容上呈现从个体基本需要到群体（如困难职工）普惠性需要的发展趋势。

从实践上来看，从个体工作积极性和群体美好生活感受两个层次把握职工美好生活需要转化为现实需求的满意度评价，采取更加协调一致的"点、线、面"精准+普惠服务合力策略是基层工会有效引导职工主导需求，深化基层工会改革的内在向心力，形成了破解群团组织去"四化"改革实践的工会方案。

总之，此次农民工需要状况的调查，为工会干部准确把握我国职工队伍发展变化，从理论和实践两个方面深化对职工队伍发展规律的认识，为查找和破解工会组织和工会工作面临的突出问题提供了鲜活的参考样本。

第二，常态下工会干部应急协同能力现状分析。常态下工会干部应急素质是基于广大工会干部在日常工作环境下反映出的各项应急知识、能力和素质的状况。常态下的工会干部协同能力受工会干部队伍素质QSCT系统整体影响，主要表现为品质、结构、能力和环境影响的差异性。

从品质因素上来看，一是政治觉悟高，有97.6%的工会干部关注国家大政方针、地方经济的情况。二是群众观念强，有99.6%的工会干部对职工类突发事件及时上报非常重视，在日常工作重视突发事件上报监督，这是因为工会干部对职工群众现实基本需求的了解和关注，工会干部的群众观念的逐步提升，促进了工会群众基础的改善。三是组织观念强，工会干部在日常工作中贯彻执行党的方针政策较符合和完全符合的占89.3%，同时工会干部在参与处理职工类突发事件时对任务目标和下属要求明确到位反映了工会干部的组织观念较强。四是应急理念强，99.6%的工会干部基本认同"生命至上、安全第一"的应急理念，并应用到实际工作中，在一定程度上反映工会干部群体应急理念水平。

从结构因素上来看，一是年龄结构趋好。87.2%的工会干部认为单位工会干部年龄结构合理。二是知识结构有待改善。调查显示，当前工会干部队伍呈现"兼职多、学历高"的新特征，其中本科及以上学历的占66.8%，将近七成工会干部具有本科以上学历，却有76.0%的工会干部兼职，无暇顾及工会工作，这种现象值得关注。三是专业结构有待加强。工会干部在处置职工类突发事件时，应该具备较好的专业背景。调查显示，在应对和处理职工类突发事件时，有94.8%的工会干部对应急知识储备有一定重视，但从业背景和实际能力提升上有一定不足。有34.3%的工会干部尚未参加或取得劳动关系协调员的资质或培训。这说明工会干部的专业应急素质存在明显的资质培训和业务能力短板，亟须加强。

从能力因素上来看，一是注重工作方法，99.7%工会干部善于从职工类突发事件的相关信息中发现与职工群众密切相关的问题，特别在职工类突发事件后，有98.3%的工会干部认为应该启动应急预案，并向上级报告，有87.3%的工会干部认为应该开展工会社会服务，有99.0%工会干部认为应该开展安抚工作，反映工会干部在应对职工类突发事件时工作方法和内容明确、清晰。二是工作行为主动，有96.2%的工会干部对现行地方政府应急管理体制表示认同，有96.2%的工会干部认同工会协同政府处理突发事件制度安排，有98.3%工会干部认同工会依法参与事故调查。此外，有98.6%工会干部对工会源头参与立法的表示认同。这充分说明工会干部对职工类突发事件的国家应急协同制度安排支持，并付诸实际行动。三是履行职责好，有94.5%的工会干部对工会工作职责和业务流程熟悉，有96.2%工会干部对职工类突发事件应对程序与工作目标清楚，能够履行，有99.3%工会干部认为可以采用多种方式对待职工群众反映的问题，有97.5%工会干部认同处理职工类突发事件时工会与各部门协调合作。此外，有99%的工会干部认同职工劳动争议事件处理时坚持原则、依法依规。这充分说明工会干部在应对职工类突发事件时，履行职责和业务流程清晰，处理方法多样，并有原则性。

从环境因素上来看，一是地理因素。有96.5%的工会干部认为地理环境对工会工作有一定的影响。二是认同劳动关系现状。97.9%的工会干部对单位同事和劳动关系现状表示认同，也有23.2%的工会干部认为代表职工与资方谈判主动维护职工权益仍有上升空间，有13.5%的工会干部认为应该提升劳动争议事件研判水平。三是文化因素。有98.0%的工会干部对职工文化需求比较了解，有91.7%的工会干部认同本地区企业文化建设水平，有95.5%工会干部对当前职工或单位应急文化状况比较了解。四是党政组织因素。有96.6%的工会干部在工作时感受到同事尊敬和组织关怀。这恰恰反映新时代背景下工会干部群体对美好生活有着不同的需求。

总之，面对不断提升的工会干部素质状况，不能盲目乐观，要从广大工会干部身上的专业知识、技能和组织影响因素找出不足与差距，结合习近平总书记提出的好干部标准，全面提升广大工会干部的业务素质、能力，为全面深化工会改革、提升工会治理能力提供坚实的基础保障。

（2）工会社会协同能力表征及其评估指标体系构建

第一，基层社会治理中多元化主体的利益博弈关系。从主体利益博弈视角来看，工会、政府、企业、劳动者四者之间存在非合作博弈和合作博弈，进一步揭示了有关职工利益博弈中的复杂关系。

从工会—劳动者博弈关系来看，适当降低工会积极履责的成本，加大由于工会的积极争取而使劳动者获得的额外收益，降低劳动者加入工会组织缴纳的会费，都会有助于职工选择"积极履职策略"和劳动者选择"加入工会策略"。

从工会—企业博弈关系来看，适当增加工会经费，降低工会认真履责的成本，增加工会未认真履责的损失，增加企业不配合工会工作造成的机会损失，加大企业配合工会工作带来的额外收益，都会促进工会选择"认真履责策略"，企业选择"配合工会工作"策略。

从工会—政府博弈关系来看，适当增加工会经费，降低工会认真履责的成本，增加工会未认真履责的损失，增加政府不作为造成的机会损失，加大政府作为带来的额外收益，都会促进工会选择"认真履责策略"，政府选择"作为"策略。

从工会—政府—企业三方博弈关系来看，降低工会的策略成本，加大工会认真履责给企业带来的额外收益，都会使工会倾向于选择"认真履责策略"；加大政府不监管而受到的上级机关的惩罚，降低企业进行监管的成本，都有助于企业选择"监管策略"；降低企业执行相关策略花费成本，加大企业执行相关政策所带来的收益，提高政府对于执行相关政策的企业做出的补贴，加大企业不执行相关政策且发生事故所花费的成本，加大对企业不执行政策的处罚，都会促使企业选择"执行相关政策策略"。

从工会—政府—企业—劳动者四方博弈关系来看，适当降低工会的策略成本，加大工会认真履责给企业带来的额外收益，减少工会与政府及企业协调工作所花费的成本，都会使工会倾向于选择"认真履责策略"；加大政府不监管而受到的上级机关的惩罚，降低企业进行监管的成本，都有助于企业选择"监管策略"；降低企业执行相关策略花费的成本，加大企业执行相关政策所带来的收益，提高政府对于执行相关政策的企业做出的补贴，加大对企业不执行政策的处罚，都将会促使企业选择"执行相关政策策略"；降低劳动者按章操作的成本，加大劳动者按章操作企业给予的奖励，加大劳动者不按章操作遭到的处罚，加大劳动者因违章而造成的损失，都有助于劳动者选择"按章操作策略"。

当前，新时代工会组织和工会干部以构建和谐劳动关系为工作主线，推进建设"规范有序、公正合理、互利共赢、和谐稳定"的劳动关系。构建和谐劳动关系，不仅是劳资双方关系的改善，更要厘清工会—政府—企业—劳动者之间的复杂关系。中国工会基本职能的调整，从"维护"到"维护+服务"的转变，为工会参与基层社会治理提供了法理依据。

第二，基层社会治理中多元化主体参与的协同问题。现行社会治理主体各方存在的错综复杂博弈关系及其行为是现阶段社会治理不尽如人意的重要原因，也是影响多元化主体应急协同效果的关键因素。

一是从单一命令到多元化参与，凸显政府组织的职能固化。政府的日常工作就是向公众提供公共物品和公共服务，应急工作也是一种公共物品和公共服务的提供。面对风险社会，政府首先要反思自身作用问题，如习惯了单中心的"命令式"行政管理方式，某种程度上暴露了政府自身的缺陷，导致"低效政府"的出现。除了缺少应急经验，来自工会的监督力量缺失也是重要原因之一。

二是从一般监督到主动参与，彰显社会组织的角色转变。工会已成为基层社会治理，特别是职工群体性事件应急管理中的一个重要参与主体。工会作为社会治理主体之一，主动参与协调劳动关系矛盾，保持社会稳定，为经济发展和社会进步创造有利条件，具有不可替代的地位。工会组织具有维护、建设、教育、参与和服务五项基本职能，这与当前社会协同治理功能具有较多的相容性和契合性。

三是从局外观望到置身其中，标志企业组织的本位回归。开展社会治理，仅仅依靠政府的力量是不够的，必须充分动员在社会中扮演重要角色的企业参与其中。

四是从无序的个人参与到有序的志愿服务，形成了社会公众参与的主流方向。公民参与程度是衡量现代社会政府治理民主化程度的重要指标，良好的治理有赖于公民的积极参与。

当前，在劳动关系总体和谐稳定的同时，伴随着经济社会转型，劳动关系更为复杂（谭梅，2020），需要政府、工会、企业、职工共同参与。实践证明，工会在基层社会治理主体参与中具有不可替代的地位，承担着基层社会治理的重要社会责任。

第三，构建工会应急协同能力评估指标体系。工会是职工群体性事件应对的重要主体之一，工会应急协同能力评估是其中一个重要基础问题。

一是职工群体性事件的情景模拟分析。职工群体性事件是当前社会治理领域中触动社会的敏感"神经"、涉及因素较多的一个重要社会问题。2000—2014年案例统计结果表明，引发职工群体性事件有9个基本原因，即工资拖欠、克扣和福利缺失为0.40，企业高层管理方式错误为0.22，工资制度不合理为0.18，企业经济补偿金发放问题为0.11，职工工作变化或失业再就业安置问题为0.03，工作环境恶劣为0.02，强迫员工增加工时为0.02，腐败问题为0.02，职业病为0.00。不难看出，引发职工群体性事件的基本原因排在前三位的是工资拖欠、克扣和福利缺失（0.40），企业高层管理方式错误（0.22），工资制度不合理（0.18），主要表现为工资和管理原因（0.80），为工会开展职工群体性事件治理找出工资和管理的日常治理切入点和对策。

二是当前劳动关系"两极化"风险趋势分析。研究发现，相比国内企业劳动关系而言，走出国门的"一带一路"沿线中资企业与当地的政治、经济、文化、社会环境产生互联融通，使中国劳动关系总体呈现"两极化"的发展态势（任国友等，2019）：一极向微观网络延伸，呈现网络化发展趋势；另一极向宏观区域延伸，呈现区域化发展趋势。

三是定义工会应急协同能力及其表征参数。客观分析了职工群体性事件的动态演化过程，结合职工群体性事件管理各阶段能力需求的分析，将应急能力构建的目标进行分解，找出应急协同能力的影响因素。依据协同学原理构建了工会应急协同能力评估指标体系，首次提出并定义了工会应急协同能力概念及表征参数。定量评估结果表明，劳动关系风险是影响社会稳定的最重要因素和预警变量，工会在协调劳动关系中发挥着不可替代的重要作用。

当前，劳动关系"两极化"趋势明显，劳动关系风险的预警变量正在影响社会治理的难度，一方面平台企业劳动争议呈现暴发式增长，另一方面走出国门的中资企业劳动关系风险呈现区域化趋势，这对工会社会协同能力的影响逐步显现出来。在各类风险的累积叠加下，劳动争议数量将大概率出现大规模增长甚至可能会引发群体性事件，若出现"政府让企业承担风险，企业向劳动者转嫁风险，劳动者向社会表达风险"的恶性循环，无疑会加大工会协调劳动关系的难度。

（3）工会社会协同治理的理论与实践对策

研究认为，工会治理能力现代化受制于内外两个因素。一是工会组织自身问题：内生动力供给不足；二是工会组织外部问题：外生动力协同不够。工会作为国家治理体系内最大的社会组织，衡量其治理的理论探索与实践效果，增"三性"去"四化"是根本标尺和检验标准，是反映工会治理发展趋势及其绩效好坏的"风向标"。

第一，在理论对策上，工会要注重自主治理、文化治理和制度治理方面的政策。主要包括：一是依托党建带工建，深化自主治理，创新联席会议制度。工会在自主治理中要始终自觉坚持党的领导，以党建带工建，密切工会与党、政府的关系，在推进治理能力现代化进程中进一步深化政府与同级工会联席会议制度建设，进而实现工会社会职能与国家治理评估指标对接。二是培育劳模工匠，强化文化治理，落地职工文化政策。工会要发挥工会报刊、出版社、职工书屋、职工文艺舞台等文化阵地作用，以弘扬劳模精神、劳动精神、工匠精神为有力抓手，切实推进新时代职工文化建设。三是参与源头立法，注重制度治理，调适劳动基准入法。工会要发挥源头参与立法作用，提高工会干部劳动法律监督能力，完善工会劳动法律监督"一函两书"（即《工会劳动法律监督提示函》《工会劳动法律监督意见书》和《工会劳动法律监督建议书》）制度，积极促进劳动标准和基准纳入国家法治建设，进一步完善劳动保障监察执法与工会监督联动机制。

第二，在实践对策上，工会要注重推进智慧工会建设、创新劳动竞赛平台和区域化工建推进。主要包括：一是引入治理技术，提升治理技能，重点推进智慧工会建设实践。工会要充分运用移动互联、云计算、大数据和人工智能等网络信息技术，提升互联网思维，运用信息技术手段，强化"互联网+"工会顶层设计，重点推动智慧工会建设，推进上下级工会组织间互联互通，实现技术治理。二是注重治理创新，鼓励职工创新，重点创新劳动竞赛平台升级。工会要在巩固原有治理方式的基础上积极拓展新的治理方式和治理图景，不断优化和升级劳动竞赛平台载体，动员广大职工积极投身创新改革实践。三是协调治理合作，弥合社会断层，重点孵化区域化工建成长协调。工会主动下沉到基层，积极探索建立区域化工建工作机制，结合产业、职工分布的基本网格单元，与其他群团组织的协调治理，与党委、政府的良性互动治理，切实推动构建共建共治共享的基层社会治理。

10.2 研究内容的前沿性和创新性

职工群体性事件是当前社会治理领域中触动社会敏感"神经"、涉及因素较多的一个重要社会问题。本研究结合理论与实践、宏观与微观、定性与定量相结合的分析方法，对工会参与社会治理形成了一系列新的认识。

（1）深化了平安中国建设的工会实践，与国家治理现代化实践对接，提出工会社会协同治理体系

结合当前建设平安中国的现实国情、党情、社情和会情，从劳动关系风险预警和职工群体性事件演化机理分析入手，尝试提出在社会治理视角下进行工会社会协同能力评估的研究思路与框架，建立了工会社会协同治理体系。研究结果表明，在创建和谐社会、实现"平安中国"的伟大实践中，工会参与社会治理成为和谐社会不可或缺的一部分。和谐的劳动关系和稳定的社会秩序，既是广大职工群众美好生活的基本需要，更是构建和谐社会、实现国家治理现代化的基本要求。

（2）引入博弈论分析职工利益复杂关系，提出工会常态和应急协同模型，丰富了工会社会治理理论

基于职工复合人假设，结合马斯洛需要层次理论，从地域、时间、环境

和逻辑四个维度揭示了职工美好生活需要的本质属性，构建了职工需要维度模型（NDM），提出了职工普惠性需要理论。在此基础上，引入博弈论方法，揭示了有关职工利益博弈中的工会、政府、企业、劳动者四者之间的复杂关系。结合当前劳动关系风险趋势分析，界定了工会社会协同能力的概念及其内涵，提出了工会常态协同和应急协同模型，进一步丰富了工会社会治理理论。

（3）明确工会参与社会治理的影响因素，提出了工会社会协同能力评估方法

基于常态下工会干部应急素质的基础调查，借助情景模拟的分析方法，归纳出职工群体性事件的9个基本原因并定量计算了发生概率，明确了工会参与社会治理的影响因素，建立了工会应急协同能力评估方法。基于情景模拟理论的分析方法，找出引发职工群体性事件的基本原因并定量计算了发生概率，尝试运用应急管理学、安全统计学和社会学等多学科交叉视角的合理解释，以期为职工群体性事件分析方法和理论研究视角提供新的突破。

10.3　学术价值、应用价值或社会影响

本研究立足社会治理和国家治理的现实情景，对工会社会协同能力评估展开了现状调查、理论分析和对策研究，具有明显的学术价值、应用价值和社会效益。

（1）拓展了工会社会协同能力定量分析方法

提出并建立的"职工需要调查方法""常态下工会干部应急素质调查方法""基于情景模拟的职工群体性事件分类方法""职工利益博弈数学模型""工会常态和应急协同模型"为破解当前社会治理、构建和谐劳动关系提供了理论方法与实践对策参考。

（2）丰富了工会治理的理论与实践内涵

提出的"中国职工需要维度模型（NDM）""工会干部队伍素质系统模型（QSCT）""劳动关系风险预警机制""劳动关系风险趋势研判方法"和"工会社会协同治理体系及其运行机制"，丰富和发展了工会治理的理论与实践内涵，为开展工会社会协同能力定量评价提供了方法论依据。

（3）应用于指导工会干部队伍建设实践

本研究取得的相关理论与实践成果可用于指导中国工会改革与产业工人队伍建设，指导广大基层工会干部，科学预防和应对职工群体性事件和劳动争议协调处置，切实有效地构建和谐劳动关系。

10.4　本研究的不足

本研究还存在一些不足之处，表现在以下几个方面。

（1）有关职工需要的理论探讨仍有待进一步深入。具体地说，应扩大职工需要和工会干部素质调查样本，推进典型行业的职工群体和工会干部调查的系列化、体系化，使职工需要研究成为工会理论的重要分支理论，形成具有中国工会特色的职工需要状况新认识。

（2）有关工会治理能力的评价技术仍有待进一步深入。具体地说，应推进多学科多视角的工会治理能力评价技术的科学化、应用化，使工会治理能力技术成为社会风险评估领域的重要分支技术，为平安中国建设的持续推进提供科学的评估工具。

（3）有关工会治理实践研究仍有待进一步深入。具体地说，应结合新时代工会工作新要求，推进工会参与社会治理、国家治理的工会实践改革调研，为中国式现代化建设提供鲜活的工会样本。

主要参考文献

中文参考文献

[1]   [美]William H.Newman，Charles E.Summera著,李柱红,金雅珍,徐吉贵译.管理过程——概念、行为和实践[M].北京：中国社会科学出版社,1995.

[2]   《"一带一路"共建国家安全风险评估》编委会."一带一路"共建国家安全风险评估[M].北京:中国发展出版社,2015.

[3]   安宝岩.浅析如何"突出工会的服务职能"[N].日照日报,2019-06-03（A03）.

[4]   安平,任敬廷,彭承尧,等.创新干部教育培训方式方法 大力提高教学针对性实效性——关于进一步创新干部教育培训方式方法的调研报告[J].中共铜仁地委党校学报,2010（5）：42-46.

[5]   白阿莹.工会组织的先进性是时代要求[J].中国工运,2015（12）:16-18.

[6]   白瑷峥.基于员工需求满足的人性化工作设计[J].山西财经大学学报,2011,33（1）:115-116.

[7]   包国宪,任世科.政府行为对企业技术创新风险影响路径[J].公共管理学报,2010,7（2）：89-96.

[8]   鲍丽,熊英.论大学生心理健康素质[J].德州学院学报,2011,27（S1）:50-51.

[9]   卞永峰.中小企业新生代农民工劳动关系预警研究——以山西省为例[D].太原:太原理工大学,2014.

[10]   蔡文成,赵洪良.结构·价值·路径:文化治理的内在逻辑与实践选择[J].长白学刊,2016（4）:133-140.

[11]   蔡文成.改革发展与国家治理体系现代化的建构[J].行政论坛,2014,21（4）:11-16.

[12]   曹彬.和谐劳动关系的构建研究[J].智库时代,2019（39）:213,215.

[13]   曹鸿鸣,徐晓兰,贾文勤,等.关于促进共享经济发展,培育经济发展新动能的调研思考[J].中国发展,2018（1）:1-5.

[14]   曹荣,许晓军,等.博弈·制衡·和谐:中国工会的博弈制衡与和谐劳动关系建构[M].北京:中国社会科学出版社,2011.

[15]   曹荣强.群体性突发事件演化机理研究[D].上海:上海交通大学,2011.

[16]   曾健,张一方.社会协同学[M].北京:科学出版社,2000.

[17]   曾明荣，吴宗之，魏利军，高建明，师立晨.化工园区应急管理模式研究[J].中国安全科学学报,2009,19（2）:172-176.

[18]   常凯,郑宇硕,乔健,傅麟.全球化下的劳资关系与劳工政策[M].北京：中国工人出版社,2003.

[19]　常凯.劳动关系的集体化转型与政府劳工政策的完善[J].中国社会科学,2013（6）:91-108.

[20]　常凯.是谁引发工人集体行动?[J].管理@人,2009（9）:40-42.

[21]　常凯.中国特色劳动关系的阶段、特点和趋势——基于国际比较劳动关系研究的视野[J].武汉大学学报（哲学社会科学版）,2017,70（5）:21-29.

[22]　陈彪.按照"三个代表"要求　加强工会干部队伍建设[J].工会博览,2003（17）:4-6.

[23]　陈彬,郭鑫,郑云新.工会组织引导职工践行社会主义核心价值观的方法和路径研究[J].统计与管理,2015（4）:155-156.

[24]　陈畅.试析如何通过劳资管理提高职工工作积极性的对策[J].商,2016（20）:41-42.

[25]　陈登源,吴冰,俞慈珍.民主政治视域下我国治理体系和治理能力现代化的路径分析[J].上海商学院学报,2015,16（1）:88-93.

[26]　陈海玉,郭学静.运用层次分析法构建山东省公立医院劳动关系预警指标体系[J].全国商情（理论研究）,2013（16）:35-37.

[27]　陈豪.工人阶级是培育和弘扬社会主义核心价值观的中坚力量[J].求是,2014（9）:21-23.

[28]　陈华.基于博弈视角的私营企业和谐劳资关系构建研究[D].秦皇岛:燕山大学,2017.

[29]　陈继雯.马克思主义观察、解读和引领时代的三重意蕴[J].上饶师范学院学报,2020,40（2）:48-52.

[30]　陈剑雯.协同治理框架下工会参与公共服务供给研究[D].南京:南京大学,2019.

[31]　陈姣姣.创新社会治理结构与工会枢纽型社会组织建设[J].中国劳动关系学院学报,2014（5）:40-44.

[32]　陈科霖,谢靖阳.基层群众自治制度的实践逻辑、理论趋向及其展望[J].中共天津市委党校学报,2019,21（6）:61-68.

[33]　陈潞渝.班级合作小组管理模式的民族志研究——以广州市南海中学初一某班为个案[D].广州:华南师范大学,2008.

[34]　陈明慧.国企股权改革中的劳资冲突风险评估与化解——基于杭州X公司的案例分析[D].杭州:浙江工商大学,2020.

[35]　陈明星,李扬,龚颖华,陆大道,张华.胡焕庸线两侧的人口分布与城镇化格局趋势——尝试回答李克强总理之问[J].地理学报,2016,71（2）:179-193.

[36]　陈朋.决定国家治理能力高低的三要素[N].学习时报,2014-03-10（006）.

[37]　陈倩,侯丽.基于霍尔三维模型的太平港口项目风险识别[J].物流工程与管理,2018,40（8）:140-141.

[38]　陈群祥.群体性事件发展新动向及治理机制创新思考[J].信访与社会矛盾问题研究,2016（1）:98-104.

[39]　陈天学.中国劳动关系和谐度预警机制的研究[J].统计教育,2008（12）:16-19.

[40]　陈相光,李辉.论高校辅导员队伍管理模式的解析与重构[J].高校辅导员,2011（4）:13-17.

[41]　陈永瑞.计划经济及其发展的两个阶段[J].上海经济研究,1991（6）:17-20.

[42]　陈振明.公共服务导论[M].北京:北京大学出版社,2011.

[43] 谌佳明.某省工会普惠服务平台设计与实现[D].南昌:江西财经大学,2017.

[44] 谌莉莉.新常态下工会组织参与社会治理的现状及思考[D].南昌:南昌大学,2017.

[45] 成静.教学动因理论下高校课程资源配置的优化[J].中国成人教育,2018（22）:109-112.

[46] 程新生,陈刚.对山区河流港口工程地质勘察有关问题的认识[J].港工技术,2007（6）:54-58.

[47] 丛笑笑,张帅一."互联网+"环境下以工会卡为载体的普惠服务模式研究[J].内蒙古科技与
     经济,2017（5）:16,19.

[48] 崔金琳,丁洁,董大伟.北京市工会干部队伍状况调查[J].北京市工会干部学院学报,2019,34
     （1）:10-16.

[49] 崔宗标.我国企业和谐劳动关系构建研究[D].成都:西南财经大学,2008.

[50] 戴彩虹.民主法治:国家治理的现代化之路[J].中学政治教学参考,2014（11）:9-11.

[51] 戴文宪.一路走来的辉煌 实现梦想的担当——纪念中华全国总工会成立90周年[J].工会理
     论研究（上海工会管理职业学院学报）,2015（2）:4-8,22.

[52] 邸乘光.论习近平新时代中国特色社会主义经济思想[J].新疆师范大学学报（哲学社会科学
     版）,2019,40（1）:7-25,2.

[53] 丁娟.女职工合法权益需要全社会的共同关心与维护[J].现代班组,2012（3）:4-5.

[54] 丁氏秋.越中关系正常化以来的越南对华外交政策[D].天津:南开大学,2010.

[55] 丁文清.在强"三性"中展现新担当新作为[J].北方人,2019（6）:63-64.

[56] 董席亮,陈俊涛,刘信君,陈婷.JHA在港口吊装作业风险分析中的应用[J].价值工程,2018,37
     （28）:83-85.

[57] 董永祥.关于深化新时代产业工人队伍建设改革的几点思考[J].中国工运,2019（12）: 31-34.

[58] 杜茂宝,戚兆川，张丽英.企业风险预警系统的研究[J].河北职业技术师范学院学报（社会科
     学版）,2002,1（3）:25-28.

[59] 杜慕文.人类社会协同论:对生态、经济、社会三个系统若干问题的研究[M].南昌:江西人民
     出版社,2001.

[60] 杜宇.新生代农民工职业教育的实施路径探析[J].改革与开放,2019（22）:55-57.

[61] 段华明.新时代社会治理体系和治理能力现代化[N].深圳特区报,2019-03-12（B09）.

[62] 段凌燕.论党的领导与组织自治的契合——以中国工会改革为例[J].新西部（理论版）,2012
     （5）:84-85.

[63] 范愉.当代中国非诉讼纠纷解决机制的完善与发展[J].学海,2003（1）:77-85.

[64] 方婧睿.工会在中国式社会治理中的实践逻辑——以TL工会为例[D].南京:东南大学,2019.

[65] 方舒.论中国特色社会管理模式的生成与发展[J].理论月刊,2014（1）:143-147.

[66] 丰义.湖南省工会协同社会管理创新问题研究[D].长沙:湖南大学,2014.

[67] 冯江平,李媛媛,陈虹,张月.新生代员工工作积极性的测量研究[J].云南师范大学学报（哲学
     社会科学版）,2013,45（2）:58-66.

[68] 冯克华.关于建立工会劳动关系预警机制的思考和实践[J].工会理论研究（上海工会管理干
     部学院学报）1998（4）: 25-27,24.

[69] 冯仕政.社会冲突、国家治理与"群体性事件"概念的演生[J].社会学研究,2015,30（5）：63-89,243-244.

[70] 冯晓琴,李晓莉.布坎南公共选择理论对我国公共政策制定的启示[J].齐齐哈尔师范高等专科学校学报,2010（6）：101-102.

[71] 高博.论我国工会在和谐劳动关系构建中的角色定位[D].上海:上海师范大学,2014.

[72] 高峰.行政公益诉讼的功能定位与作用场域拓展——以环境群体性事件的法治化处理为视角[J].法治社会,2020（3）：33-44.

[73] 高腾安.建筑工程海外项目合同管理风险分析[J].中国市场,2016（21）：193,195.

[74] 高新会.论转轨时期我国劳动关系的制度变迁[D].广州:暨南大学,2005.

[75] 巩竞."枫桥经验"视域下邻避型群体性事件防控策略研究[J].武警学院学报,2019,35（12）：61-66.

[76] 顾昌明.高校工会工作的政治性研究——以Z大学为例[J].领导科学论坛,2018（11）：70-71.

[77] 郭德勇,王凌志,刘铁忠,江田汉.城市运行与应急管理一体化模式研究——以北京市海淀区为例[J].中国安全生产科学技术,2014,9（3）：125-128.

[78] 郭冬乐.需求、需要和消费——居民商品需求问题之一[J].消费经济,1987（3）：20-23.

[79] 郭华东,王心源,吴炳方,李新武.基于空间信息认知人口密度分界线——"胡焕庸线"[J].中国科学院院刊,2016,31（12）：1385-1394.

[80] 郭军.梳理2015 期待2016——中国劳动关系再出发[J].中国工人,2016（1）：4-15.

[81] 郭琳.职工培训互联网+运作模式初探[J].职教通讯,2015（35）：40-43.

[82] 国家信息中心,"一带一路"大数据中心."一带一路"大数据报告（2018）[R].北京:商务印书馆,2018.

[83] 韩保江.推进国家经济治理体系和治理能力现代化[J].社会主义论坛,2020（2）：22-24.

[84] 韩福国,骆小俊,林荣日,等.新型产业工人与中国工会："义乌工会社会人维权模式"研究[M].上海:上海人民出版社,2007.

[85] 韩劲草.安子文组织工作文选[M].北京:中共中央党校出版社,1988.

[86] 韩小兵,喜饶尼玛.边疆地区治理创新与少数民族人权保障若干问题的思考[J].中央民族大学学报（哲学社会科学版）,2015,42（1）：60-65.

[87] 韩忠.制度创新背景下NGO参与河湖共治共享的路径与机制研究——基于大冶市环境保护志愿者协会的视角[J].中国名城,2020（2）：41-47.

[88] 何舰.工会参与社会治理路径的思考[N].工人日报,2020-01-06（007）.

[89] 何勤.企业劳动关系风险预警系统研究[J].中国劳动关系学院学报,2013,27（1）：19-23.

[90] 何圣.上海劳动关系综合评价指标体系构建及应用研究[D].上海:复旦大学,2007.

[91] 何圣.上海劳动关系综合评价指标体系构建及应用研究[D].上海:复旦大学,2007.

[92] 侯闻莺.浅论在工会宣传工作中充分发挥新闻媒体的重要作用[J].中国管理信息化,2011,14（7）：50.

[93] 胡春鲜."互联网+"时代上海高校工会新媒体建设现状及优化策略——网络文本分析的视

角[J].山东工会论坛,2020,26（1）:29-34.

[94] 胡焕庸.中国人口之分布——附统计表与密度图[J].地理学报,1935（2）:33-74.

[95] 胡俊超,王丹丹."一带一路"共建国家国别风险研究[J].经济问题,2016（5）:1-6,43.

[96] 胡联合,胡鞍钢,魏星.国家治理:社会矛盾的实证研究[J].新疆师范大学学报（哲学社会科学版）,2014,35（3）:1-14.

[97] 胡联合.群体性事件的演化机理及其启示[J].探索,2017（1）:124-133.

[98] 胡晓东.构建基于ＨＲＭ的企业劳动关系预警机制研究[J].中国劳动关系学院学报,2010,24（6）:27-31.

[99] 黄浩.群体性事件与群体行为研究——群体性事件演变的机制分析[J].贵州社会科学,2013（9）:135-138.

[100] 黄瑾.浅议如何加强事业单位内部财政监督[J].中国乡镇企业会计,2020（1）:214-215.

[101] 黄进华.中东铁路与马克思主义在黑龙江的传播[J].学术交流,2010（9）:182-184.

[102] 黄明福.新世纪以来我国工会理论和实践研究的现状与热点[J].山东工会论坛,2020,26（1）:1-9.

[103] 黄顺春.需要与需求辨析[J].中国商人（经济理论研究）,2005（8）:42-43.

[104] 黄顺康.论构建重大群体性事件的源头阻断机制[J].国家行政学院学报,2011（3）:52-56.

[105] 姜凤珍,胡斌.劳资冲突行为演化的随机突变分析及稳定性[J].系统管理学报,2019,28（5）:991-997.

[106] 姜伟.浅谈新时代公路职工队伍的素质培养[J].东方企业文化,2014（13）:164.

[107] 蒋丽琴.工会在民主政治与社会治理中的新要求新定位新作为——学习党的十九大报告体会[J].工会信息,2017（23）:5-6.

[108] 解金辉."一带一路"下海外施工法律风险与控制[J].铁道建筑技术,2017（6）:1-5.

[109] 金莹,闫博文.基于文化治理视角的公共文化服务公众满意度研究[J].重庆大学学报（社会科学版）,2020,26（3）:1-13.

[110] 景跃进,孙柏瑛,何增科,等.专家圆桌:"第五个现代化"启程[J].人民论坛,2014（10）:16-21.

[111] 鞠玉翠.用正当方式培育和满足合理需要——兼谈公民责任感的培养[J].南京社会科学,2014（11）:109-115.

[112] 孔伟艳.创新我国社会管理方式[J].宏观经济管理,2012（5）:40-42.

[113] 况志华,张洪卫.国有企业职工需要结构及其态势研究[J].心理学报,1997（1）:76-82.

[114] 赖先进.论政府跨部门协同治理[M].北京:北京大学出版社,2015.

[115] 郎晓波.社会治理视野下的工会转型与政府角色研究——以浙江省YW市工会维权模式为个案[J].北京行政学院学报,2008（6）:34-39.

[116] 雷振扬.论政府与公众关系预警[J].中南民族学院学报（哲学社会科学版）,1997（4）:6-11.

[117] 李锋."一带一路"共建国家的投资风险与应对策略[J].中国流通经济,2016,30（2）:115-121.

[118] 李国平.市场经济国家职工如何参与企业管理[J].学习月刊,2013（23）:28.

[119] 李鸿.非公企业工会的社会化是劳资关系协调的关键[J].理论探讨,2011（4）:52–55.

[120] 李华.境外工程项目公共安全风险评估与应对措施研究[D].天津:天津工业大学,2017.

[121] 李辉.天津港劳动关系预警机制建设[J].经营与管理,2011（4）:61–62.

[122] 李建庄.充分发挥工会组织在推进国家治理体系和治理能力现代化中的作用[J].工会信息,
       2016（17）:4–6.

[123] 李金安,武麦娟,张克涛.重大动物疫情应急管理中的博弈关系分析[J].中国兽医杂志,2010,46
       （10）:79–82.

[124] 李静."互联网+"时代高校工会服务职工方式创新刍议[J].山东工会论坛,2017,23（1）:
       59–62.

[125] 李利冬,顾鹏.浅谈农科学会如何在助力乡村振兴中发挥作用[J].农学学报,2020,10（1）:
       97–100.

[126] 李良波.劳动关系综合性预警系统的构建[J].长春理工大学学报，2011,6（10）:51–52

[127] 李梦琴,谭建伟,吴雄.共享经济模式下的共享型用工关系研究进展与启示[J].中国人力资源
       开发,2018,35（8）:105–115.

[128] 李培林.当代中国社会阶层变动：1978–2018[M].北京:社会科学文献出版社,2018.

[129] 李睿祎.新时代工会基本职责的拓展与实践[N].工人日报,2019–04–30（007）.

[130] 李胜,何植民.社会治理现代化的结构与路径：基于中国语境的一个分析框架[J].行政论坛,
       2020,27（3）:25–33.

[131] 李铁斌.论国有改制企业新型劳动关系的构建——基于桑德沃劳动关系管理理论模型的分
       析框架[J].科技广场,2009（10）:152–154.

[132] 李晓蕾,甘素芳.传统文化在新时期社会治理中的功能和作用——以广东省开平市碉楼文化
       为例[J].农村、农业、农民（B版）,2020（2）:39–40.

[133] 李欣,查京民,李豪杰,庄洪涛.基于案例推理的港口工程建设风险评价研究[J].港工技术,
       2011,48（5）:33–35.

[134] 李英,王棣,瞿彬彬.中外工会法比较研究[M].北京:知识产权出版社,2011.

[135] 李玉斌,阎京华,张茂华.新的使命和担当Ⅲ——全国总工会改革试点制度文件与释义[M].北
       京:中国工人出版社,2017.

[136] 李玉斌.第八次中国职工状况调查（报告卷）[M].北京:中国工人出版社,2017.

[137] 李玉赋.工会基础理论概论[M].北京:中国工人出版社,2017.

[138] 李玉赋.中国工会十七大报告学习问答[M].北京:中国工人出版社,2018.

[139] 李玉赋.中国工会十七大工会章程修正案学习读本[M].北京:中国工人出版社,2018.

[140] 李原,汪红驹."一带一路"共建国家投资风险研究[J].河北经贸大学学报,2018,39（4）:
       45–55.

[141] 李泽厚,汝信.美学百科全书[M].北京:社会科学文献出版社,1990.

[142] 李长福."情境–问题"教学:落实学科核心素养的基本途径——以岳麓版必修Ⅱ《经济体
       制改革》一课的教学设计为例[J].中学历史教学,2019（2）:20–23.

[143] 李智水,邓伯军.数字社会形态视阈下社会治理的逻辑进路研究[J].云南社会科学,2020（3）: 109-115,188.

[144] 梁继强,刘尚坤.多层次灰色综合评价法在港口建设项目风险评价中的应用[J].中国水运 （下半月）,2011,11（8）:223-224,226.

[145] 梁瑛楠.国外地方政府应对突发性群体事件的危机管理策略[J].教育教学论坛,2017（20）: 50-51.

[146] 廖冲绪,张曦.共建共治共享社会治理格局的逻辑进路、时代内涵与路径创新[J].行政与法, 2020（3）:75-81.

[147] 廖世强.泉州市县级工会参与社会治理研究[D].福州:福建农林大学,2014.

[148] 廖小琴.论美好生活需要的历史生成及其价值意蕴[J].广西教育学院学报,2020（2）:56-62.

[149] 林钧昌,尹新瑞.民族因素群体性事件的心理干预与治理[J].中南民族大学学报（人文社会 科学版）:2020,40（3）:1-7.

[150] 刘斌志,秦莲.中国工会社会工作者能力建设:核心指标与培育策略[J].工会理论研究（上海 工会管理职业学院学报）,2020（1）:41-49.

[151] 刘德海.政府不同应急管理模式下群体性突发事件的演化分析[J].系统工程理论与实践, 2010,30（11）:1968-1976.

[152] 刘芳芳.多元主体参与公共危机管理的组织网络构建研究[D].湘潭:湘潭大学,2010.

[153] 刘飞艳.2013年准格尔旗居民卫生服务需要、需求和利用研究.呼和浩特:内蒙古医科大学, 2015.

[154] 刘光磊,李伟.习近平关于群团工作重要论述：渊源·体系·特质[J].中共云南省委党校学 报,2020,21（1）:52-56.

[155] 刘厚福.新时期煤炭企业职工精神文化建设初探[J].工会论坛（山东省工会管理干部学院学 报）,2013,19（4）:33-34.

[156] 刘华莉.基于情景构建理论的地铁车站内涝灾害应急管理研究[D].北京:首都经济贸易大学, 2018.

[157] 刘辉.论风险社会背景下教育向应急素质教育的转型[J].成人教育,2014,34（7）:26-29.

[158] 刘家国,王军进,周欢,张亚强.基于安全风险等级的港口危化品监管问题研究[J].系统工程理 论与实践,2018,38（5）:1141-1152.

[159] 刘鹏.我国省域中心城市公共危机预警机制与评价研究[D].哈尔滨:哈尔滨工程大学,2008.

[160] 刘庆昌.针对桥梁工程施工安全风险评估研究[D].济南:山东大学,2017.

[161] 刘素华.社会治理主体建设与工会的改革与创新[J].工会理论研究（上海工会管理职业学院 学报）,2016（2）:18-22.

[162] 刘涛,闫彩霞.国家治理转型的理论内涵与实践探索[J].内蒙古社会科学（汉文版）,2015,36 （4）:8-13.

[163] 刘铁民.应急预案重大突发事件情景构建——基于"情景-任务-能力"应急预案编制技术 研究之一[J].中国安全生产科学技术,2012,8（4）:5-12.

[164] 刘铁民.重大事故灾难情景构建理论与方法[J].复旦公共行政评论,2013（2）:46-59.

[165] 刘维芳.新中国成立初期干部队伍建设的历史经验[J].当代中国史研究,2006（2）:38-45,125.

[166] 刘维涛.一切为了职工体面劳动全面发展[N].人民日报,2018-01-26（013）.

[167] 刘旸.高职院校社会主义核心价值观教育的探索与实践[J].卫生职业教育,2020,38（5）:5-6.

[168] 刘尧.习近平社会主义意识形态重要论述研究[D].北京:北京交通大学,2019.

[169] 刘映春.基于系统理论及博弈解释结构模型的广东省中职教育发展对策研究[D].广州:广东技术师范大学,2019.

[170] 刘云厚.新时代企业大学改革发展战略研究与探索[J].中国电力教育,2018（11）:22-24.

[171] 陆大道,王铮,封志明,等.关于"胡焕庸线能否突破"的学术争鸣[J].地理研究,2016,35（5）:805-824.

[172] 陆卫彬.劳动关系领域职工群体性事件的特点、成因及对策[J].中国工运,2017（3）:47-49.

[173] 罗成琳,李向阳.突发性群体事件及其演化机理分析[J].中国软科学,2009（6）:163-177.

[174] 罗成琳.突发群体事件演化及其应对预案构建研究[D].哈尔滨:哈尔滨工业大学,2009.

[175] 罗国锋,谈毅,黄卫来.2007年国际风险投资研究特征及前沿动态综述[J].公共管理学报,2008,5（2）:112-120.

[176] 罗欢.群体性事件的生成原因及治理机制探究[J].现代商贸工业,2019,40（15）:140-141.

[177] 罗建辉.浅谈新形势下事业单位工会工作[J].建材与装饰,2018（36）:170.

[178] 罗梁波.国家治理的技术场景:理论反思和话语重构[J].学海,2020（1）:38-46.

[179] 吕国泉,陶志勇,等.在实现"两个一百年"奋斗目标和中国梦中作出工人阶级新贡献——第八次全国职工队伍状况调查总报告[J].中国工运,2018（1）:11-23.

[180] 吕亮功.抓好"三个更硬更严" 保障本质安全[N].中国石化报,2020-06-05（002）.

[181] 马晨晓.互联网新业态下工会保障劳动者权益对策研究[J].新西部,2020（6）:86-87.

[182] 马光晓,李迎端.重视职工安全心理与需要[J].工业安全与环保,2001,27（8）:41-43.

[183] 马惠珺.学习贯彻习近平总书记关于加大维权服务力度的重要指示履行新时代工会组织的基本职责[J].北京市工会干部学院学报,2018,33（4）:3-6.

[184] 马莉婷,彭丽芳,林立达.网络课程教学质量提升与课程价值深度开发研究[J].科技促进发展,2018,14（8）:757-764.

[185] 马骁霏,仲秋雁,曲毅,等.基于情景的突发事件链构建方法[J].情报杂志,2013,32（8）:155-158+149.

[186] 马振清,刘隆.获得感、幸福感、安全感的深层逻辑联系[J].国家治理,2017（44）:45-48.

[187] 毛高佳.协同治理视角下基层工会的社会整合机制研究——以宁波市北仑区"小三级"工会建设为例[D].杭州:浙江工业大学,2019.

[188] 毛浓曦.工会普惠服务当真正体现普惠原则[N].工人日报,2016-04-05（006）.

[189] 梅克保.把更多资源和手段赋予工会组织[J].新湘评论,2010（10）:10-12.

[190] 孟凡强,李艳.劳资关系系统理论综述[J].商业时代,2012（16）:113-116.

[191] 苗雪丰.我国车用动力电池循环利用模式研究[D].北京:华北电力大学（北京）,2019.

[192] 莫负春.把增强"三性"作为工会的根本标尺和长期任务[N].工人日报,2019-03-26（007）.

[193] 倪建均.网络群体性事件与网络主流意识形态的耦合机制及舆情引导策略[J].教育评论,2019（11）:34-40.

[194] 牛方舟.群团改革背景下工会组织群众性问题研究[D].济南:山东大学,2019.

[195] 牛敏静.社会治理体系创新视野下的工会组织角色[J].法制博览,2020（13）:239-240.

[196] 欧阳骏.工会宏观参与的重要原则[J].工会理论研究（上海工会管理职业学院学报）,2010（6）:4-6.

[197] 潘泰萍.由本田停工事件引发的思考[J].中国工人,2010（9）:8-9.

[198] 潘泽泉,任杰.从运动式治理到常态治理:基层社会治理转型的中国实践[J].湖南大学学报（社会科学版）,2020,34（3）:110-116.

[199] 彭补拙,魏金俤,张燕.城市边缘区耕地预警系统的研究——以温州市为例[J].经济地理,2001（6）:714-718.

[200] 彭红艳,胡昌平.创新社会治理背景下的工会改革[J].天津市工会管理干部学院学报,2014,22（3）:2-6.

[201] 彭慧慧,李强强,马少非.港口工程施工重大危险源辨识和控制研究[J].中国水运（下半月）,2014,14（6）:165-167,170.

[202] 彭建华.港口工程施工安全风险评估[J].中国港湾建设,2016,36（10）:20-25.

[203] 彭军.以改革思维在参与社会治理中推进工会转型发展[J].工会信息,2014（21）:33-35.

[204] 彭文卓.顺应时代发展潮流把准职工需求脉搏大力推进"互联网+"工会普惠性服务工作[N].工人日报,2016-09-29（001）.

[205] 彭萧,甘卓群.公共危机预警动力机制探略[J].北京科技大学学报（社会科学版）,2013,29（5）:95-99.

[206] 钱骏,王永山.新时代背景下高校工会新作为的创新思考[J].高校后勤研究,2019（3）:83-85.

[207] 乔东.以党的十九届四中全会精神为指导健全工会工作体系[N].中国企业报,2019-11-19（007）.

[208] 乔惠波.习近平治国理政思想对中国特色社会主义理论发展的三个维度[J].山东社会科学,2017（7）:13-19.

[209] 乔慧娟."一带一路"战略实施背景下中国对外承包工程企业海外投资的风险管理[J].对外经贸,2015（8）:4-6.

[210] 乔慧娟."一带一路"战略实施背景下中国对外承包工程企业海外投资的风险管理[J].对外经贸,2015（8）:4-6.

[211] 乔健,李诚.中资企业投资"一带一路"国家劳动关系风险防范研究——以巴西为例[J].中国人力资源开发,2018,35（7）:92-107.

[212] 乔健.劳动者群体性事件与危机管理创新——从近期出租车司机罢工潮说起[J].中国人力资

源开发,2009（1）:87-91.

[213] 乔静.关于在两新组织中建立党组织的哲学思考[J].中国农业银行武汉培训学院学报,2007（5）:76-77.

[214] 邱艳伟,张国忠,李东升.充分发挥工会职能在推进社会主义核心价值观中的作用[J].天津市工会管理干部学院学报,2014,22（2）:11-13.

[215] 权衡.中国特色劳动关系的新内涵和新趋势[J].探索与争鸣,2015（8）:30-32.

[216] 任广峻.优秀儒家文化视角下的和谐劳动关系构建[J].现代经济信息,2019（16）:410,412.

[217] 任国友."一带一路"国家港口工程风险研究[R].第七届应急管理科学家论坛暨金融风险管理论坛,广西大学,2018.

[218] 任国友.劳动者群体性事件的演化及其治理[J].中国农学通报,2011,27（8）:432-437.

[219] 阮锋,白鹤,赵广宇,郭兵,杨庭,王新新,石烜.海外野外环境工程现场实施风险控制[J].油气田环境保护,2018,28（3）:29-31,61.

[220] 沙江.我国省级工会参与社会治理的困境与途径研究——以山东省为例[D].西安:陕西师范大学,2017.

[221] 沙勇忠,解志元.论公共危机的协同治理[J].中国行政管理,2010（4）:73-77.

[222] 尚东涛.基层单位干群关系预警系统探讨[J].理论与改革,1998（1）:62-64.

[223] 邵光学,刘娟.从"社会管理"到"社会治理"——浅谈中国共产党执政理念的新变化[J].学术论坛,2014,37（2）:44-47.

[224] 邵华.社会治理视域下工会职能履行问题研究[D].济南:山东大学,2016.

[225] 邵静野,来丽梅.社会治理体制创新中社会协同机制的构建[J].东北师大学报（哲学社会科学版）,2014（1）:204-206.

[226] 沈水生.就业援助面临的新形势及对策建议[J].中国人力资源社会保障,2020（1）:32-34.

[227] 石亚军,张力.法治铸就平安中国[J].红旗文稿,2019（20）:8-10,1.

[228] 时蓉华.社会心理学词典.成都:四川人民出版社,1988.

[229] 史莲喜.着力保障和改善民生 积极支持工会帮扶工作实现新发展[J].中国工运,2012（1）:23-24.

[230] 四川省总工会课题组.工会参与社会治理的角色重塑及其实现研究[J].党政研究,2015（5）:102-106.

[231] 宋本江.员工需求调查及其满足[J].企业改革与管理,2011（1）:55-57.

[232] 宋道雷.国家与社会之间:工会双重治理机制研究[J].上海大学学报（社会科学版）,2017,34（3）:121-133.

[233] 宋建钢."好干部标准"是选好用准干部的根本标准[N].光明日报,2013-11-24（007）.

[234] 宋立丰,郭海,杨主恩.数字化情景下的传统管理理论变革——数据基础观话语体系的构建[J].科技管理研究,2020,40（8）:228-236.

[235] 宋维佳,梁金跃."一带一路"共建国家风险评价——基于面板数据及突变级数法的分析[J].财经问题研究,2018（10）:97-104.

[236] 宋衍涛.政治决策的成本和风险分析[J].公共管理学报,2004,1（4）:78–85.

[237] 宋英猛.多元主体参与市域社会治理的实现路径[J].社会治理,2019（12）:59–64.

[238] 苏晓伟.群体性事件发生的宏观原因及其解决路径——基于政治生态学视角[J].中共济南市委党校学报,2017（4）:96–99.

[239] 孙洪敏.国家治理现代化的理论框架及其构建[J].学习与探索,2015（3）:41–51.

[240] 孙莉.加强党的领导,增强基层工会政治性——以调研天津市教委直属单位工会为例[J].天津市工会管理干部学院学报,2019,36（1）:1–4.

[241] 孙娜.工会组织参与创新社会治理途径研究[D].大连:大连理工大学,2016.

[242] 孙岩,施思.新生代产业工人职业价值观研究——基于"80后"与"90后"的比较分析[J].山东工会论坛,2019,25（1）:85–93.

[243] 谭国政,蔡莲芳.建立"五大机制",努力建设高素质的工会干部队伍[J].工会理论研究（上海工会管理干部学院学报）,1997（3）:27–29.

[244] 谭耀青.工会协同参与社区社会工作的实践解析[J].中国工运,2017（7）:33–35.

[245] 汤敏,杨淑香,吴秀云.卫生人力资源配置方法探讨[J].中国全科医学,2007（17）:1478–1480.

[246] 汤素娥.习近平新时代劳动观研究[D].长沙:湖南大学,2019.

[247] 唐辉,赵富强,陈耘.项目团队激励机制优化研究[J].当代经济管理,2012,34（7）:68–73.

[248] 唐魁玉,孙鑫欣.国企制度变革中工人维权的集体行动分析——以东北田钢工人集体行动为例[J].甘肃行政学院学报,2012（5）:95–108,127–128.

[249] 唐璐.沿海高桩码头施工期总体风险评估实用方法研究[D].重庆:重庆交通大学,2016.

[250] 陶骏昌,陈凯,杨汭华.农业预警概论[M].北京：北京农业大学出版社,1994.

[251] 陶希东.国家治理体系应包括五大基本内容[N].学习时报,2013–12–30（006）.

[252] 陶志勇.国家治理体系和治理能力现代化视角下的工会角色[J].工会理论研究（上海工会管理职业学院学报）,2019（6）:4–15.

[253] 田文林."一带一路"与中国的中东战略[J].西亚非洲,2016（2）:127–145.

[254] 万军杰.中国海外港口建设项目风险构成探讨[J].中国水运,2008（10）:22–23.

[255] 汪杰,汪锦军.社会治理体系创新视野下的工会组织角色[J].治理研究,2019,35（1）:31–36.

[256] 汪伟全.风险放大、集体行动和政策博弈——环境类群体事件暴力抗争的演化路径研究[J].公共管理学报,2015（1）:127–136.

[257] 汪伟全.论区域应急联动的协同能力[J].探索与争鸣,2013（5）:50–53.

[258] 汪新蓉."权利"时代我国工会职能的拓展与完善——以国家治理现代化为分析视角[J].社会主义研究,2014（6）:66–72.

[259] 王彬,孙勇,徐子雅.电力企业职工（模范导师）创新工作室创建的实践与思考[J].水电与新能源,2020,34（5）:43–45.

[260] 王成军.企业与城市社区在国家应急管理中的地位与作用分析[J].西安建筑科技大学学报（自然科学版）,2008,40（5）:678–681.

[261] 王东明.以习近平新时代中国特色社会主义思想为指导　团结动员亿万职工　为决胜全

面建成小康社会夺取新时代中国特色社会主义伟大胜利而奋斗[N].工人日报,2018-10-27
（001）.

[262] 王东明.在坚持和完善中国特色社会主义制度、推进国家治理体系和治理能力现代化中发
挥积极作用[J].中国工运,2019（12）:4-8.

[263] 王凤娟,卢毅."一带一路"海外承包工程非传统安全风险分析——以21世纪海上丝绸之路
为例[J].工程管理学报,2017,31（1）:129-133.

[264] 王红茹.中国与"一带一路"国家5年贸易总额近7万亿美元[J].中国经济周刊,2018（32）:
54-56.

[265] 王欢.糖尿病患者延续护理质量现状、需求及影响因素研究[D].石河子:石河子大学,2019.

[266] 王慧.论公民参与下的政府危机管理[J].辽宁行政学院学报,2013,15（1）:10-11.

[267] 王慧.试论新时代提高产业工人地位的必要性——以安徽省为例[J].天津市工会管理干部学
院学报,2019,36（4）:12-18.

[268] 王极盛.调动职工积极性的心理学问题——需要、动机与激励[J].管理世界,1985（3）:124-
130.

[269] 王家乐.公共管理视角下中国群体性事件研究综述——基于2002—2019年58篇CSSCI文献
的研究[J].经济研究导刊,2020（12）:197-199.

[270] 王建光,邓云峰.含硫气井应急管理模式初探[J].中国安全生产科学技术,2005,5（5）:59-62.

[271] 王建廷.区域经济发展动力与动力机制[M].上海:上海人民出版社,2007.

[272] 王进.企业工会干部保持先进性的思考[J].中国职工教育,2005（10）:9.

[273] 王静静.沿海港口典型自然灾害风险分析与评估[D].上海:华东师范大学,2011.

[274] 王军.彰显鲜明用人导向——干部工作破除"四唯"取得新进展[Z].中国组织人事报,2017-
8-7（001）.

[275] 王君伟.扎实推进智慧工会建设[J].工会博览,2019（36）:23-26.

[276] 王来华,陈月生.论群体性突发事件的基本含义、特征和类型[J].理论与现代化,2006（5）:
80-84.

[277] 王乐芝,柏琳木.治理理论视角下中国公共危机管理主体的多元化[J].吉林广播电视大学学
报,2007（5）:12-14,34.

[278] 王雷.海外工程合同管理中市场风险的规避策略[J].低碳世界,2017（12）:250-251.

[279] 王蕾.浅探劳动关系风险预警系统的构建[J].全国商情·理论研究,2017（1）:61-62.

[280] 王黎黎."一带一路"下集体劳动关系调整风险及适应性防范[J].中国人力资源开发,
2018,35（12）:95-102.

[281] 王黎明.论国家治理现代化的路径选择[J].才智,2017（28）:189.

[282] 王丽荣.思想政治教育接受心理研究[D].长春:吉林大学,2009.

[283] 王琳云.社区服务的居民获得感研究[D].西安:西北大学,2018.

[284] 王羚.清华大学中美关系研究中心高级研究员周世俭:未来中国发展最大掣肘:创新、教
育投入不足[N].第一财经日报,2011-12-16（A08）.

[285] 王培根.试论国有企业职工群体性突发事件的成因、预防及处置[C].湖北省职工思想政治工作优秀科研成果汇编（1999-2000）.湖北省职工思想政治工作研究所,2001:95-98.

[286] 王浦劬.国家治理、政府治理和社会治理的基本含义及其相互关系辨析[J].社会学评论,2014,2（3）:12-20.

[287] 王起全,王维先.基于情景模拟的职工群体性突发事件分析及防治研究[J].风险灾害危机研究,2017（2）:101-121.

[288] 王维国.新时代政府治理现代化的伦理路径论析[J].齐鲁学刊,2019（3）:92-99.

[289] 王文静."一带一路"战略下的跨境税收问题初探——基于公司所得税法和国际税收协定的比较[J].财经法学,2016（2）:20-30.

[290] 王向民.重塑群团:国家社会组织治理体系与治理能力现代化的制度定型[J].工会理论研究（上海工会管理职业学院学报）,2015（6）:9-12,34.

[291] 王潇.经济下行时期我国职工群体性事件的特征及面临的风险[J].劳动保障世界,2017（29）:5-6.

[292] 王小垒.地市级工会服务职能研究——以K市工会为例[D].开封:河南大学,2017.

[293] 王晓晖.基于不同人性假设的员工激励机制分析[J].价格月刊,2008（3）:72-74.

[294] 王旭坪,杨相英,樊双蛟,阮俊虎.非常规突发事件情景构建与推演方法体系研究[J].电子科技大学学报（社会科学版）,2013,15（1）:22-27.

[295] 王学军,张治敏.沿海沉箱码头施工安全风险评估体系研究[J].重庆交通大学学报（自然科学版）,2012,31（4）:885-889.

[296] 王学军,张治敏.沿海沉箱码头施工安全风险评估体系研究[J].重庆交通大学学报（自然科学版）,2012,31（4）:885-889.

[297] 王永明.情景构建理论沿革及其对我国应急管理工作的启示[J].中国安全生产科学技术,2019,15（9）:57-62.

[298] 王永玺,袁朝辉.中国工会运动的沧桑辉煌与启示——庆祝新中国成立60周年[J].北京市工会干部学院学报,2009,24（4）:6-10.

[299] 王云峰.德国政府治理能力现代化的经验及对广州的启示[J].探求,2020（1）:54-58,106.

[300] 王舟波.工会要在推动均衡普惠共赢中谋求更有效发展[N].工人日报,2008-02-05（005）.

[301] 危仁晟.对《新中国成立初期干部队伍建设的历史经验》一文的一点补充意见[J].当代中国史研究,2006（6）:96.

[302] 蔚健行.工会的基本职责[M].北京:中国工人出版社,2008.

[303] 魏雨晴.乌鲁木齐市级综合公园健身休闲空间营造研究[D].乌鲁木齐:新疆农业大学,2017.

[304] 温志强,郝雅立.大数据环境下群体性事件的智能预警[J].上海行政学院学报,2018,19（2）:80-87.

[305] 文婷婷.试论人的需要心理与职工思想政治工作的内在联系[J].理论观察,2011（6）:52-53.

[306] 邬亲敏.海外工程风险管理初探[J].中国港湾建设,2008（4）:77-79.

[307] 吴峰.职业院校是新时代职工的孵化器[N].中国教育报,2015-08-27（004）.

[308] 吴国斌,张凯.多主体应急协同效率影响因素实证研究——以湖北省高速公路为例[J].工程研究——跨学科视野中的工程,2011,3（2）:164-173.

[309] 吴建平.从企业参与治理到地方治理参与——从国家治理模式转变看中国工会组织与制度变革[J].学海，2011（1）：130-137.

[310] 吴建平.中国工会研究40年——对国内工会研究基本脉络与特点的评述[J].中国劳动关系学院学报,2018,32（05）：12-31.

[311] 吴建平.转型时期中国工会研究——以国家治理参与为视角[M].北京:光明日报出版社,2012.

[312] 吴明,李睿.健康需要与需求的概念及测量[J].中国卫生经济,1995（1）:44-46.

[313] 吴强玲.论社会治理条件下我国工会的新定位[J].上海企业,2007（3）:20-22.

[314] 吴清军,许晓军.劳资群体性事件与工会利益均衡及表达机制的建立[J].当代世界与社会主义,2010（5）:154-158.

[315] 吴若冰,马念谊.政府质量:国家治理现代化评价的结构性替代指标[J].社会科学家,2015（1）:35-41.

[316] 吴晓林,谢伊云.基于城市公共安全的韧性社区研究[J].天津社会科学,2018（3）:87-92.

[317] 吴新叶.党的基层执政与和谐社会的构建——以基层执政的社会性为视角[J].理论导刊,2005（4）:42-45.

[318] 伍醒.一项根本的改革:"八大"党代会常任制的探索[J].中共浙江省委党校学报,2011,27（5）:59-63.

[319] 武若楠.区域经济一体化中我国地方政府博弈行为研究——以长三角港口群之争为例[J].中国市场,2015（30）:90-91.

[320] 习近平.决胜全面建成小康社会　夺取新时代中国特色社会主义伟大胜利——在中国共产党第十九次全国代表大会上的报告[J].工会博览,2017（11）:6-24.

[321] 夏锦文.国家治理体系和治理能力现代化的中国探索[J].理论导报,2019（11）:37-39.

[322] 夏盈.国家与社会关系视角下社会治理研究[J].学理论,2016（3）:86-87.

[323] 夏月云.复杂地质条件下工程地质问题的评价与参数选择[J].湖南水利水电,2009（3）:24-25,45.

[324] 夏征农,陈至立.辞海（第六版缩印本）[M].上海:上海辞书出版社,2010.

[325] 向良云.非常规群体性突发事件演化机理研究[D].上海:上海交通大学,2012.

[326] 肖磊,张志英,漆春.基于社会网络的突发事件企业应急管理主体构建[J].电子科技大学学报（社会科学版）,2011,13（6）：31-34.

[327] 肖竹."一带一路"背景下"出海"企业的对外劳动关系治理[J].中国人力资源开发,2018,35（4）：144-150.

[328] 谢荻帆,谢明.基于胡焕庸线的中国城镇失业率空间分布研究[J].调研世界,2018（1）:52-56.

[329] 谢慧云.浅谈工会的教育职能[J].华章,2011（24）:38-39.

[330] 谢政.对策论[M].长沙:国防科技大学出版社,2004.

[331] 辛衍涛.医院应急管理的研究进展[J].中国急救复苏与灾害医学杂志,2008（3）:158-160.

[332] 熊新发.劳动关系集体化转型趋势下的雇主策略重构[J].社会科学辑刊,2016（1）:104-108.

[333] 徐冰.尊重职工的合理需要[J].企业研究,2002（2）:54-55.

[334] 徐奉臻.从两个图谱看国家治理体系和治理能力现代化[J].人民论坛,2020（1）:68-70.

[335] 徐明.国有企业工会干部胜任特征模型构建与应用研究——以中国石化集团某公司为例[J].中国劳动关系学院学报,2015,29（4）:57-61.

[336] 徐晓丽,夏成孝.通货膨胀的因子分析模型及应用[J].科技经济市场,2012（8）:18-20.

[337] 徐晓全.当代中国乡村治理结构研究:现状与评析[J].领导科学,2014（8）:4-7.

[338] 徐嫣,宋世明.协同治理理论在中国的具体适用研究[J].天津社会科学,2016（2）:74-78.

[339] 许婧.巴彦淖尔市工会组织参与社会治理研究[D].呼和浩特:内蒙古师范大学,2019.

[340] 许晓军,曹荣.论中国经济可持续发展的原始动力——基于构建和谐稳定劳动关系的视角[J].河北经贸大学学报,2011,32（2）:52-57,62.

[341] 许晓军.中国工会的社会责任[M].北京:中国社会科学出版社,2006.

[342] 宣萱,马小林.论毛泽东思想和中国特色社会主义理论体系的关系[J].安徽行政学院学报,2011,2（1）:35-40.

[343] 薛澜,刘冰.应急管理体系新挑战及其顶层设计[J].国家行政学院学报,2013（1）:10-14,129.

[344] 薛澜,张帆,武沐瑶.国家治理体系与治理能力研究:回顾与前瞻[J].公共管理学报,2015,12（3）:1-12,155.

[345] 薛澜.国家治理框架下的社会治理——问题、挑战与机遇[J].社会治理,2015（2）:31-35.

[346] 闫伦江,刘继臻.风险社会与企业应急管理[J].中国安全生产科学技术,2009（S1）:8-11.

[347] 严冬.基于情景构建理论的高校应急预案建设研究[D].广州:华南理工大学,2017.

[348] 严国萍,任泽涛.论社会管理体制中的社会协同[J].中国行政管理,2013（4）:68-71.

[349] 阎志峰.建国后没有准时召开的四次全国党代会[J].党史博采（纪实）,2011（3）:21-24.

[350] 燕晓飞.中国职工状况研究报告（2017）[M].北京:社会科学文献出版社,2017.

[351] 杨昌勇,奚洁人.大数据时代背景下的政府治理创新探析[J].上海行政学院学报,2020,21（1）:33-43.

[352] 杨冠琼,刘雯雯.公共问题与治理体系——国家治理体系与能力现代化的问题基础[J].中国行政管理,2014（2）:15-23.

[353] 杨国先.充分发挥多元社会治理主体的协同效应——基于雅安市群团组织社会服务中心的创新探索[J].国家治理,2016（8）:32-35.

[354] 杨继绳.中国当代社会阶层分析[M].南昌:江西高校出版社,2011.

[355] 杨建华.社会权利:社会管理的中轴结构.浙江工商大学学报,2012（2）:72-81.

[356] 杨玲.转型期工会社会治理的问题与对策研究[D].长沙:中南大学,2011.

[357] 杨拴杏.有效履行工会职能　推动工作创新发展[J].西部金融,2011（1）:7-8,6.

[358] 杨现民,郭利明,王东丽,邢蓓蓓.数据驱动教育治理现代化:实践框架、现实挑战与实施路径[J].现代远程教育研究,2020,32（2）:73-84.

[359] 杨野平.干部队伍素质系统理论与应用研究[D].武汉:华中科技大学,2003.

[360] 杨野平.干部群体素质[M].北京:人民出版社,2006.

[361] 姚国章.典型国家突发公共事件应急管理体系及其借鉴[J].南京审计学院学报,2006（2）:5-10.

[362] 姚仰生.工会参与社会治理创新:地位、作用、问题与路径[J].工会理论研究（上海工会管理职业学院学报）,2018（6）:23-28,38.

[363] 姚仰生.工会参与社会治理创新:地位、作用、问题与路径[J].工会理论研究（上海工会管理职业学院学报）,2018（6）:23-28,38.

[364] 伊文斌,邓志娟.需求与需要辨析[J].管理观察,2005（10）:17-18.

[365] 易江.劳动关系预警机制研究[J].湖南科技大学（社会科学版）,2012,15（3）:78-83.

[366] 殷大奎,郭渝成.心肺复苏全国公益行动——百千万亿平安精准健康工程[J].养生大世界,2018（12）:63-67.

[367] 殷啸虎.统一战线在推进国家治理体系和治理能力现代化中的地位和作用[J].上海市社会主义学院学报,2020（1）:5-13.

[368] 殷星辰.立体化社会治安防控体系建设的经验总结与改进建议——以北京市朝阳区为例[J].北京警察学院学报,2020（3）:24-31.

[369] 尹吉亭.自然灾害应急管理中企业社会责任动因浅析[J].科技致富向导,2011,（8）:75,86.

[370] 尹渠军.中国工程企业走向海外的风险管理[J].中国勘察设计,2012（6）:30-33.

[371] 应雄,俞继业,吴敬忠.加强"五项职能" 扮演"五种角色" 衢州切实发挥工会参与社会管理创新的协同作用[J].中国职工教育,2012（3）:57-58.

[372] 游正林.60年来中国工会的三次大改革[J].社会学研究,2010,25（4）:76-105,244.

[373] 于功宏.工会维权的媒体运用与舆论合力[J].当代工人（C版）,2012,（4）:68-70.

[374] 于景辉.全球化背景下的我国社会管理机制创新研究[D].长春:吉林大学,2011.

[375] 于立东,王晓晖.基于不同人性假设的人才激励机制设计[J].商场现代化,2008（7）:225-226.

[376] 于岩.牙克石市水资源政府治理研究[D].长春:吉林财经大学,2019.

[377] 余茜.自适应协同:工会枢纽型社会组织参与社会治理创新的协同机制[J].天津行政学院学报,2016,18（6）:15-21.

[378] 余志红,任国友,吴瑞.基于协同学的职工群体性事件应急协同管理模式研究[J].山东工会论坛,2019,25（5）:19-24.

[379] 俞可平.治理与善治[M].北京:社会科学文献出版社,2000.

[380] 俞娉婷,刘振元,陈学广.基于贝叶斯网络的一种事故分析模型[J].中国安全生产科学技术,2006,2（4）:45-50.

[381] 俞文钊.现代激励理论与应用（第二版）[M].大连:东北财经大学出版社,2014.

[382] 俞扬,虞少敏.省级工会参与社会治理的功能与路径探析[J].山东工会论坛,2020,26（2）:74-80.

[383] 袁浩川,刘应.基于信息网络快速响应的应急管理模式[J].电脑知识与技术,2011,7（2）:280-281.

[384] 岳经纶,陈泳欣.超越统合主义？社会治理创新时期的工会改革——基于深圳市试验区工联会的实践[J].学术研究,2018（10）:51–58.

[385] 张波.国家治理体系语境中工会参与社会治理:规范、困境与趋势[J].天津市工会管理干部学院学报,2017,33（3）:11–18.

[386] 张存.企业劳动关系风险预警系统研究[J].劳动保障世界（理论版）,2013（8）:165.

[387] 张东林.以政治性引领国企工会工作的探索与实践[J].办公室业务,2020（2）:64–65.

[388] 张冬冬,刘建军.新时代中国社会治理的基本原理[J].复旦学报（社会科学版）,2020,62（3）:1–10.

[389] 张海静.城市社区应急管理模式研究[D].上海:上海交通大学,2011.

[390] 张竑.新时代习近平人才观研究[J].中共成都市委党校学报,2020（1）:5–9.

[391] 张军.构建劳动关系预警机制[J].企业管理,2010（7）:74–76.

[392] 张丽琴,龙凤钊.功能协调型:国家治理体系中的工会功能定位[J].兰州学刊,2016（3）:122–128.

[393] 张利军.公共治理与职工社会保障权益实现[J].中国工运,2014（4）:48–49.

[394] 张敏,赵娟.美好生活与良好治理——社会主要矛盾转换及其治理蕴意[J].南京社会科学,2018（12）:58–65.

[395] 张萍.中国从计划经济到市场经济改革的特点、规律性和发展阶段[J].求索,1994（1）:4–11.

[396] 张清.基层自治制度的理论阐述与路径选择[J].法律科学（西北政法大学学报）,2020（2）:1–9.

[397] 张秋菊.浅议电力企业工会工作[J].中共乐山市委党校学报,2014,16（5）:101–102.

[398] 张世飞.中共第三代领导集体建设高素质干部队伍重要思想论析[J].当代中国史研究,2001（1）:78–85.

[399] 张文显.新时代中国社会治理的理论、制度和实践创新[J].法商研究,2020,37（2）:3–17.

[400] 张现洪.技术治理与治理技术的悖论与迷思[J].浙江学刊,2019（1）:160–165.

[401] 张筱荣,王习胜.治理视阈下的网络社会及其治理能力建设[J].广西社会科学,2016（8）:155–159.

[402] 张亚.系统论视角下私营企业和谐劳资关系构建[J].人民论坛,2013（33）:76–78.

[403] 张毅君."需要层次理论"在图书馆年轻职工管理中的应用[J].农业图书情报学刊,2005（8）:91–94.

[404] 张颖婕,魏芸,王双金.关于打造"互联网+工会"普惠服务新模式的研究——以玉溪市为例[J].现代商业,2018（11）:184–186.

[405] 张玉明,管航.共享创新模式:内涵、特征与模型构建[J].科技进步与对策,2017,34（13）:10–16.

[406] 张长红.试论高速职工的精神需要与精神鼓励[J].现代商业,2013（20）:159.

[407] 章奇锋,李华,周颖博.东非区水电工程地质勘察技术管理方法研究[J].山西建筑,2016,42

（2）:243-244.

[408] 赵冬玲.新时代我国工会组织参与企业劳动关系协调研究[J].北京交通大学学报（社会科学版）,2019,18（4）:110-116.

[409] 赵刚.新时代治理群体性事件的路径选择:借力社会心理服务体系建设[J].大连干部学刊,2018,34（8）:36-41.

[410] 赵健杰.树立互联网意识 加强工会新媒体建设——以宁波市海曙区总工会创建"海曙职工之家+"微信平台为例[J].工会信息,2016（27）:4-6.

[411] 赵晶.基于博弈论视角的中小企业和谐劳动关系构建研究[D].大连:东北财经大学,2011.

[412] 赵娟.中考命题管理"五多"工作模式探究[J].大连教育学院学报,2010,26（4）:34-35.

[413] 赵亮.我国企业参与21世纪海上丝绸之路沿线港口项目的现状研究[D].北京:外交学院,2018.

[414] 赵林度,程婷.基于城市危机关键控制点的应急管理模式研究[J].安全与环境学报,2008,8（5）:163-167.

[415] 赵铁军.新形势下工会组织的职能定位与履行职能的资源和手段[J].鞍山社会科学,2009（4）:31-33.

[416] 赵秀玲."微自治"与中国基层民主治理[J].政治学研究,2014（5）:51-60.

[417] 赵宇.非常规突发事件情景中社会应急管理能力构建[J].领导科学,2012（8）:15-18.

[418] 赵中源.新时代社会主要矛盾的本质属性与形态特征[J].政治学研究,2018（2）:55-65,126.

[419] 郑春.劳工标准的双边区域化趋势及影响[J].法制与社会,2016（24）:278-279.

[420] 郑功成.习近平民生重要论述中的两个关键概念——从"物质文化需要"到"美好生活需要"[J].人民论坛·学术前沿,2018（18）:64-74.

[421] 郑荣胜.更好发挥工会在社会治理中的支撑作用[N].工人日报,2019-12-03（007）.

[422] 中共武汉市委党校"干部成长规律"课题组.提高干部队伍素质必须加强党校培训工

[423] 作——干部成长规律研究的若干启示[J].长江论坛,2009（6）:4-14.

[424] 中共中央、国务院关于构建和谐劳动关系的意见[N].人民日报,2015-04-09（001）.

[425] 中共中央宣传部.习近平新时代中国特色社会主义思想三十讲[M].北京:学习出版社,2018.

[426] 中共中央宣传部理论局.干部群众关心的25个理论问题[M].北京:学习出版社,2006.

[427] 中国工运研究所.劳动关系与工会运动研究文选（2016）[M].北京:中国工人出版社,2017.

[428] 中国工运研究所.新编中国工人运动史（上卷）[M].北京:中国工人出版社,2016.

[429] 中国工运研究所.新编中国工人运动史（下卷）[M].北京:中国工人出版社,2016.

[430] 中国社会科学院语言研究所词典编辑室.现代汉语词典（第6版）.商务印书馆,2012.

[431] 中华全国总工会.工会基础理论概论[M].北京：中国工人出版社,2006.

[432] 中华全国总工会工运研究室.把握时代主题 服务职工群众[M].北京:中国工人出版社,2017.

[433] 钟国云.政治历练是提高领导干部政治能力的有效途径——兼议毛泽东和邓小平有关领导干部的论述[J].攀登,2018,37（2）:42-46.

[434] 钟英华.煤矿企业应急管理的几点建议[J].现代矿业,2011,（11）:132-133.

[435] 周俊楠.着力打造高素质干部队伍[J].祖国,2017（2）:23-24.

[436]　周鹏.建筑企业"走出去"面临的风险与规避[J].产业与科技论坛,2018,17（23）:221-222.

[437]　朱超.群体性劳动争议的预防消解与机制建设研究[J].南京师范大学学报（社会科学版）,2004（4）:35-40,62.

[438]　朱进芳.国家治理现代化视阈下新型城镇化治理模式的创新[J].四川行政学院学报,2014（5）:30-33.

[439]　朱鸣."网约工权益保障研讨会"综述[J].工会理论研究（上海工会管理职业学院学报）,2017（3）:9-14.

[440]　朱平利.新生代农民工劳资群体性事件研究述评[J].中国劳动关系学院学报,2014,28（6）:10-13.

[441]　朱勋克.工会治理的法律规制及路径选择[J].理论与改革,2014（6）:162-165.

[442]　朱正威,王琼,吕书鹏.多元主体风险感知与社会冲突差异性研究——基于Z核电项目的实证考察[J].公共管理学报,2016（2）:97-106.

[443]　邹慧君.应对突发公共事件中政府与非政府组织的合作[J].行政论坛,2010,17（5）:69-72.

外文参考文献

[1]　Ansoff H I..Corporate Strategy[M].New York:Mc Graw Hill, 1965.

[2]　Bryson, J.M. Strategic Planning for Public and Nonprofit Organizations: A Guide to Strengthening and Sustaining Organizational Achievement（3rd. Edition）[M].San Francisco:Jossey Bass,2004.

[3]　Chang Kai,Feng Shize. The Collective Transformation of Labor Relations and Improvement of the Government's Labor Policy [J].Social Sciences in China,2014,35（3）:82-99.

[4]　Comfort ,L. K. Turning conflict into co-operation: Organizational designs for community response in disasters[J]. International Journal of Mental Health,1990,19（1）:89-108.

[5]　Daniel Bell.The Coming of Post-Industrial Society: A Venture in Social Forecasting[M].New York:. Basic Books,1973.

[6]　David Mcloughlin.A Framework for Integrated Emergency Management[J].Public Administration Review,1985,45（1）: 165-172.

[7]　Denhardt J V，Denhardt R B. The New Public Service: Serving, Not Steering[M]. New York: M. E. Sharpe,2002.

[8]　Donahue John. On Collaborative Governance. Corporate Social Responsibility Initiative Working Paper（No.2）[R]. Cambridge, MA: John F. Kennedy School of Government, Harvard University,2004.

[9]　Elinor Ostrom. Crafting Institutions for Self-Governing Irrigation Systems [M].San Francisco, CA: Institute for Contemporary Studies Press,1992.

[10]　George Ritzer, Jeffrey Stepnisky. Sociological Theory[J]. american journal of sociology, 2010, 53（5）:359-366.

[11]　Gordon White. Chinese Trade Unions in the Transition from Socialism: Towards Corporatism or Civil

Society[J]. British Journal of Industrial Relations,1996,34（3）:433-457.

[12] H. Haken. Synergetics-An introduction（3rded）.Berlin: Springer,1983.

[13] Hindustan Times. Minimum Government, Maximum Governance: A manifesto for a limited state[M]. New Delhi: HT Media Ltd,2016.

[14] John Rogers Commons.Principles of Labor Legislation[M]. General Books,2012.

[15] Lewis Coser.The Uses of Controversy in Sociology[M], New York: Free Press,1976.

[16] Marcus H. Sandver. Labor relations: process and outcomes[M]. Boston: Little Brown Press,1987.

[17] Max Weber.The Theory of Social and Economic Organization[M].New York:Oxford University Press,1947.

[18] Michael J, Sandel. Liberalism and the Limits of Justice（and the Limits of Justice）[M]. Ambridge：Cambridge University Press,1998.

[19] Mises V L. Omnipotent Government: The Rise of the Total State and Total War[M]. Yale: Yale University Press,1974.

[20] Quarantelli E L . Disaster Crisis Management: A Summary of Research Findings[J]. Journal of Management Studies, 1988,25（4）:373-385.

[21] R. Singh, L Srivastava. Line Flow Contingency Selection and Ranking Using Cascade Neural Network[J]. Neurocomputing,2007,70（16-18）:2645-2650.

[22] Sidney Tarrow.Power in Movement: Social Movements and Contentious Politics[M]. Cambridge: Cambridge University Press, 1998.

[23] Steven Fink. Crisis management: Planning for invisible[M]. New York: American Management Assoeiation,1986.

[24] Tom Siegfried. A Beautiful Math: John Nash, Game Theory, and the Modern Quest for a Code of Nature. National Academies Press, 2006.

附　录

附录1　中国职工需要满意度调查问卷

中国职工需要满意度调查问卷

您好！为了了解当前职工美好生活需要现状，调查所收集的信息仅用于数据分析之用，不涉及您的安全与隐私，请您结合真实的感受作答，在认同的项目内打"√"。感谢您的参与！

一、基本情况

01. 您的性别：□男　□女

02. 您的出生年份：_____年

03. 您的工作地点：_____（省或市或县）

04. 参加工作时间：_____年

05. 您的受教育水平：□硕士、博士　□本科及同等学力　□专科　□高中及以下

06. 您所从事职业：□理工类（技术型）　□文管类（管理型）　□其他

07. 您的单位性质：□国有企业　□民营企业　□外资企业　□其他

08. 您所从事的职业是否属于高危行业：□是　□否

二、基本问题

维度	调查题目	选项				
		完全符合	较符合	基本符合	不符合	完全不符合
生理需要	09.您的个人收入占家庭的大部分比例					
	10.您对每天所处的工作环境感到满意					
	11.您的工作环境会对您的身体健康产生影响					
	12.您所在的企业单位关心安全生产和职工身体健康					
安全需要	13.企业有安全投入，并且安全设备设施完善、可正常使用					
	14.您入职前曾接受过职业培训或安全培训					
	15.日常工作中企业会定期或不定期地举行职业培训或安全培训					
	16.企业会定期举行安全应急演练					
社交需要	17.您与同事关系融洽					
	18.您与上级领导关系融洽					
	19.单位领导能主动解决职工群众的实际问题					
	20.单位经常组织团队建设活动					
受人尊重需要	21.您在工作中受到领导和同事们的信任和表扬					
	22.您在单位中受到他人的尊重					
	23.您所做的贡献和所得的报酬是成正比，并相称的					
自我实现需要	24.您提出的合理要求，在企业都能得到满足					
	25.您所在的企业有着良好的竞争环境					
	26.您所在的企业能为您提供良好的晋升渠道					
	27.您的生活质量正在不断地提高					
	28.您认为现在的工作可以让您不断发展，最终实现人生理想					
普惠发展需要	29.企业有着自己独立的网络系统					
	30.您在工作中会经常使用企业的网络系统					
	31.您所在的企业有着比较完善的网络系统					
	32.您所在的企业网络平台会及时公布最新的国家政策					

维度	调查题目	选项				
		完全符合	较符合	基本符合	不符合	完全不符合
普惠发展需要	33.企业网络平台有针对"困难职工"的线上或线下的帮扶行动					
	34.您所在的街道社区有超市、电影院等完善的生活设施					
	35.您所在的街道社区为您提供的治安、卫生等方面的服务很令您满意					
	36.您对您的家庭氛围很满意					
	37.您所在的社会团体（如工会）会在生活、工作上为您提供帮助					
	38.您所在的公司、企业有对特殊群体（如未成年工、女职工、工伤职工、劳务派遣工、网约工等）进行有效的保护					
	39.您所在的企业有良好的福利待遇					

三、基本建议

40.您认为提高职工需求的基本对策：（可多选）

（1）提高工资水平，完善薪酬体系　　　　　□

（2）完善企业各项规章制度　　　　　　　　□

（3）组织丰富多彩的娱乐活动　　　　　　　□

（4）逐步完善职工培训制度　　　　　　　　□

（5）切实加强企业文化建设　　　　　　　　□

41.您认为需要补充的建议是：

_____

_____

_____

课题组再次感谢您的参与，祝您愉快！

附录2 常态下工会干部应急素质调查问卷

常态下工会干部应急素质调查问卷

您好！为了了解工会干部应急素质的现状，调查所收集的信息仅用于数据分析之用，不涉及您的安全与隐私，请您结合真实的感受作答，在认同的项目内打"√"。感谢您的参与！

一、基本情况

01.您的性别：男☐ 女☐

02.您的出生年份：_____年

03.您的工作地点：_____（省或市或县）

04.参加工作时间：_____年

05.您的受教育水平：博士☐ 硕士☐ 本科及同等学力☐ 高中及其他☐

06.您所在单位的经济状况：东部沿海发达地区☐ 中部地区☐ 西部地区☐ 东北地区☐ 其他☐

07.作为工会干部，您现在：身兼多职☐ 专职☐

二、基本问题

编码	调查题目	选项				
		完全符合	较符合	基本符合	不符合	完全不符合
08	您对我国突发事件的相关政策、法律、制度安排有一定认识					
09	您经常从报纸、网络等媒体上或其他途径了解相关信息					
10	您在参与处理职工类突发事件中，对下属安排任务时目标与要求明确					

编码	调查题目	选项				
		完全符合	较符合	基本符合	不符合	完全不符合
11	您在日常工作中，坚决贯彻执行党的方针政策，并注重结合工会实际					
12	您对涉及工作范围内可能出现的职工类突发事件及时上报，并提醒下级重视					
13	您经常下基层了解所管辖地区职工群众的基本现实需求					
14	您了解并将"生命至上，安全第一"的最新应急理念应用于本职工作中					
15	您善于从职工类突发事件的相关信息中发现与职工群众密切相关的问题					
16	现在工会干部队伍年龄结构偏大，您认为所在单位状况符合程度					
17	您在应对和处理职工类突发事件中得心应手，并具备良好的应急知识储备					
18	您所在部门时常组织职工类突发事件应急管理方面的教育培训					
19	您获得过劳动关系协调员等劳动争议调解与处理、应急类及相关培训资质					
20	职工类突发事件发生后，您通常会立即启动应急预案与程序并第一时间向上级报告					
21	您在处理职工类突发事件时，主动做好有关对职工群众的事后安抚工作					
22	您经常开展社会服务、社会考察及工会相关业务调研					
23	您经常关注国家大政方针、地方经济情况，并注重收集与职工群众相关的信息					
24	您非常了解处置职工类突发事件所需的组织资源、物资储备及工会参与程序					
25	您对职工群众反映的问题及时答复或向有关部门反映和沟通					
26	您所在单位的地理环境让您感到安全环保、身心舒畅					
27	您所在单位在处理职工类突发事件时，工会与各部门能够协调合作、应对策略科学					
28	在工作时，您感受到同事的尊敬并实现人生价值					
29	您对当前工会干部的薪金结构和社会福利待遇很关注					
30	您认为组织职工进行应急培训和相关知识学习非常重要					
31	您经常参与制修订职工类突发事件应急预案并经常更新有关内容					

编码	调查题目	选项				
		完全符合	较符合	基本符合	不符合	完全不符合
32	您对本单位职工文化需求较了解					
33	您积极参与本地区企业文化建设					
34	您认同当前职工或单位应急文化的实际情况					
35	您认同地方政府应急管理部门的现行体制，并主动与相关党政协同合作					
36	您认同工会干部依法参与事故调查的制度安排					
37	您认同与当前应急管理部门协同处理突发事件的制度设计					
38	您认为工会源头参与相关立法还有上升空间					
39	您所在单位有良好的同事关系，劳动关系和谐有共同认知					
40	您在参与职工群众劳动争议事件处理时坚持原则、依法依规					
41	您经常组织工会干部参与职工类突发事件应急方案设计与演练					
42	您所在单位对职工有良好的劳动保护制度					
43	您能及时参与协调劳动合同争议，并以职工满意为标准开展					
44	您时常代表职工与资方谈判，并为职工争取最大利益					
45	您能及时研判劳动争议事件演化趋势，并采取相关应对措施					
46	您非常熟悉工会工作职责和业务流程					
47	您关注职工类突发事件的处理程序与工作目标，切实在工作中履行					

48.您认为当前影响产业工人队伍改革的因素有（多选）（　　　）

A.政策支持　B.政府推动　C.劳动力市场　D.工会干部素质　E.经济形势及其他

49.您认为当前影响农民工就业质量的因素有（多选）（　　　）

A.劳动报酬　B.工作时间　C.社会保障　D.劳动关系　E.劳动力市场及其他

50.您认为当前影响劳动关系和谐的因素有（多选）（　　　）

A.工资报酬　B.民主协商机制　C.人力资源管理　D.企业文化　E.劳动立法及其他

51.您认为当前影响工会应对职工类突发事件的因素有（多选）（　　　）

A.工会干部　　B.突发事件本身　　C.劳动关系风险预警技术　　D.应急预案
E.应急演练及其他

三、基本建议

52.您认为提高工会干部应急素质的基本对策有（可多选）

（1）提高工会干部业务水平　　　　　　　　　　　　☐

（2）逐步完善职工类突发事件处理相关制度　　　　　☐

（3）定期开展劳动争议协调员等资质培训　　　　　　☐

（4）提高应对职工类突发事件的技能与方法　　　　　☐

（5）提高工会组织主动参与相关部门的应急协调能力　☐

53.您认为需要补充的建议是：

_____

_____

_____

课题组再次感谢您的参与，祝您愉快！

后　记

党的二十大报告指出，完善社会治理体系，健全共建共治共享的社会治理制度，提升社会治理效能，畅通和规范群众诉求表达、利益协调、权益保障通道，建设人人有责、人人尽责、人人享有的社会治理共同体。工会治理作为国家治理体系的重要组成部分，其独特的优势和作用受到国家的高度重视、社会的广泛关注。本研究的主题恰恰与此不谋而合。

本专著的研究和写作是由课题组成员共同完成的，在调查与研究过程中得到了多方的帮助与支持。第1章、第2章、第3章、第5章、第6章、第7章、第10章由任国友撰写，第4章由杨鑫刚撰写，第8章由余志红撰写，第9章由王起全撰写。课题组成员多次奔波于各级工会、地方政府、企业进行广泛调研，完成了高水平论文和调研报告。同时，研究生王军海、王文涛、张天宇、米子龙、李陶、段珂然以及本科生杜玉晶、梁晨、张路安、赵富德、张嘉赫、和杰花、涂敖、陈欣瑜、陈乐蓓、任晓琳、傅天一参加了问卷调查和数据分析工具。作为课题负责人，在此谨向以上教师与同学致以最诚挚的谢意！

首先，在研究和写作过程中，我们得到了中国科学院科技战略咨询研究院陈安研究员、中国青年政治学院吴建平教授等多位学术界良师益友的无私帮助和诚恳指导，使我们有机会补充、修改和完善。

其次，要感谢国内外的专家和中国劳动关系学院的同事们，他们或为研究提供了资料，或给予了宝贵的意见，感谢他们的无私付出。

最后，还要感谢人民日报出版社的支持，感谢中国劳动关系学院科研处、劳动关系与工会研究院、中国劳动学会、中国应急管理学会、全国工会学研究会的大力支持。

作为本课题的负责人期待您的批评与指正！

任国友

2023年7月于北京中关村